高等职业教育新形态系列教材
高职高专素质教育通识课系列教材

大学生创新创业

DAXUESHENG
CHUANGXIN CHUANGYE

主　编　邓向荣　刘燕玲
副主编　龙敦鹏　刘耀庭　曾维平　朱　旺
　　　　刘汉华　甘　璐　高　鹏　崔吉雷
　　　　李振相　余雄辉　何　军　罗　南
　　　　张　娴　高屹扬
参　编　米剑各　胡　晓　胡学敏　郭永艳
　　　　杨豪虎

北京理工大学出版社
BEIJING INSTITUTE OF TECHNOLOGY PRESS

内 容 提 要

本书简单地介绍了创新创业的概念及其可能性与重要性，并且就大学生创新创业的利弊情况做了简单的分析与总结。全书共十章，主要内容包括创新与创业概论、创新思维与创新能力、创业精神与创业素质、创业团队的组建与管理、创业机会与创业风险、创业项目与创业环境、市场调查与产品设计、创业资源与融资、创业计划和新企业的创办与管理。

版权专有　侵权必究

图书在版编目（CIP）数据

大学生创新创业 / 邓向荣，刘燕玲主编. —北京：北京理工大学出版社，2020.9

ISBN 978-7-5682-9066-1

Ⅰ. ①大… Ⅱ. ①邓… ②刘… Ⅲ. ①大学生－创业－高等职业教育－教材 Ⅳ. ①G717.38

中国版本图书馆CIP数据核字（2020）第177004号

出版发行 /	北京理工大学出版社有限责任公司
社　　址 /	北京市海淀区中关村南大街5号
邮　　编 /	100081
电　　话 /	（010）68914775（总编室）
	（010）82562903（教材售后服务热线）
	（010）68948351（其他图书服务热线）
网　　址 /	http://www.bitpress.com.cn
经　　销 /	全国各地新华书店
印　　刷 /	天津久佳雅创印刷有限公司
开　　本 /	787毫米×1092毫米　1/16
印　　张 /	15
字　　数 /	346千字
版　　次 /	2020年9月第1版　2020年9月第1次印刷
定　　价 /	39.80元

责任编辑 / 朱　婧
文案编辑 / 朱　婧
责任校对 / 周瑞红
责任印制 / 施胜娟

图书出现印装质量问题，请拨打售后服务热线，本社负责调换

前言 PREFACE

随着社会的发展，社会对人的发展也提出了新的要求，自主创新能力成了当代大学生的一个重要特征。在当今经济高速发展、科技再攀高峰的社会背景之下，自主创新能力成为衡量人才的一个重要标准。我国传统教育培养出来的人才与创新型人才还有很大的差别，于是，应时代要求，创新创业教育在党推动之下产生了。

创新教育就是以培养人们创新精神和创新能力为基本价值取向的教育，它是有别于传统教育的一种新型教育模式。而创业教育是一个动态的过程，它的核心价值观就是事业心与开拓技能的培养，就是一个人开创性形成的教育。近些年来，创新创业教育在各大高校开展起来，为广大的大学生提供了一条新的道路，为社会培养自主创新创业人才。

培养大学生创新创业能力，实践是关键。只有把课堂教学所学到的文化知识通过形式多样的课外活动，尤其是广泛的社会实践活动，才能使学生的创新创业能力真正得以提高。创新教育模式确保创新创业教育的有效实施。创业品质有着丰富的内涵，它包括敢于竞争、敢于冒险的精神，脚踏实地、勤奋求实的态度，锲而不舍、坚定执着的顽强意志，不畏艰难、艰苦创业的心理素质以及良好的心态及自控能力、团队精神与协作意识等。

通过对本书的学习，培养大学生良好的创业素质，培育大学生的实践精神、探索精神、冒险精神和创业能力，进而促使学生注重自身基本素质的提高，提高大学生的就业竞争力。同时大学毕业生通过自主创业，可以把自己的兴趣与职业紧密结合，做自己最感兴趣和自己认为最值得做的事情，有利于大学生自我价值实现。

全书共十章，主要内容包括创新与创业概论、创新思维与创新能力、创业精神与创业素质、创业团队的组建与管理、创业机会与创业风险、创业项目与创业环境、市场调查与产品设计、创业资源与融资、创业计划和新企业的创办与管理。

本书在编写过程中参阅了大量文献，在此向原作者致以衷心的感谢！由于编写时间仓促，编者的经验和水平有限，书中难免有不妥和错误之处，恳请读者和专家批评指正。

编　者

目录 CONTENTS

第一章 创新与创业概论 ·· 1
  第一节 认识创新与创业 ·· 2
  第二节 大学生创业 ·· 10
  第三节 创新创业形势与环境 ·· 17

第二章 创新思维与创新能力 ·· 21
  第一节 创新思维概述 ·· 22
  第二节 创新能力的培养 ·· 33

第三章 创业精神与创业素质 ·· 45
  第一节 创业意愿 ·· 46
  第二节 创业精神 ·· 48
  第三节 创业素质 ·· 54

第四章 创业团队的组建与管理 ·· 61
  第一节 创业团队 ·· 62
  第二节 组建创业团队 ·· 68
  第三节 创业团队的管理 ·· 71

第五章 创业机会与创业风险 ·· 77
  第一节 认识创业机会 ·· 78
  第二节 识别创业机会 ·· 84
  第三节 创业机会的评价 ·· 90
  第四节 创业风险 ·· 101

第六章 创业项目与创业环境 ················ 115
第一节 创业项目选择 ··················· 116
第二节 创业项目的环境分析 ··············· 122

第七章 市场调查与产品设计 ················ 131
第一节 市场调查概述 ··················· 132
第二节 市场调查的流程与设计 ·············· 136
第三节 产品开发与设计 ·················· 146

第八章 创业资源与融资 ··················· 153
第一节 创业资源 ····················· 154
第二节 创业融资 ····················· 160

第九章 创业计划 ······················ 175
第一节 创业计划的类型及作用 ·············· 176
第二节 创业计划书的编制 ················· 179

第十章 新企业的创办与管理 ················ 189
第一节 新企业组织形式与选择 ·············· 190
第二节 新企业的选址与注册登记 ············· 196
第三节 新企业管理 ···················· 210
第四节 企业成长 ····················· 228

参考文献 ·························· 232

第一章
创新与创业概论

知识目标

通过本章的学习,了解创新、创业的含义,大学生创业的意义,大学生创业的时代背景与环境;熟悉大学生创业的常见模式。

能力目标

能对创新与创业有基础的认识。

第一节　认识创新与创业

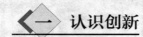

（一）创新的含义

创新一词古已有之。《广雅》有云，"创，始也"；新，与旧相对。创是始的意思，所以创造不是后造，而是始造，创新就是造出了一个前所未有的事物。《魏书》有"革弊创新"；《周书》中有"创新改旧"。是指用新的、好的代替和改造坏的、旧的。现代汉语"创新"一词来源于英语 Innovation（创新）的翻译。其起源于拉丁语，原意有三层含义：第一，更新，就是对原有的东西进行替换；第二，创造新的东西，就是创造出原来没有的东西；第三，改变，就是对原有的东西进行发展和改造。

现代社会，人们对创新有了明确的定义，是指人类为了满足自身需要，不断拓展对客观世界及其自身的认知与行为的过程和结果的活动。或具体讲，创新是指人为了一定的目的，遵循事物发展的规律，对事物的整体或其中的某些部分进行变革，从而使其得以更新与发展的活动。

创新包含了如下几种含义：

（1）创新是一种有目的的活动，是为解决实践问题而发生的。

（2）创新存在于经济、社会、文化、生活的方方面面；创新的主体包括国家、企业、大学、科研院所、团体、个人。

（3）创新的结果是以取得实效为评价尺度的，必须有成效才能称之为创新。

（4）创新具有时间和空间上的相对性。

（二）创新的核心

创新是在人类自身认知提高的基础上对客观世界的一种更新或改造，创新的无限性在于物质世界的无限性。人类能够创新的事物和法则原本客观存在，但思维和认知的局限常常会蒙蔽了人们的眼睛。人脑的正常思维在固定的运作秩序内活动，原有的概念、想象、记忆和经验等使人们不可避免地形成带有反刍、惯性、定向等特点的思维定式。打破这种思维定式，不断突破和超越原有观念，是取得创新成功的核心因素。

（三）创新的关键

理念创新是指革除旧有的既定看法和思维模式，以新的视角、新的方法和新的思维模式，形成新的结论或思想观点，进而用于指导新的实践的过程。理念创新植根于客观实际，是在实践中不断总结经验教训，不断将感性认识上升为理想认识，进行理性的认知和概括。一方面指导实践；另一方面促进认识不断深化，是实现创新的关键所在。

测测你是否已经被自己所掌握的知识束缚住了。

题目：请挪动其中一个数字（0、1或者2），使"101-102=1"这个等式成立。

注意：只是挪动其中一个数字，只能挪一次，而且不是数字对调。

如果以前没有看到过这道题，相信你是很难"思考"出答案的，因为我们思考问题的方式本身就是受限的——思想是已知的"知识"的产物。

本题答案为将102中的2上移，变成10的平方，则等式就变成"101-10²=1"。

（四）创新的特点

创新与发明不同。发明是指通过试验，促成新概念、新设想或者新技术的产生，它是一种科技行为。创新本质上是个经济概念，是将新概念、新设想或者新技术转变成经济上的成就。其创新具有以下特点：

（1）目的性。任何创新活动都有一定的目的，它贯穿于创新过程的始终。创新强调效益的产生，它不仅仅要知道"是什么""为什么"，还要知道"有什么用，怎样才能产生效益"。所以，创新是一个创造财富、产生效益的过程。

（2）变革性。创新是对已有事物的改变和革新，是一种深刻的变革。

（3）新颖性。创新不是模仿、再造，它是对现有的不合理事物的扬弃，革除过时的内容，确立新事物。因此，新颖性是创新的首要特征。

（4）超前性。创新以求新为灵魂，具有超前性。这种超前是从实际出发、实事求是的超前。

（5）价值性。创新有明显、具体的价值，对经济、社会具有一定的效益。创新可以重新组合生产要素，从而改变资源产出，提高组织价值。对于企业来说，创新利润是最重要、最基础的部分，只有创新利润才能够反映出企业的个性。

（6）风险性。创新可能成功，也可能失败，这种不确定性就构成了创新的风险。因此，在创新过程中，只准成功、不许失败的要求，实际上是不符合实际的。只能通过科学的设计与严格的实施，来尽量降低创新的风险。

（7）动态性。创新是一个动态的过程。在知识经济条件下，唯一的不变就是一切都在变，而且变化得越来越快。因此，任何创新都不可能是一劳永逸的，只有不断地变革和创新，才能适应时代的要求。

（五）创新的类型

从不同角度来分，创新的类型很多。下面介绍几种。

1. 理论创新

理论创新是指人们在社会实践活动中，对出现的新情况、新问题，做新的理性分析和理性解答，对认识对象或实践对象的本质、规律和发展变化的趋势做新的揭示和预见，对人类历史经验和现实经验做新的理性升华。理论创新是创新活动的核心和精华。

2. 科技创新

科技创新是原创性科学研究和技术创新的总称，是指创造和应用新知识、新技术、新工艺，采用新的生产方式和经营管理模式，开发新产品，提高产品质量，提供新服务的过程。知识社会环境下的科技创新包括知识创新、技术创新和现代科技引领的管理创新。

（1）知识创新的核心是科学研究，是新的思想观念和公理体系的产生。其直接结果是新的概念范畴和理论学说的产生，为人类认识世界和改造世界提供新的世界观和方法论。

（2）技术创新的核心内容是科学技术发明和创造的价值实现，其直接结果是推动科学技术进步与应用创新的良性互动，提高社会生产力的发展水平，进而促进社会经济的增长。

（3）管理创新既包括宏观管理层面上创新，即社会政治、经济和管理等方面的制度创新，也包括微观管理层面上的创新。其核心内容是科技引领的管理变革。其直接结果是激发人们的创造性和积极性，促使所有社会资源的合理配置，最终推动社会的进步。

3. 文化创新

文化在交流的过程中传播，在继承的基础上发展，都包含着文化创新的意义。文化发展的实质，就在于文化创新。文化创新是社会实践发展的必然要求，是文化自身发展的内在动力。

 ## 二 认识创业

（一）创业的含义

《现代汉语词典》对创业的解释是创办事业。其中"事业"是指人们所从事的，具有一定目标、规模和系统并对社会发展有影响的经济活动。《辞海》解释"创业"就是创立基业。其中"基业"是指事业的基础，由此可见，创办事业是创业的本质。

创业有广义和狭义之分。广义的创业是指创业者对自己拥有的资源或通过努力能够拥有的资源进行优化整合，从而创造出更大经济或社会价值的活动。这种活动可以是营利性的，也可以是非营利性的；可以是经济领域的，也可以是文化、教育、科学、政治等领域的。

狭义的创业是指个人或团队自主创办企业，是个人或者团队在市场环境下发现了一个商机并用实际行动转化为具体的社会形态，获得利益，实现价值的过程。它是以利润为导向的有目的性的行为。

创业包括以下几层含义：

（1）创业是一个创造的过程，创业者要付出努力和代价。

（2）创业的本质在于对创业机会的商业价值进行发掘与利用，即要创造或认识到事物的一个商业用途。

（3）创业的潜在价值需要通过市场来体现，即市场是实现财富的渠道。

（4）创业以追求回报为目的，包括个人价值的满足与实现、知识与财富的积累等。

（二）创业的基本类型

不同的创业类型有着不同的创业活动。对于创业类型的划分有多种，常见的有以下几种。

1. 从创业主体的性质划分

从创业主体的性质划分，可以将创业活动分为自主型创业、公司附属创业、公司内部创业、衍生创业等。其中，自主型创业是指创业者个人或几个创业者共同组成创业团队，白手起家完全独立地创建企业的活动；公司附属创业是指由一家已经相对成熟的公司创建一家新的附属企业的活动；公司内部创业是指进入成熟期的企业为了获得持续增长和长

读书笔记

久的竞争优势，为了倡导创新并使其研发成果商品化，通过授权和资源保障等支持的企业内创业；衍生创业是指在现有组织中工作的个体或团队，脱离所服务的组织，凭借在过去工作中积累的经验和资源，独立开展创业活动的创业行为。

2．从创业的动机来划分

从创业动机的角度，可以将创业分为机会型创业和就业型创业两种。机会型创业的出发点并非谋生，而是为了抓住、利用市场机遇。它以新市场、大市场为目标，因此能创造出新的需要，或满足潜在的需求。机会型创业会带动新的产业发展，而不是加剧市场竞争。就业型创业的目的是谋生，为了谋生而自觉地或被迫地走上创业之路。这类创业大多属于尾随型和模仿型，规模较小，项目多集中在服务业，并没有创造新需求，而是在现有的市场上寻找创业机会。由于创业动机仅仅是为了谋生，往往小富即安，极难做大做强。

3．从创业项目的性质来划分

从创业项目的性质来看，可以将创业分为传统技能型创业、高新技术型创业、知识服务型创业等。传统技能型创业是指使用传统技术、工艺的创业项目；高新技术型创业是指知识密集度高，带有前沿性、研究开发性质的新产品项目；知识服务型创业是指为人们提供知识、信息的创业项目。

4．按创业资源来划分

从创业资源需求角度的不同，可将创业分为资合型创业、人合型创业和技术型创业三类。

（1）资合型创业的基础是资产。创建的企业一般具有劳动生产率高、物资消耗省、单位产品成本低、竞争能力强等特点。资合型创业不仅要求有大量的资金、复杂的技术装备，还要有能掌握现代技术的各类人才和相应的配套服务设施，否则难以发挥其应有的经济效果。该类创业通常出现在钢铁、重型机器制造、汽车制造、石油化工等行业领域内。

（2）人合型创业的基础主要表现为创业者之间的相互信任和创业者拥有平等的决策权。创建的企业由于受人际关系、信用程度和个人财力的限制，融资能力较差，规模比较小。该类创业适用于产品生产技术简单、品种多、批量小、用工比重大的企业和产品，或主要依靠传统的手工艺，难以实行机械化、自动化生产的企业和产品。

（3）技术型创业的基础是先进、现代化的科学技术。创建的企业一般具有以下特点：

需要综合运用多门学科的最新科学研究成果，技术装备比较先进复杂，研发费用较多，中高级科技人员比重大，操作人员也要求有较高的科学知识和技术能力，使用劳动力和消耗原材料较少，对环境污染较小等。该类创业通常出现在需要花费较多的科研时间和产品开发费用，能生产高精尖产品的行业，如电子计算机工业、原子能工业等。此外，有人把创建电子计算机软件设计、技术和管理的咨询服务企业也归入技术型创业。

（三）创业阶段的划分

创业活动包含许多要素和步骤，不同阶段有不同的工作要完成。具体来说，创业活动可以分为以下几个阶段。

1. 自我认识阶段

（1）清楚认识自己。创办企业是许多大学生的梦想，但是在创办企业之前，大学生必须了解创办企业所必需的条件，必须认真审视自己，判断自己是否适合创办企业。因为任何一个企业的成功都与创办者的性格、能力、经济状况等密不可分。

我能创业吗？我能成功吗？这是创业者经常问到的问题，这些问题没有标准答案。创业的成败取决于创业者本身，创业者在决定创业之前，应该客观分析一下自己，看看自己是否具备创业的素质、技能和物质条件。成功的创业者之所以成功，不是因为运气好，而是因为他们敢于挑战，工作努力，并且具有经营企业的素质和能力。

（2）清楚认识创业带来的挑战。

1）创业对创业者自身的挑战。创业需要资金，创业者可能需要寻求家人、朋友的帮助，或者向银行贷款等。创业需要花费大量的时间，创业者可能需要不分昼夜、没有节假日的工作。缺乏社会经验是大学生普遍存在的问题，创业者要不断地学习，自我突破，要协调各种社会关系。

2）创业还面临着外部压力和风险。创业有可能会失败，创业者要做好应对失败风险的准备和承担相应的责任。市场竞争是难免的，有时还需要和竞争对手合作，创业者要不断地学习、尊重对方，赢得市场份额。创业过程中还会出现意外情况，要提前做好防范措施，避免企业受到损失。

2. 创业准备阶段

（1）产生创业想法，确定创业项目。一家成功的企业始于正确的理念和好的想法。在经过第一阶段的评估后，创业者对自己能否创办企业已经有了明确的认识，如果创办企业是自己想做的事情，而且自己也适合创办企业，那么就需要进一步考虑要创办什么样的企业，也就是要为自己寻找好的创业想法，识别创业机会，确定创业项目。有了合适的创业想法后，要对它进行检验，确定该项目是否可行，是否经得起推敲。

（2）制订营销计划。明确了创业项目后，就需要学习市场营销的知识，评估创业项目有没有市场。市场营销计划为企业指明发展的方向，是创业的规划。通过制订市场营销计划，明确谁是企业的顾客、他们需要什么产品或服务以及怎样满足他们的需求并从中获取利润。

（3）组成创业团队。完成了市场营销计划后，创业者已经对企业将来的运行情况有了预测，知道了要生产什么产品或提供什么服务以及生产多少产品或怎样提供服务等。那么，产品或者服务都必须依靠人来生产或提供，此时需要为企业组建团队，并合理地安排人员，优质、高效地完成生产或服务工作。

（4）选择企业法律形态。企业是一个组织，需要有一种法律形态。不同的企业法律形态，企业的法律地位和创业者、投资者的风险责任不同。创业者需要根据已经确定的创业项目研究比较每一种法律形态的特点，为企业选择合适的法律形态。

3．创业启动阶段

（1）登记注册。所有企业都要按照国家的法律规定开办和经营，并承担相关法律责任。我国法律规定新办企业必须经工商行政管理部门核准登记。只有登记注册，才能受到国家法律的保护。当然，在企业开办和经营过程中，还必须要遵守国家法律法规。

（2）准备资金。企业登记注册后，接下来要做的就是准备开办企业。创业者需要明确开办企业必须购买的物资和必要的开支有哪些，需要预测所需资金是多少。如果资金不够，则需要考虑怎样获取更多的资金。另外，还要关注企业能不能盈利，要制订合理的销售计划，预测利润空间。

（3）制订创业计划。创办企业，前期需要做大量的准备，需要收集、整理大量的信息。在选择项目、组建团队、确定法律形态、登记注册等基础上，还需要作出详细的创业计划，进一步明确是否已经做好了开办企业的准备。

4．经营新企业阶段

企业一旦开办，创业者既要做好内部管理工作，包括人员管理、财务管理等，也要积极应对新企业成长过程中遇到的各种风险和挑战，还要协调工作和休闲等问题。这就要求创业者不断学习和提升自身能力，带领企业不断发展和壮大。

三 创新与创业的关系

瑞典管理学家伊·米克斯则认为，"创业不是创新，创新也不是创业。创业可能涉及创新，或者也并不涉及；创新可能涉及创业，或者也并不涉及。"从现实的角度来看，他的主张是客观的。

创新是创业的基础。创新是指理论、方法或技术等某一方面的发现、发明、改进或新组合，它强调开拓性与原创性；创业是一种思考、推理和行动的方法，目的是把握机会，创造性地整合资源，创办新的企业或开辟新的事业，它强调的是通过实际行动获取利益的行为。将创新

第一节　认识创新与创业

的思想或成果用于产业或事业当中，开创新的领域或新的局面，就是创业。因此，创业是在创新的基础上将创新的思想或成果转化为现实生产力的一种实践活动，即创业是具有创业精神的个体与有价值的商业机会的结合，是开创新事业，其本质在于把握机会，创造性地整合资源、创新和超前行动。

创业是创新的载体和表现形式，是创新的体现和延伸。创业的成败依赖创新教育根基的扎实程度；创新的成效，只有通过未来的创业实践来检验。因此，创新与创业内容结构相互融合，相辅相成。将两者有机地结合在一起称为创新创业。创新创业既不同于单纯的创新，也不同于单纯的创业。创新创业是指基于技术创新、产品创新、品牌创新、服务创新、商业模式创新、管理创新、组织创新、市场创新、渠道创新等方面的某一点或几点创新而进行的创业活动。因此，创新创业与传统创业的根本区别在于创业活动中是否有创新因素。创新是创新创业的特质，创业是创新创业的目标。

创新与创业内容的相似，并不说明二者可以相互替代。创业者只具备创新精神是不够的，它只是为创业成功提供了可能性和必要的准备，如果脱离创业实践，缺乏一定的创业能力，创新精神也就成了无源之水、无本之木。创新精神只有作用于创业实践活动才能有所体现，最终才有可能取得创业的成功。

读书笔记

第二节　大学生创业

随着我国"大众创业、万众创新"浪潮的掀起,大学生的创新、创业的意识也被唤醒。大学生是创业者中极具潜力的群体,年轻而富有活力,具有较为丰富的知识储备,富有想象力和创造力,并拥有不甘落后、勇于挑战的信念,逐渐成为创业大军中的生力军。

大学生创业的意义

首先,有利于缓解大学生就业压力。大学生参与创业有利于解决大学生就业难的问题。当前大学生的就业观念正在悄悄地发生改变,鼓励创业、保护创业、崇拜创业的大环境正在逐步形成。原先由政府包揽的就业和创业活动逐渐被市场取代。产业结构调整带来的巨大创业机会以及政府出台的"双创"号召,促使大学生创业潜流涌动,通过自主创业活动来增加就业岗位,以缓解社会的就业压力。

其次,有利于大学生实现自我价值,满足自我精神追求。大学毕业生通过自主创业,可以把自己的兴趣与职业紧密结合,做自己认为最值得做的事情,最大限度地发挥自己的才能。当前社会鼓励大学生创业,虽然出发点在于化解就业难,但从大学生自身来说,其创业的主要原动力则在于实现自我价值及满足自我的精神追求。

最后,有利于培养大学生的创新精神。创新是一个民族的灵魂,是一个国家兴旺发达的不竭动力。大学生作为我国最具活力的群体,积极参与创新创业活动,有利于培养开拓创新的精神,将就业压力转化为创业动力。我国的未来在于大学生,中华民族的精神永恒则在于大学生旺盛的创造力与创新追求。

大学生创业的优势与劣势

大学生创业的优势有以下几点:

（1）具有创新精神。创新是一个民族进步的灵魂，是一个国家兴旺发达的不竭动力。大学生是我国发展的主要科技力量，他们思维活跃，想象力丰富，有挑战传统观念和传统行业的信心和欲望，能够熟练运用互联网技术。

（2）大学生年轻，有着蓬勃的朝气，以及"初生牛犊不怕虎"的精神；对事物有较强的领悟能力，接受新事物快；大学生在学校里学到了很多理论知识，有较高层次的技术优势。"用智力换资本"是大学生创业的特色。

（3）国家政策鼓励大学生创业。国务院办公厅印发《关于深化高等学校创新创业教育改革的实施意见》（国办发〔2015〕36号），允许在校大学生保留学籍休学创新创业。

（4）没有成家的大学生暂无家庭负担，甚至条件好的可以获得家庭或家族的支持。

大学生创业的劣势有以下几点：

（1）大学生社会经验不足，常常盲目乐观，没有充足的心理准备。对于创业中的挫折和失败，许多创业者感到十分痛苦和茫然，甚至沮丧消沉。大学生创业之前，看到的都是成功的例子，心态自然都是理想主义的。其实，成功的背后还有更多的失败。大学生既要看到成功，也要看到失败，只有这样，才能使年轻的创业者们变得更加理智。

（2）急于求成、缺乏市场意识及商业管理经验。大学生虽然掌握了一定的书本知识，但缺乏必要的实践能力和经营管理经验。此外，由于大学生对市场营销等缺乏足够的认识，很难一下子胜任企业人的角色。

（3）设想幼稚，脱离实际。大学生对创业的理解还停留在仅有一个美好的想法与概念上，喜欢纸上谈兵，创业设想大而空，市场预测偏向于乐观。这就是对于心态的把握不够端正，以及没有正确地把握市场。大学生所做的创业计划书中，很多试图用一个自认为有新意的想法来吸引投资，但是投资人更看重的是创业计划书的含金量如何，有无市场、能否盈利等信息。因此，创业者不够成熟的创业计划很难获得投资人的资金支持。

（4）缺乏必要的创业知识。大学生创业是一项挑战性很强的社会活动，不仅需要激情，还需要创新意识、气魄胆识和必要的创业知识。但是目前高校开设的创业教育课程较少，也缺乏对大学生创业能力的训练，大学生自主创业的氛围和环境还不够成熟。

（5）创业竞争压力越来越大。大学生创业面临着同学、传统从业者的竞争，尤其是有工作经验的创业者，具有较高的水平和能力，又拥有丰富的经验和资金，因此，给大学生创业带来较大的竞争压力。

（6）规避风险的能力较差。在创业过程中，由于环境的复杂性，创业者、创业团队与创业投资者的能力和实力的有限性、市场环境的变化等因素，都会给创业活动带来风险。风险不可能完全消除，所以要规避风险可能给创业活动造成的损失。一是要降低损失发生的概率,主要是采取事先控制措施;二是要降低损失程度,主要包括事先控制、事后补救两个方面。

大学生常见创业模式

如今创业市场商机无限,但对于资金、能力、经验都有限的大学生创业者来说,并非"遍地黄金"。在这种新的情况下,大学生创业只有根据自身特点,找准"落脚点",才能闯出一片真正适合自己的新天地。大学生创业主要有以下7种常见的方式。

(一)网络创业

全球面临网络经济的新一轮浪潮,大学生创业可以利用现成的网络资源进行创业,其主要有以下4种形式:

(1)网上开店,在网上注册成立网络商店。

(2)网上加盟,以某个电子商务网站门店的形式经营,利用母体网站的资源和销售渠道。

(3)网上智力服务,如电子商务、利用网络寻求国际订单、建立虚拟办公服务等。

(4)网络销售,为传统行业进行专门的网络销售。

(二)加盟创业

加盟创业是采用加盟的方式进行创业,一般的方式是加盟开店。也就是说,加盟商(受许人)与连锁总部(特许人)之间是一种契约关系。根据契约,连锁总部向加盟商提供一种独特的商业经营特许权,并给予人员训练、组织结构、经营管理、商品采购等方面的指导和帮助,加盟商向连锁总部支付相应的费用。

加盟创业选择合适、可靠的品牌,保障加盟店稳步发展、持续盈利。

一般来说,加盟代理涉及的行业大概有几十个,主要集中在家居建材、餐饮美食、服装饰品、汽车销售、汽车美容、洗衣、美容美体等行业,创业者所需要的首期投入也有很大的差别,从几万元到几百万元、几千万元不等。

调查显示,一般普通小吃类连锁加盟,十万元左右可以启动;而一些小饰品礼品的加盟代理,只需要2万~3万元就可以开始创业。无论投资额多少,都有成功的机会,而且都可能做成比较大的市场规模。

在曾经热传的一份创业加盟好项目排行榜中,生态农产品、服装、环保涂料、教育培训、奢侈品、网络营销、汽车美容、创意饰品工艺品等得以入围。

统计数据显示，在相同的经济领域，个人创业的成功率低于20%，而加盟创业的成功率则高达80%。对创业资源十分有限的大学生来说，借助连锁加盟的品牌、技术、营销、设备优势，可以以较少的投资、较低的门槛实现自主创业。但连锁加盟并非零风险，在市场鱼龙混杂的现状下，大学生涉世不深，在选择加盟项目中更应该注意规避风险。一般来说，大学生创业者资金势力较弱，适合选择启动资金不多、人手配备要求不高的加盟项目，以小本经营开始为宜。另外，最好选择运营时间在5年以上、拥有10家以上加盟店的成熟品牌。

（三）兼职创业

1．兼职创业的含义

兼职创业即在学习、工作之余开展的创业活动。兼职创业的大学生不要急于组建公司，虽然成立公司以后，取得成功的概率可能会加大，但是一旦组建公司，退路就少了，一旦失败，损失往往很大。做公司也需要全力以赴，大学生做起来也很艰难，大学生兼职创业，如果不成立公司，可以不断尝试，失败一次也没有关系，可以总结经验，然后再来。等到真正的时机成熟之后，再成立公司也不晚。当然，大学生兼职创业最好不要影响学业。

2．适合大学生兼职创业的类型

（1）派单。派单是非常常见的一种兼职，没有什么门槛，课余时间和周末都可以做这类兼职。

（2）家教。最适合大学生兼职的，非家教莫属了，根据自己的能力，小学、初中的内容都是可以进行辅导的。如果是师范生，家教对自己的教学能力刚好也是一种锻炼。

（3）助教。这类工作要求认真踏实，耐心勤恳，工作对象一般为学生，所以要了解学生的心理，善于与学生沟通。

（4）促销员。各大商场、超市及一些品牌推广经常会利用周末或者节假日进行产品促销，这类兼职时间一般较短，可以锻炼大家与人沟通的能力和耐力。工资一般采用底薪＋提成的方式支付。

（5）翻译。翻译对于英语专业、留学生及英语比较好的同学是非常对口的兼职。一般有口译和笔译两种兼职可供选择。

1）口译要求对外语的掌握能力不仅仅是普通的对话，而是可以进行正常的交流，而且要清楚地了解中西方文化的差异；

2）笔译则要求用词严谨，可清晰地表达自己的思路和所要翻译的文章内容。对个人能力要求较高，有时薪金与付出不成正比。

（6）导游。这份兼职，对于旅游专业、已考取导游资格证的同学们也是非常对口的兼职，并且正在成为大学生兼职"新贵"。在考取导游证之后，可以找旅行社开始带团。这一兼职的优点是工作时间弹性大，可以选择在周末或假期带团，不与学习时间冲突，并且报酬较丰厚，还可以在工作中广交朋友。

（7）校内勤工俭学。一般学校都会为经济有困难，以及想要获取生活补贴的同学提供一些勤工俭学的岗位，如图书管理员、食堂清洁员等。

（8）展会模特、礼仪。这类兼职的性别偏向很明显，礼仪主要以女生为主，对形象、气质、身高、相貌要求比较高，一般薪金较高，工作时间短。

（9）自由撰稿人。这类兼职最大的优点是主动性很大，只要有能力，就可以向各报纸杂志及一些公众号投稿，稿费一般不会太少。

（10）调研。与派送相比，这份工作更具有挑战性。一般来说，调研主要包括街头访问、电话访问和入户访问三种形式。

对于街头访问来说，与派送差不多，都需要与人沟通，因为要问行人一些相关的问题，所以被拒绝的概率也比派送要大一些；而对电话访问，一部分人可能不太理解这个行业，所以会选择挂掉电话；入户访问则是三种访问中难度系数最高的一类，对于一个普通人，进入他人家中间问题是一件比较困难的事。

（11）服务员。这类兼职基本不受任何限制，只要能干，在工作中有不怕苦不怕累的精神，就完全可以胜任。工作的地点通常以肯德基、必胜客等快餐店为主。

（12）页面设计。设计端午节、儿童节、秋天、毕业季等各种主题的海报、贺卡、简历等内容。设计类专业以及设计爱好者们需要使用 AI 或 PS 进行文字、图片排版设计，一般按件收费。

（四）团队创业

团队创业就是具有互补性或者有共同兴趣的成员组成团队进行创业。如今，创业已非纯粹追求个人英雄主义的行为，团队创业成功的概率远远高于个人独自创业。一个由研发、技术、市场、融资等各方面组成的互补优势的创业团队，是创业成功的法宝，对高科技创业企业来说更是如此。我国大学生创业网总裁赵长生介绍，就现状而言，大学生由于资历、经验、社会关系等各种原因，很难得到社会的认可，如果能够充分发挥合力，团队创业对于大学生创业者来说也是一个不错的选择。

（五）大赛创业

大赛创业即利用各种商业创业大赛，获得资金提供平台，然后进行创业的活动。如 Yahoo（雅虎）、Netscape（网景）等企业都是从商业竞赛中脱颖而出的，创业大赛也被形象地称为创业"孵化器"。

创业设计大赛借用风险投资的运作模式，要求参赛者组成优势互补的竞赛小组，提出一项具有市场前景的技术产品或者服务，并围绕这一产品服务，以获得风险投资为目的，完成一份完整、具体、深入的创业计划。参加创业设计大赛的项目大多具有技术上的创新性、经济上的合理性、操作上的可行性，因此，吸引了众多企业和风险投资的关注。杭州市大学生创业大赛已成为吸引海内外优秀大学生创业团队和项目来杭创业的重要载体和平台，并在全国打响品牌。大赛已连续举办了5届，首届大赛已有28个优秀项目在杭州落地转化，成立了30家大学生创业企业。

（六）概念创业

1. 概念创业的含义

概念创业即凭借创意、电子、想法开创的创业活动。概念创业适合本身没有很多资源的创业者，他们需要通过独特的创意来获得各种资源，包括资金、人才等。这些创业概念必须足够新颖，至少在打算进入的行业或领域是个创举，只有这样，才能抢占市场先机、吸引风险投资商的眼球。同时，这些超常规的想法还必须具有可操作性。

2. 概念创业的四大模式

（1）异想天开型。异想天开中蕴藏着诸多的成功机会，飞机的发明源于莱特兄弟"人类也能像鸟一样飞翔"的想法；大卫•H.克罗克的离奇想法则造就了"会飞的邮件"——电子邮件。创业也是如此，奇特的创意有时也能成为一种创业资本，有着剑走偏锋的神奇作用。当然，与众不同的创意，在创业初始会受到怀疑甚至嘲弄，经不起考验的就会如昙花一现，而那些坚持下来并积极把想法转化成实际的人，往往有着抢占先机的优势。

（2）问题解决型。每个人在日常生活中都会碰到或大或小的恼人问题，有人埋怨几声就息事宁人，有人则从自身经历或朋友的困境中发现商机。例如，晚上遛狗时狗差点被车撞，由此发明宠物反光衣；发现孩子不会用大人的吸管，就开始生产弯曲吸管等。这一类型的创业者能一针见血地抓住问题所在，并且激发灵感，想出解决问题的办法。

（3）异业复制型。创业成功者未必都是新领域中第一个"吃螃蟹"的人，有时他们的创业想法来自成熟领域，只是在某些方面进行了创新。如果你不是点子王，但很会举一反三，联想丰富，那么不妨试着将一个行业的原创概念复制到另一个行业。异业复制的好处是有范本可循，不必瞎摸索，但不同行业的经营模式能否移花接木得浑然天成，则是对创业者智慧的考验。

（4）国外移植型。如果你经常出国旅游或浏览国外资讯，见多识广，洞察力强，那么不妨把国外的新鲜点子搬回来，这是最便捷的创业方式。当然也需要注意文化差异，要对国外的创业概念进行本土化改造，以免好点子"水土不服"。

一个点子就能造就一个企业，概念创业有时的确有着四两拨千斤的神奇作用。但成百上千的想法、难以计数的灵感，就像沙子一样，创业者如何才能从中淘出金子般的创业设想呢？要将概念变为金矿，必须经过以下两个重要步骤：

1）严谨分析。创业者应对创业点子进行冷静而细致的分析，了解清楚自己的创意是否独具匠心，有没有强大的市场需求，是否具有可操作性。

2）多方咨询。任何梦想的实现都需要实实在在的实施，并且需要依靠许多外部条件。因此，概念创业者行动前最好多听听各方面的意见和建议。

（七）内部创业

1. 内部创业的含义

内部创业是指一些有创业意向的员工在企业的支持下，承担企业内部某些业务或项目，并与企业分享成果的创业模式。创业者无须投资就可获得丰富的创业资源，内部创业由于具有"大树底下好乘凉"的优势，受到越来越多创业者的关注。现在许多大学建立了鼓励学生兼职创业的创业园，大学生在创业园中开展创业尝试，也属于内部创业。

2. 内部企业的类型

（1）企业内部创业。华为和Google（谷歌）都在企业发展的过程中使用了内部创业的方式来帮助企业不断进步。华为在内部创业的过程中，采取的是将企业的非核心业务内部创业为企业的代理商或外包业务商的模式；而Google采用的是"20%时间关注新创项目＋现金奖励"这样一种内部创业模式。

2000年8月15日，华为出台了《关于内部创业的管理规定》，凡是在公司工作满2年的员工，都可以申请离职创业，成为华为的代理商。公司为创业员工提供优惠的扶持政策，除给予相当于员工所持股票价值70%的华为设备外，还有半年的保护扶持期，员工在半年之内创业失败，可以回公司重新安排工作。随后，华为内部不少技术骨干和高层管理人员纷纷出去创业，其中包括李一男、聂国良两位公司董事会常务副总裁。

在Google公司内部，有一个随时变动的Top100项目列表。Google鼓励员工把自己想到的富有创新性的想法写出来，让其他员工进行投票，使得大家觉得最好、最可能成功的项目凸显出来。然后Google会给员工提供技术和资金支持，员工可以运用20%的自由工作时间将自己的想法付诸实践。Google的这一鼓励内部创新创业的模式跟3M公司的"15%定律"不谋而合，充分体现了这些世界级的大公司自由开放且极具创新力的企业文化。

（2）校园内部创业。现在很多高校都在设立自己的创业园，在上海交大有昂立集团，上海交大的科技创业园是其高新技术研究中心，大大鼓舞着学生的科技创业。在上海高校里学生的创业力量异常活跃，在复旦大学、同济大学、交通大学等名校内，在学生创业的公司里，上到经理，下到员工，都由大学生组成，但操作却完全社会化。

第三节　创新创业形势与环境

从 20 世纪 70 年代起，新兴的创业一代逐渐改变了整个世界的经济结构和社会结构。人类社会开始真正走上创业之路，并广泛影响着人们的生活、工作和学习方式。

一　创新创业的时代背景

（一）知识经济时代

经济和人类社会的发展密不可分，经济基础决定上层建筑，经济在整个社会发展中的地位是重要而独特的。知识经济是以知识（智力）资源的占有、配置、生产和使用（消费）为重要因素的经济。知识经济时代就是以知识运营为经济增长方式、以知识产业为龙头产业、以知识经济成为新的经济形态的时代。

（二）互联网与知识经济

知识经济时代离不开互联网、物联网、大数据、云计算技术的支撑，互联网是所有信息技术的基础。2014 年 11 月，李克强出席首届世界互联网大会时指出，互联网是大众创业、万众创新的新工具。2015 年 3 月 5 日上午十二届全国人大三次会议上，李克强总理在政府工作报告中首次提出"互联网+"行动计划。

"互联网+"就是"互联网+各个传统行业"，但这并不是简单的两者相加，而是利用信息通信技术以及互联网平台，让互联网与传统行业进行深度融合，创造新的发展生态。"互联网+"孕育了技术、产品和商业模式自主创新的基因，广泛培育了创业者和小微企业主的企业家精神，开创了大众创业、万众创新的局面。

读书笔记

二 法律 政策 社会环境

（1）《中华人民共和国宪法》明确规定："在法律规定范围内的个体经济、私营经济等非公有制经济，是社会主义市场经济的重要组成部分。国家保护个体经济、私营经济等非公有制经济的合法的权利和利益。国家鼓励、支持和引导非公有制经济的发展，并对非公有制经济依法实行监督和管理。"这就为私营经济的存在和发展从法律层面给予了保障。与此同时，其他有关非公有制经济发展的法律也逐步制定、完善并实施，私营经济发展的法律环境逐步具备。

（2）创业门槛不断降低。首先，对私营经济在市场进入方面的限制大多将逐步取消，更多的行业领域将允许民营企业进入；其次，一些经营手续办理程序得到简化，企业自主经营范围变得更为宽泛和自由。

（3）资本市场日趋健全和活跃。在融资方面，银行贷款、金融支持、融资担保、风险投资、产权交易等更多的业务不断推陈出新。为解决创业过程中融资难的问题，有关机构还启动了为创业者提供贷款担保和贴息的业务。

（4）创业载体和创业服务机构发展加快。创业载体，如各类企业孵化器、园区建设、社区建设、企业服务中心、指导机构等不断新增。风险投资机构、担保服务机构、信用评级机构、顾问咨询机构等服务机构得到发展，更有利于创业的启动与发展。

三 大学生创业环境

2016年12月28日，中国人民大学首次发布了《2016中国大学生创业报告》。报告认为，我国高校"双创"教育的产生与发展历程，大致经历了四个阶段，即：创新创业教育的引入试点阶段（1998—2002年）；创业教育与职业发展的对接阶段（2002—2008年）；支持国家"双创"战略、"双创"教育的全面实践阶段（2008—2012年）；扎实推进"双创"教育深度发展的实践阶段（2012年至今）。

在国家鼓励"双创"的大背景下，国内各大高校积极深化创新创业教育改革，并已经取得了显著的成效：基于"平台型创业学院"整合相关资源成为实施"双创"教育的新探索；"双创"教育与科技产业园孵化联动模式给大学生提供了更接近真实创业实践的体验；一些专业学科优势明显的高校还开发出了"专业纵深化、产教协同性"的创业实训模式等。总体来看，高校创新创业教育实践已经为我国创业教育的总体生态系统贡献了巨大活力。

第三节 创新创业形势与环境

为引导大学生多渠道就业，尤其是鼓励自主创业和灵活就业，政府出台了《关于进一步做好普通高等学校毕业生就业工作的实施意见》（以下简称《意见》）。《意见》规定，对于自主创业的毕业生，可以在注册登记、贷款融资、税费减免、创业服务等方面获得扶持。大学生创业可以放宽一定的行业限制，例如，申办个体工商户、个人独资企业、合伙企业时，除法律法规另有规定外，将不受最低出资金额限制。

读书笔记

本章小结

创新是指人为了一定的目的，遵循事物发展的规律，对事物的整体或其中的某些部分进行变革，从而使其得以更新与发展的活动。创新具有目的性、变革性、新颖性、超前性、价值性、风险性、动态性。狭义的创业是指个人或团队自主创办企业，是个人或者团队在市场环境下发现了一个商机并用实际行动转化为具体的社会形态，获得利益，实现价值的过程。它是以利润为导向的有目的性的行为。从创业主体的性质划分，可以将创业活动分为自主型创业、公司附属创业、公司内部创业、衍生创业等。从创业动机的角度，可以将创业分为机会型创业和就业型创业两种。创新是创业的基础，创业是创新的载体和表现形式，是创新的体现和延伸。大学生常见的创业模式有网络创业、加盟企业、兼职创业、团队创业、大赛创业、概念创业、内部创业等。在国家鼓励"双创"的大背景下，国内各大高校积极深化创新创业教育改革，并已经取得了显著的成效。

第一章　创新与创业概论

读书笔记

课后练习

1. 创新成功的核心因素是什么?
2. 创新具有哪些特点?
3. 大学生常见创业模式有哪些?
4. 大学生创业环境是怎样的?

第二章
创新思维与创新能力

知识目标

通过本章的学习，了解创新思维的概念；熟悉创新思维的类型与常见思维障碍；掌握培养创新能力的方法。

能力目标

能有意识地培养自己的创新思维与创新能力，积极参加创新创业相关竞赛，为创业打好基础。

第一节 创新思维概述

习近平总书记说:"创新是民族进步的灵魂,是一个国家兴旺发达的不竭动力,也是中华民族最深沉的民族禀赋,在激烈的国际竞争中,唯创新者进、唯创新者强、唯创新者胜。"纵观世界,新一轮科技革命和产业变革正在孕育兴起,在信息技术和"互联网+"的推动下,我国正形成新一波大众创业、万众创新的新浪潮。大学生应该积极响应时代的召唤,培养创新意识、创新精神,努力成长为创新人才,投入到创新创业的时代洪流中。

 创新思维的定义

创新思维是指以新颖独创的方法解决问题的思维过程,通过这种思维能突破常规思维的界限,以超常规甚至反常规的方法、视角去思考问题,提出与众不同的解决方案,从而产生新颖的、独到的、有社会意义的思维成果。

创新思维的本质在于将创新意识的感性愿望提升到理性探索上,实现创新活动由感性认识到理性思考的飞跃。它具有独创性、超前性、变通性、敏感性的特征。

创新思维是创新的核心和基础,对创新成功有着非同寻常的意义。大量试验表明,进行专门性、创造性思维训练,可以使人们的创造性思维水平提高 10%~40%。了解创新思维,掌握创新思维训练方法,对提高人们的创造能力具有重要的意义。

 创新思维的特征

(1)独创性或新颖性。创新思维贵在创新,或者在思路的选择上,或者在思考的技巧上,或者在思维的结论上,具有"前无古人"的独到之处,具有一定范围内的首创性、开拓性。

（2）灵活性。创新思维没有现成的思维方法和程序可循，所以，它的方式、方法、程序、途径等都没有固定的框架。进行创新思维活动的人在考虑问题时可以迅速地从一个思路转向另一个思路，从一种意境进入另一种意境，多方位地试探解决问题的办法，这样，创新思维活动就表现出不同的结果或不同的方法、技巧。

（3）艺术性。创新思维活动是一种开放的、灵活多变的思维活动，它的发生伴随有"想象""直觉""灵感"之类的非逻辑、非规范的思维活动，具有极大的艺术性，他人不可能完全模仿、模拟。

（4）对象的潜在性。创新思维活动从现实的活动和客体出发，但它的指向不是现存的客体，而是一个潜在的、尚未被认识和实践的对象。

 三 创新思维的类型

创新思维的类型多种多样，主要介绍以下几种。

（一）发散思维

1. 发散思维的概念

发散思维又称"辐射思维""放射思维""多向思维""扩散思维"或"求异思维"，是指从一个目标出发，沿着各种不同的途径去思考，探求多种答案的思维。不少心理学家认为，发散思维是创造性思维最主要的特点，是测定创造力的主要标志之一。

发散思维是大脑在思维时呈现的一种扩散状态的思维模式，比较常见，它表现为思维视野广阔，思维呈现出多维发散状。通过从不同方面思考同一问题，如"一题多解""一事多写""一物多用"等方式，培养发散思维能力。

2. 发散思维的类型

（1）立体思维。思考问题时跳出点、线、面的限制，立体式进行思维。

1）立体绿化：屋顶花园增加绿化面积、减少占地、改善环境、净化空气。

2）立体农业、间作：如玉米地种绿豆、高粱地里种花生等。

3）立体森林：高大乔木下种灌木、灌木下种草，草下种食用菌。

4）立体渔业：网箱养鱼充分利用水面、水体。

5）立体开发资源：煤、石头、开发产品。

（2）平面思维。平面思维是指人的各种思维线条在平面上聚散交错，也就是哲学意义上的普遍联系，这种思维更具有跳跃性和广阔性，联系和想象是它的本质。人们通常所说的形象思维属于平面思维的范畴。

我国古代著名人物诸葛亮，擅于用"兵"是众所周知的，一般人可能认为只有"人"才可以当"兵"用，但在诸葛亮的思维中，水、火是"兵"，草、木皆"兵"，更可以借东风以作"兵"用，他可以想到比"人"更多的事物当"兵"来用，这就是平面思维的效果。

阿基米德浮力定律的产生正是阿基米德联想到了用"水"的方法来解决皇冠之谜。

用一支笔一张纸一笔可以画出圆心和圆周就是一种平面思维。将纸折起，在圆心位置骑正反面两张纸画圆心，在纸背画出圆的半径，绕半径画圆，将纸展开则成，如图2-1所示。

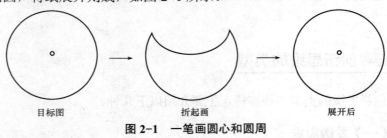

图2-1　一笔画圆心和圆周

（3）逆向思维。悖逆通常的思考方法，即从相反方向思考问题的方法，也叫作反向思维。因为客观世界许多事物之间甲能产生乙，乙也能产生甲，如化学能能产生电能，电能也能产生化学能。据此，意大利科学家伏特于1800年发明了伏特电池；相反，电能也能产生化学能，通过电解，英国化学家戴维于1807年发现了钾、钠、钙、镁、锶、钡、硼七种元素。

如说话声音的高低能引起金属片相应的振动，相反金属片的振动也可以引起声音高低的变化。爱迪生在对电话的改进中，发明制造了世界上第一台留声机。

（4）侧向思维（旁通思维）。从与问题相距很远的事物中受到启示，从而解决问题的思维方式。19世纪末，法国园艺学家莫尼哀从植物的盘根错节想到水泥加固的例子。当一个人为某一问题苦苦思索时，在大脑里会形成了一种优势灶，一旦受到其他事物的启发，就很容易与这个优势灶产生联系，从而解决问题。

（5）横向思维。相对于纵向思维而言的一种思维形式。纵向思维是按逻辑推理的方法直上直下的收敛性思维；而横向思维是当纵向思维受挫时，从横向寻找问题答案。正像时间是一维的，空间是多维的一样，横向思维与纵向思维代表了一维与多维的互补。最早提出横向思维概念的是英国学者德博诺，目的是针对纵向思维的缺陷，提出与之互补的、对立的思维方法。

例如，游客有时会从帕台农神庙的古老立柱上砍下一些碎片，引起雅典政府的注意，虽然明知这种行为是违法的，但是游客仍旧把碎片作为纪念品带走。如何才能阻止这一行为呢？

于是，政府从原来维修帕台农神庙时所用的矿石场里收集了一些大理石碎片，每天把这些碎片散放在帕台农神庙的周围。游客以为他们捡起来的碎片是从古老的立柱上掉下来的，很满意地带走了。

（6）多路思维。多路思维是指对一个有多种答案的问题，朝着各种可能解决的方向，去扩散性思考该问题各种正确答案的思维。从不同角度、不同逻辑起点、不同思维程序考察客观事物，形成多方面、多层次、多因素、多变量的整体认识。

解决问题时不是一条路走到黑，而是从多角度、多方面思考，这是发散思维最一般的形式（逆向、侧向、横向思维是其中的特殊形式）。

例如，以"电线"为蓝本，设想它的各种用途，学生们自然地将它和"电、信号"等联系起来，作为导体；也可以将它当作绳用来捆东西、扎口袋等。但如果将电线分成铜质、质量、体积、长度、韧性、直线、轻度等要素再去思考，就会发现电线的用途无穷无尽。如可加工成织针，弯曲做鱼钩，可以做成弹簧，缠绕加工制成电磁铁，铜丝熔化后以铸铜字、铜像，变形加工可以做外文字拼图，做运算符号进行运算等。

（7）组合思维。从某一事物出发，以此为发散点，尽可能多地与另一（一些）事物联结成具有新价值（附加价值）的新事物的思维方式。

第一次大组合是牛顿组合了开普勒天体运行三定律和伽利略的物体垂直运动与水平运动规律，从而创造了经典力学，引起了以蒸汽机为标志的技术革命；第二次大组合是麦克斯韦组合了法拉第的电磁感应理论和拉格朗日、汉密尔顿的数学方法，创造了更加完备的电磁理论，因此，引发了以发电机、电动机为标志的技术革命；第三次大组合是狄拉克组合了爱因斯坦的相对论和薛定谔方程，创造了相对量子力学，引起了以原子能技术和电子计算机技术为标志的新技术革命。所以爱因斯坦说过："……组合作用似乎是创造性思维的本质特征。"

在科学界、商业和其他行业都有大量的组合创造的实例。当然组合不是随心所欲地拼凑，必须遵循一定的科学规律。

3．发散思维的方法

（1）一般方法。

1）材料发散法——以某个物品尽可能多的"材料"，以其为发散点，设想它的多种用途。

2）功能发散法——从某事物的功能出发，构想出获得该功能的各种可能性。

3）结构发散法——以某事物的结构为发散点，设想出利用该结构的各种可能性。

4）形态发散法——以事物的形态为发散点，设想出利用某种形态的各种可能性。

5）组合发散法——以某事物为发散点，尽可能多地将它与别的事物进行组合形成新事物。

6）方法发散法——以某种方法为发散点，设想出利用方法的各种可能性。

7）因果发散法——以某个事物发展的结果为发散点，推测出造成该结果的各种原因，或者由原因推测出可能产生的各种结果。

（2）假设推测法。假设的问题无论是任意选取的，还是有所限定的，所涉及的都应当是与事实相反的情况，是暂时不可能的或是现实不存在的事物对象和状态。

由假设推测法得出的观念可能大多是不切实际的、荒谬的、不可行的，这并不重要，重要的是有些观念在经过转换后，可以成为合理的、有用的思想。

（3）集体发散思维。发散思维不仅需要用上自己的全部大脑，有时候还需要用上身边的无限资源，集思广益。集体发散思维可以采取不同的形式，如头脑风暴法。

（二）收敛思维

1. 收敛思维的概念

收敛思维也叫作"聚合思维""求同思维""辐集思维""集中思维"，是指在解决问题的过程中，尽可能利用已有的知识和经验，把众多的信息和解题的可能性逐步引导到条理化的逻辑序列中，最终得出一个合乎逻辑规范的结论。

收敛思维也是创新思维的一种形式，与发散思维不同，发散思维是为了解决某个问题，从这一问题出发，想的办法、途径越多越好，总是追求还有没有更多的办法。而收敛思维则是为了解决某一问题，在众多的现象、线索、信息中，向着问题的一个方向思考，根据已有的经验、知识或发散思维中针对问题的最好办法去得出最好的结论和最好的解决办法。

2. 收敛思维的方法

（1）辐合显同法。就是把所有感知到的对象依据一定的标准"聚合"起来，显示它们的共性和本质。例如，我国明朝时期，江苏北部曾经出现了可怕的蝗虫，飞蝗一到，整片整片的庄稼被吃掉，人们颗粒无收……徐光启看到人民的疾苦，想到国家的危亡，毅然决定去研究治蝗之策。他搜集了自战国以来两千多年有关蝗灾情况的资料，提出许多正确有效的治蝗办法，有些办法则一直用到新中国成立初期。

(2) 求异思维法。如果一种现象在第一场合出现，第二场合不出现，而这两个场合中只有一个条件不同，这一条件就是现象的原因。寻找这一条件，就是求异思维法。

(3) 层层剥笋法（分析综合法）。在思考问题时，最初认识的仅仅是问题的表层（表面），因此，也是很肤浅的东西；然后层层分析，向问题的核心一步一步地逼近，抛弃那些非本质的、烦杂的特征，以便揭示出隐蔽在事物表面现象内的深层本质。

(4) 目标确定法。平时接触到的大量问题比较明确，很容易找到问题的关键，只需要采用适当的方法，问题便能迎刃而解。但有时，一个问题并不是非常明确，很容易产生似是而非的感觉，将人们引入歧途。

这个方法要求我们首先要正确地确定搜寻的目标，进行认真的观察并作出判断，找出其中关键的现象，围绕目标进行收敛思维。

目标的确定越具体越有效，不要确定那些各方面条件尚不具备的目标，这就要求人们对主客观条件有一个全面、正确、清醒的估计和认识。目标也可以分为近期的、远期的、大的、小的。开始运用时，可以先选小的、近期的，熟练后再逐渐扩大。

在实际生活中，我们也常遇到选择目标的情况。如我们急需一篇计算机打字稿上交，但专职打字员又没在，可能就用两个手指非常不规范地用比打字员长的时间打出来上交了。有的人指责你的打字水平太低，太不规范，而且速度慢，应该先去打字班训练。

这里就有目标的问题，前者是为了及时上交打字稿件，不是为了学习打字；而后者则是为了学习规范打字，提高打字的速度和质量。显然，目标不同，处理问题的方法也会不同。

(5) 聚焦法。聚焦法就是人们常说的沉思、再思、三思，是指在思考问题时，有意识、有目的地将思维过程停顿下来，并将前后思维领域浓缩和聚拢起来，以便帮助我们更有效地审视和判断某一事件、某一问题、某一片段信息。由于聚焦法带有强制性指令色彩，其一，可通过反复训练，培养我们的定向、定点思维的习惯，形成思维的纵向深度和强大穿透力，犹如用放大镜把太阳光持续地聚焦在某一点上，就可以形成高热；其二，由于经常对某一片段信息，某一件事、某一问题进行有意识的聚焦思维，自然会积淀起对这些信息、事件、问题的强大透视力、溶解力，以便最后顺利解决问题。

（三）联想思维

1. 联想思维的概念

联想思维是指在人脑内记忆表象系统中由于某种诱因使不同表象发

生联系的一种思维活动。联想思维和想象思维可以说是一对孪生姐妹，在人的思维活动中都起着基础性的作用。

联想思维是在创新过程中运用概念的语义、属性的衍生、意义的相似性来激发创新思维的方法，它是打开沉睡在头脑深处记忆的最简便和最适宜的钥匙。

2．联想思维的类型

（1）接近联想。时间或空间上的接近都可以引起不同事物之间的联想。

诗歌中有关时空接近的联想的佳句很多，如"春江潮水连海平，海上明月共潮升。滟滟随波千万里，何处春江无月明"。作者将春江、潮水、大海与明月（既相远又相近）联系在一起。

（2）相似联想。从外形或性质上的、意义上的相似引起的联想，都是相似联想。如"春蚕到死丝方尽，蜡炬成灰泪始干""床前明月光，疑是地上霜"等。

（3）对比联想。由事物之间完全对立或存在某种差异而引起的联想，就是对比联想（相反特征的事物或相互对立的事物间所形成的联想）。文学艺术的反衬手法，就是对比联想的具体运用。例如，描写岳飞和秦桧的诗句"青山有幸埋忠骨，白铁无辜铸佞臣"。

（4）因果联想。由于两个事物存在因果关系而引起的联想，就是因果联想。这种联想往往是双向的，可以由因想到果，也可以由果想到因。

（5）类比联想。类比联想就是通过对一种事物与另一种（类）事物对比，而进行创新的方法。其特点是以大量联想为基础，以不同事物间的相同、类比为纽带。根据不同的类比形式可分为多种类比法，下面大致介绍几种：

1）直接类比法：如鱼骨—针，酒瓶—潜艇。

2）间接类比法：如负氧离子发生器。

3）幻想类比法：如第一台电子计算机的诞生。

4）因果类比法：如气泡混凝土。

5）仿生类比法：如抓斗、电子蛙眼、蜻蜓翅痣与机翼振动。

3．联想思维的训练

联想思维可以在日常生活中培养和自我训练，也可以在教师的指导下进行强化训练。这里说明一下强化训练的注意事项。

在读完题目后，要立即进入题目的情境，设身处地地进行联想。虚拟的情境越逼真，效果就越好。

开始联想后，每联想到一件事物，就填写在题目后的表中，直到不能再想为止，但不要急于求成。

一般可用 2~3 分钟完成一道题目，时间一到，马上转入下个题目。

练一练　　联想思维的训练

1. 在两个没有关联的信息间，寻找各种联想，将它们联结起来。
例如，粉笔—原子弹　粉笔—教师—科学知识—科学家—原子弹
　A．足球—讲台　　　　　　B．黑板—聂卫平
　C．汽车—绘图仪　　　　　D．油泵—台灯
2. 分别在下面每组的字上加同一个字使其组成不同的词。
　A．自、察、味、触、幻、感　　B．阔、大、博、东、告、意
　C．具、教、理、士、边、家
答案：觉、广、道

（四）灵感思维

灵感思维也称作顿悟，是人们借助直觉启示所猝然迸发的一种领悟或理解的思维形式。其是指经过长时间的思索，问题没有得到解决，但是突然受到某一事物的启发，问题就被一下子解决的思维方法。诗人、文学家的"神来之笔"，军事指挥家的"出奇制胜"，思想战略家的"豁然贯通"，科学家、发明家的"茅塞顿开"等，都是灵感的体现。灵感来自信息的诱导、经验的积累、联想的升华、事业心的催化。

灵感思维具有以下特点：

（1）突发性。灵感往往是在出其不意的刹那间出现，使长期苦思冥想的问题突然得到解决。在时间上，它不期而至，突如其来；在效果上，突然领悟，意想不到。这是灵感思维最突出的特征。

（2）偶然性。灵感在什么时间可以出现，在什么地点可以出现，或在哪种条件下可以出现，都带有很大的偶然性而使人难以预测，往往给人以"有心栽花花不开，无意插柳柳成荫"之感。

（3）模糊性。灵感的产生往往是闪现式的，而且稍纵即逝，它所产生的新线索、新结果或新结论使人感到模糊不清。

四　常见思维障碍

在现实生活中，为什么越是简单的问题越容易让人掉以轻心，并由此出错？因为急于求成的人总是容易首先从自己的经验定势和主观愿望出发，习惯按常规思维办事，进入思维障碍的陷阱。在现实中，人们常见的思维障碍包括以下几项。

1. 从众性思维

从众心理是指放弃独立思考，盲目相信大众，一切跟在别人后面，

读书笔记

不出头，不冒尖的心理。例如，学习从众，报考高考的热门专业；消费从众，购买大家都喜欢买的热门商品。殊不知，只有与众不同的想法，才能有与众不同的机会，得到与众不同的收获。

每个人都是独立的个体，也是社会中的一员。作为社会的成员，面对外在的世界，应该通达和顺应，顺应规则、遵从法度，这一切都是可以称作外化的东西。但是一个人之所以成为他自己，更应该是坚持自己的秉性而不要随波逐流，有他独特的价值观，有他独特的风格，有一个人内心的秉持。在现实生活中，人们总有一些从众心理，似乎有了不同的意见想法就成了不合群的人，我们怕听到反对的声音而放弃自己独特的想法，与此同时也放弃了改变生活的大好时机。只有那些敢于表达他们与众不同想法的人，才能变得与众不同。而创新思维更需要我们打破从众性思维，才能破旧创新。

2．习惯性思维

习惯性思维，即定式思维，是指人们在面对新事物、新问题时习惯用之前的思维方式，对新事物、新问题不加分析、不加思考的麻木重复。其主要特征是对问题的思考总是按照第一次的方向和次序进行。习惯性思维对人们解决问题，既有积极作用，也有消极作用。从积极的一面看，习惯性思维可以极大地节约时间和精力，提高人们解决问题的效率；从消极的一面看，习惯性思维容易使人们走进思维的死角，钻牛角尖，不利于问题的解决。以对于一个立志于创新的人来说，我们应打破习惯性思维障碍对我们的约束，进一步优化自己做事的方式和方法，充分发挥主观能动性以寻求更新更好的思维方法。

3．刻板型思维

所谓刻板，是指呆板、机械、缺乏变化。刻板型思维即指思考的过程中不懂变通，思路单一。人们在解决简单问题时，刻板思维通常能解决问题。但当问题稍微复杂时，刻板思维不但无济于事，还会导致错误的发生。刻舟求剑的故事深刻阐述了这个道理。在思维活动中，常常会发生一些新情况，面对新情况应打破刻板，随机应变，迅速作出反应，从而摆脱困境，顺利达到理想目的。

4．权威型思维

权威常常是在某领域内有力量、有威望、有地位的人，权威之所以成为权威，是因为他们在某领域很有建树，他们的意见和建议能使我们事半功倍，人们常常对学识、能力比自己强的人产生尊敬和崇拜，不敢去质疑他们的观点。这种不敢质疑，过分相信权威将极大地阻碍人们的创新思维，因为他们思考的领域，就只能是在权威限定的框架里。爱因斯坦说，"因为我对权威的轻蔑，所以命运惩罚我，使我自己竟也成了权威"，这句话也许很好地阐释了人们应该如何面对权威。

第一节　创新思维概述

有这样一道测试题：一位公安局长在茶馆里与一位老人下棋。正下到难分难解之时，跑来了一位小孩，小孩着急地对公安局局长说："你爸爸和我爸爸吵起来了。"老头问："这孩子是你的什么人？"公安局局长答道："是我的儿子。"

请问：是谁和谁吵起来了？

案例分析：

据说有人曾将这道题对100个人进行了测验，结果只有两个人答对了。后来对一个三口之家问这个问题，父母没答对，孩子却很快答了出来："局长是个女的，吵架的一个是局长的丈夫，即孩子的爸爸；另一个是局长的爸爸，即孩子的外公。"

为什么许多成年人对如此简单的问题的解答反而不如孩子呢？这就是思维定式效应：按照成人的经验，公安局局长应该是男的，从男局长这个心理定式去推想，自然找不到正确答案；而小孩子没有这方面的经验，也就没有心理定式的限制，因而一下子就找到了正确答案。

读书笔记

测一测

创新思维能力测试

下面是10个题目，如果符合自身情况，则回答"是"，不符合则回答"否"，拿不准则回答"不确定"，按照顺序选择分数。

1. 你认为那些使用古怪和生僻词语的作家，纯粹是为了炫耀。（是得1分；否得0分；不确定得2分）

2. 无论什么问题，要让你产生兴趣，总比让别人产生兴趣要困难得多。（是得0分；否得1分；不确定得4分）

3. 对那些经常做没把握事情的人，你不看好他们。（是得0分；否得1分；不确定得2分）

4. 你常常凭直觉来判断问题的正确与错误。（是得4分；否得0分；不确定得2分）

5. 你善于分析问题，但不擅长对分析结果进行综合、提炼。（是得1分；否得0分；不确定得2分）

6. 你审美能力较强。（是得3分；否得0分；不确定得1分）

7. 你的兴趣在于不断提出新的建议，而不在于说服别人去接受这些建议。（是

31

得 2 分；否得 1 分；不确定得 0 分）

　　8. 你喜欢那些一门心思埋头苦干的人。（是得 0 分；否得 1 分；不确定得 2 分）

　　9. 你不喜欢提那些显得无知的问题。（是得 0 分；否得 1 分；不确定得 3 分）

　　10. 你做事总是有的放矢，不盲目行事。（是得 0 分；否得 1 分；不确定得 2 分）

评价

　　得分 22 分以上，则说明被测试者有较高的创造思维能力，适合从事环境较为自由，没有太多约束，对创新性有较高要求的职位，如美编、装潢设计、工程设计、软件编程人员等。

　　得分 11～21 分，则说明被测试者善于在创造性与习惯做法之间找出均衡，具有一定的创新意识，适合从事管理工作，也适合从事与人打交道的工作，如市场营销。

　　得分 10 分以下，则说明被测试者缺乏创新思维能力，属于循规蹈矩的人，做人总是有板有眼，一丝不苟，适合从事对纪律性要求较高的职位，如会计、质量监督员等职位。

第二节　创新能力的培养

一　创新能力的含义

创新能力是技术和各种实践活动领域中不断提供具有经济价值、社会价值、生态价值的新思想、新理论、新方法和新发明的能力，是经济竞争的核心。

二　创新能力的内容

1．发现问题的能力

爱因斯坦说："我没有什么特别的才能，不过喜欢寻根刨底地追究问题罢了""提出一个问题，往往比解决一个问题更重要，因为解决问题也许仅是一个数学上或试验上的技能而已，而提出新的问题，新的可能性，从新的角度去看旧的问题却需要有创造性的想象力，而且标志着科学的真正进步。"要促进创新思维的发展，就要具备发现问题的能力，这样，在提出问题和解决问题时，思维才能活动起来，思维能力才可能在解决问题的过程中发展起来。

2．流畅的思维能力

创新能力以思维流畅作为基础。流畅的思维能力使人们遇到问题时思维活动畅通无阻，灵敏迅速，在短时间能对某事物的用途、状态等作出准确的判断，提出多种解决的方法。

3．变通的能力

变通的能力使人们思路开阔，能善于根据时间、地点、条件等的变化，迅速灵活地从一个思路跳到另一个思路，从一种意境进入另一种意境，从多角度、多方位探索并解决问题。

4．独立创新的能力

爱因斯坦说过，应当把发展独立思考和独立判断的一般能力放在首位。提高创新思维能力必须在思维实践中不迷信前人，不盲从已有的经

读书笔记

验，不依赖已有的成果，能够独立地发现问题，独立地思考问题，在独辟蹊径中找到解决问题的有效方法。

5．制订方案的能力

制订创新方案是创新的核心。创新首先要明确一个方向和目标，只有明确方向，才能制订创新方案，围绕方案努力下去，才可能有创新结果。

6．评价的能力

创新是个复杂的过程，在方案的实施中会遇到多种方案，如何选择最优方案，就需要对其进行评价，作出决策，这就要求创新者具备评价能力。

创新方法

1．缺点列举法

所谓缺点列举法，就是通过对已有的、熟悉的事物进行深入的分析，在对其缺点一一列举的基础上，找出相应的解决方案，从而完成创新的方法。

缺点列举法可以帮助我们突破"问题感知障碍"，启发我们发现问题，找出事物的缺点和不足，从而有针对性地进行创新和发明。而对于企业来说，如果能站在消费者的立场上，切实解决产品的缺点，就能进一步满足消费者的需求，赢得市场的认可，从而为企业带来可观的经济效益。

2．头脑风暴法

头脑风暴法又称"智力激励法"，就是让一组人员运用开会的方

日本美津浓有限公司原是生产体育用品的一家小厂，为了产品能够畅销世界各国，厂里的开发人员到市场上去调查。在调查中发现，初学网球者在打球时不是打不到球，就是打一个"触框球"，把球碰偏了。很多人都想，要是球拍大一点，兴许不会出现上述毛病。国际网联规定，球拍面积必须在710平方厘米之下。美津浓有限公司就专门做了一些比标准大30%的初学者球拍。这种球拍一上市果然畅销极了。后来他们又了解到初学者打网球时，手腕容易发生皮炎，这种病被人们称之为"网球腕"，发生的原因是因为腕力弱的人，在打球时发生强烈腕震而受伤。于是，该公司又发明了减震球拍。他们用发泡聚氨酯为材料，但是经过试验，发现球拍打起球来软塌塌的，很容易疲劳。公司又重新进行了试验，终于制成了著名的"减震球拍"，产品打进了欧美各国。

式，通过相互启发，相互激励，相互补充，在短时间内极大地调动个人的创造力，引起连锁反应和共振效应，产生尽可能多的创造性设想。

头脑风暴法应遵循以下基本原则：

（1）庭外判决原则（延迟评判原则）。对各种意见、方案的评判必须放到最后阶段，此前不能对别人的意见提出批评和评价。认真对待任何一种设想，而无论其是否适当和可行。

（2）自由畅想原则。欢迎各抒己见，自由鸣放，创造一种自由、活跃的气氛，激发参加者提出各种荒诞的想法，使与会者思想放松，这是智力激励法的关键。

（3）以量求质原则。追求数量，意见越多，产生好意见的可能性越大，这是获得高质量创造性设想的条件。

（4）综合改善原则。探索取长补短和改进办法。除提出自己的意见外，鼓励参加者对他人已经提出的设想进行补充、改进和综合，强调相互启发、相互补充和相互完善，这是智力激励法能否成功的标准。

3．综摄法

综摄法是以已知的东西为媒介，将毫无关联、不同的知识要素结合起来，以打开未知世界之门，从而激起人们的创造欲，使潜在的创造力发挥出来，产生众多的创造性设想的方法。综摄法有以下两个基本的原则：

（1）变陌生为熟悉（异中求同即异质同化），即在头脑中把给定的陌生事物与以前熟悉了解的事物进行比较，借此将陌生的事物转化成熟悉的事物。

（2）变熟悉为陌生（同中求异即同质异化），即对已有的各种事物，选用新知识或从新的角度来观察、分析和处理，以摆脱陈旧固定的看法的桎梏，产生出新的创造构想，即将熟悉的事物转化成陌生的事物看待。

4．形态分析法

形态分析法是根据形态学来分析事物的方法。其特点是将研究对象或问题，分为一些基本组成部分，然后对某一个基本组成部分单独进行处理，分别提供各种解决问题的办法或方案，最后形成解决整个问题的总方案。这时，通过不同的组合关系会得到不同的总方案。每个总方案是否可行，必须采用形态学方法进行分析。

形态分析法可分为以下五个步骤：

（1）明确地提出问题并加以解释；

（2）将问题分解成若干个基本组成部分，每个部分都有明确的定义，并且有其特性；

（3）建立一个包含所有基本组成部分的多维矩阵（形态模型），在这个矩阵中应包含所有可能的总的解决方案；

(4) 检查这个矩阵中所有的总方案是否可行，并加以分析和评价；

(5) 对各个可行的总方案进行比较，从中选出一个最佳的总方案。

形态分析法最大的优点是对一项"未来技术"（即形态模型中的一个总方案）的可行性分析，不足的是当组合个数过多时，即总方案的个数太多时，可行性研究就比较困难。

5．信息交合法

信息交合法，又称为要素标的发明法、信息反应场法。信息交合法是一种在信息交合中进行创新的思维技巧，即将物体的总体信息分解成若干个要素，然后将这种物体与人类各种实践活动相关的用途进行要素分解，把两种信息要素用坐标法连成信息标 X 轴与 Y 轴，两轴垂直相交，构成"信息反应场"，每个轴上各点的信息可以依次与另一轴上的信息交合，从而产生新的信息。

信息交合法不但能使人们的思维更富有发散性，应用范围也更广泛得多，而且，这种方法有助于人们在发明创造活动中，不断地强化逻辑思维能力的培养，同时在创造思维、创造教育中，作为教学、培养、培训方法，显得更有系统性、深刻性和实用性。

6．"5W2H"法

"5W2H"法，又叫七问分析法。发明者用 5 个以 W 开头的英语单词和两个以 H 开头的英语单词进行设问，发现解决问题的线索，寻找发明思路，进行设计构思，从而作出新的发明项目。"5W2H"的内容如下：

(1) What：是什么？目的是什么？做什么工作？

(2) Why：为什么？为什么要这么做？理由何在？原因是什么？造成这样的结果为什么？

(3) When：何时？什么时间完成？什么时机最适宜？

(4) Where：何处？在哪里做？从哪里入手？

(5) Who：谁？由谁来承担？谁来完成？谁负责？

(6) How：怎么做？如何提高效率？如何实施？方法怎样？

(7) How much：多少？做到什么程度？数量如何？质量水平如何？费用产出如何？

"5W2H"法有助于思路的条理化，杜绝盲目性；有助于全面思考问题，从而避免在流程设计中遗漏项目。

7．奥斯本检核表法

奥斯本检核表法是指在考虑某一个问题时，先制成一览表，对每项检核方向逐一进行检查，引导主体在创造过程中对照 9 个方面的问题进行思考，以便启迪思路、开拓思维想象的空间、促进人们产生新设想、新方案的方法。主要面对的 9 大问题为：有无其他用途、能否借用、能否改变、能否扩大、能否缩小、能否代用、能否重新调整、能否颠倒、能否组合。

奥斯本检核表法是一种产生创意的方法。在众多的创造技法中，这种方法是一种效果比较理想的技法。人们运用这种方法，产生了很多杰出的创意，以及大量的发明创造。

8．TRIZ

TRIZ 是俄文"发明问题解决理论"的词头缩写，是一种系统化的发明问题解决理论，用来帮助发明家通过有系统、有规则的方法来解决发明过程中所可能碰到的各种问题。

1946 年，以苏联海军专利部阿利赫舒列尔为首的专家开始对数以百万计的专利文献加以研究，经过 50 多年的收集整理、归纳提炼，发现技术系统的开发创新是有规律可循的，并在此基础上建立了一套系统化的、实用的解决发明创造问题的方法，即 TRIZ。到目前为止，该理论被认为是最全面、系统地论述解决发明问题、实现技术创新的理论。

TRIZ 解决创新性问题的思路在于它采用科学的问题求解方法，具体办法就是将特殊的问题归结为 TRIZ 的一般性问题，然后运用 TRIZ 带有普遍性的创新理论和工具寻求标准解法，在此基础上演绎形成初始问题的具体解法。这种从特殊到一般的方法，充分体现了科学的解决问题的思想，具有可操作性。

9．六顶思考帽法

六顶思考帽是英国学者爱德华·德·博诺博士开发的一种思维训练模式，是一个全面思考问题的模型。六顶思考帽是平行思维工具，是创新思维工具，也是人际沟通的操作框架，更是提高团队智商的有效方法。

六顶思考帽是用六种不同颜色的帽子代表六种不同的思维模式。

（1）白色思考帽：象征着客观和中立，它收集的是已知的和需要知道的资料和信息。它是寻求纯粹事实和数据的一种简便方法。这些事实和数据以中立而客观的方式提出来，不要加任何解释，只要事实。

（2）黄色思考帽：象征着积极和乐观，它可以帮助人们采用积极、乐观的思维方式。它从正面考虑问题，表达乐观的、满怀希望的、建设性的观点。黄帽思维强调价值与肯定。

（3）黑色思考帽：象征冷静、反思或谨慎。黑帽思维强调逻辑与批判，它以探索事物的真实性、适应性、合法性为焦点，运用负面的分析，帮助人们控制风险。从反面探索，人们可以运用否定、怀疑、质疑的看法，合乎逻辑地进行批判，尽情发表负面的意见，找出逻辑上的错误。

（4）红色思考帽：象征着感觉、预感和直觉。红帽思维强调直觉与感情，可以说是白帽思维的对立面。它是情绪、感觉和思维的非理性方面，不需要解释，不需要给予任何的理由或是依据。人们可以表现自己的情绪，还可以表达直觉、感受、预感等方面的看法。

（5）绿色思考帽：象征创新和改变。绿帽思维强调创新与冒险，它寻找更多的可选方案和可能性，从而获得具有创造力的构想，是一种创新思维。它具有创新思考、头脑风暴、求异思维等功能。

（6）蓝色思考帽：思维中的思维，是用来管理思维过程的，对思维过程进行控制，负责控制各种思考帽的使用顺序，它规划和管理整个思考过程，并负责作出结论。蓝帽思维强调系统与控制。

六项思考帽的应用步骤如下：

（1）陈述问题（白帽）；

（2）提出解决问题的方案（绿帽）；

（3）评估该方案的优点（黄帽）；

（4）列举该方案的缺点（黑帽）；

（5）对该方案进行直觉判断（红帽）；

（6）总结陈述，作出决策（蓝帽）。

六项思考帽法是革命性的，因为它把人们从思辨中解放出来，使人们可以理清思考的不同方面，帮助人们把所有的观点并排列出，然后寻求解决之道。

四 大学生创新能力的培养

当今社会的竞争，与其说是人才的竞争，不如说是人的创造力的竞争。培养创新能力，争当创新人才能为即将到来的职业生涯做好准备。

大学生创新能力的培养，应从以下三个方面入手。

（一）树立自觉创新意识

创新意识是人们对创新与创新的价值性、重要性的一种认识水平、认识程度以及由此形成的对待创新的态度，并以这种态度来规范和调整自己活动方向的一种稳定的精神态势。

创新意识是创新的前提和条件，只有在自觉自愿的创新意识的强力催动下，才可能有创新实践活动的产生。在知识经济时代，创新包括了技术创新、制度创新、管理创新、文化创新等，涉及社会生活的方方面面。就大学生个人而言，创新既是前进的动力，又是发展的必经之途，所以，在就业和创业过程中，必须牢固树立创新意识。

（1）激发自身的创造动力。寻找真正感兴趣的学习或工作，或者在现在从事的学习、工作中找到兴趣点；寻找学习、工作中的自我满足点；接受更具挑战性的任务；设立自己的目标，并努力达到目标。通过以上一系列措施，激发自身创造活力。

（2）保持高涨的创造兴趣能促进创造活动的成功。对所学习或研究的事物要有好奇心，好奇心能使人们产生强烈兴趣。牛顿少年时期就有很强的好奇心，他常常在夜晚仰望天上的星星和月亮。星星和月亮为什么挂在天上？星星和月亮都在天空运转着，它们为什么不相撞呢？这些疑问激发着他的探索欲望。后来，经过专心研究，终于发现了万有引力定律。

能提出问题，说明在思考问题。在学习过程中，自己如果提不出问题，那才是最大的问题。正像爱因斯坦说的那样："我没有特别的天赋，只有强烈的好奇心。"

（3）具有正确的创造情感。创造情感是引起、推进乃至完成创造的心理因素，只有具有正确的创造情感才能使创新成功。

（4）培养创造意志。创造意志是在创造中克服困难，冲破阻碍的心理因素，创造意志具有目的性、顽强性和自制性。爱迪生在1 600多次试验的失败后，仍能坚持不懈，在竹丝灯泡能够使用以后，还能继续研发，改进为钨丝灯泡。在日常学习生活中，大学生应培养严谨求实、坚持不懈、一丝不苟的优良品格才能取得创新的成功。

（二）提高创新思维能力

创新思维能力是可以通过有意识地培养和训练提高的。大学生学习生活中要注重突破思维障碍，自觉提高创新思维能力，应从以下几个方面入手：

（1）对所学习或研究的事物要有怀疑态度。不要认为被人验证过的都是真理，要用发展的眼光看问题。许多科学家对旧知识的扬弃，对谬误的否定，无不从怀疑开始的。伽利略正是从对亚里士多德"物体依本身的轻重而下落有快有慢"的结论开始怀疑，发现了自由落体规律。因此，怀疑是发自内在的创造潜能，它激发人们去钻研，去探索。

（2）对所学习或研究的事物要有追求创新的欲望。如果没有强烈的追求创新的欲望，那么无论怎样谦虚和好学，最终都是模仿或抄袭，只能在前人划定的圈子里周旋。要创新，我们就要坚持不懈地努力，勇敢跳出前人划定的圈子，勇敢面对困难，同时要克服困难的决心，不要怕失败，要相信，失败乃成功之母。

（3）对所学习或研究的事物要有求异的观念，不要"人云亦云"。创新不是简单的模仿，要有创新精神和创新成果，必须有求异的观念。求异实质上就是换个角度思考，从多个角度思考，并将结果进行比较。求异者往往要比常人看问题更深刻、更全面。

（4）对所学习或研究的事物要有冒险精神。创造实质上是一种冒险，因为否定人们习惯了的旧思想可能会招致公众的反对。这种冒险不是那些危及生命和肢体安全的冒险，而是一种合理性冒险。大多数人都不会成为伟人，但我们至少要最大限度地挖掘自己的创造潜能。

（5）对所学习或研究的事物要做到永不自满。一个有很多创造性思想的人如果就此停止，害怕去想另一种可能比这种思想更好的思想，或已习惯了一种成功的思想而不能产生新思想，那么这个人就会变得自满，停止创造。

（6）努力学习科学知识，构建合理的知识结构。一颗苹果砸到牛顿头上，他发现了万有引力；伽利略看到小孩玩玩具发明了温度计；门捷列夫玩纸牌发现了元素周期表。真理永恒不变，我们要用发展的眼光看问题，跳出思维定式和已有知识的束缚，永远行走在寻找真理的路上，从纷繁复杂的表象里，找到真理存在的一角，则为创新。但是，创新思维不是某天的突发奇想，牛顿、伽利略、门捷列夫哪一个不是知识渊博，对所研究事物殚精竭虑不懈探索的人？所以，大学生应该努力学习，广泛涉猎，以丰富的知识和广博的学科视野撑起创新思维的翅膀，以不断提高的创新思维能力助推创新能力的起飞。

（三）积极开展创新实践

实践对认识具有决定作用。实践是认识的来源，是认识发展的动力，是认识的最终目的和检验认识正确与否的唯一标准。大学生只有积极投身创新实践，才能培养创新能力，提高创新水平。

（1）在日常学习生活中开展创新实践。创新是一个不断发现问题、解决问题的复杂过程。大学生在日常学习生活中，可在教师引导下，或学生自觉有意识地，本着不唯书、不唯上的科学探索精神，不断发现问题、分析问题、解决问题，在实践中提高创新能力。

（2）注重参加创新创业实践平台练兵活动。目前各级高等院校大力开展创新创业教育活动，他们积极搭建大学生创新创业平台，在夯实基础教育的同时，潜心培育、建设大学生创新实践基地，设立特色鲜明的学科竞赛项目，引导大学生开展创新创业实践。大学生可以在学校积极参加活动，在实践中练兵，培育和提高创新能力。

（3）顺应时代潮流，走向社会开展创新创业实践。知识经济时代，信息技术的发展深刻改变了人们的学习、生活和社会环境。2015年3月2日，国务院办公厅印发《关于发展众创空间推进大众创新创业的指导意见》，指出推进大众创新创业要坚持市场导向、加强政策集成、强化开放共享、创新服务模式。在用户创新、大众创新、开放创新、协同创新的创新2.0新形势下，我国涌现出一大批各具特色的众创空间。比如上海的新车间、深圳的柴火创客空间、杭州的洋葱胶囊、南京创客空间等。知识经济时代良好的政策环境和各种便利的创新要素的支持，为大学生创新实践提供了良好的生态环境。大学生要勇于把握时代脉搏，积极投身到大众创业、万众创新的时代洪流中开展创新实践活动。

第二节 创新能力的培养

案例

邮票齿孔的故事

1840年,英国首次正式发行邮票。最早的邮票跟现在的不一样。每枚邮票的四周没有齿孔,许多枚邮票连在一起,使用时用小刀裁开。

1848年的一天,英国发明家阿切尔到伦敦一家小酒馆喝酒。在他身旁,一位先生左手拿着一大张邮票,右手在身上翻着什么。看样子,他是在找裁邮票的小刀。那位先生摸遍身上所有的衣袋,也没有找到小刀,只好向阿切尔求助:"先生,您带小刀了吗?"阿切尔摇摇头,说:"对不起,我也没带。"

那个人想了想,从西服领带上取下了一枚别针,用别针在每枚邮票的连接处都刺上小孔,邮票便很容易地被撕开了,而且撕得很整齐。

阿切尔被那个人的举动吸引住了。他想:要是有一台机器能给邮票打孔,不是很好吗?于是阿切尔开始了研究工作。很快,邮票打孔机造出来了。用它打过孔的整张邮票,很容易一枚枚地撕开,使用时非常方便。邮政部门立即采用了这种机器。直到现在,世界各地仍然在使用邮票打孔机。

阿切尔很注意对生活当中一些微小事件进行观察、思考和钻研,从中找到解决问题的方法和思路,成就了其创新产品的成功。这告诉人们一个道理,留意生活中许多不起眼的小事,勤于思考,会增长许多智慧,获得一些创新发明的灵感。

知识链接

创造力测试:威廉斯测试法

这是一份帮助你了解自己创造力的练习。

在下列的句子中,如果发现某些句子所描写的情形很适合你,则请你在答案纸(请自备)上"完全符合"的圆圈内打"√";

若有些句子仅是在部分时候适合你,则在"部分符合"的圆圈内打"√";

如果有些句子对你来说,根本是不可能的,则在"完全不符合"的圆圈内打"√"。注意:每一题都要做,不要花太多的时间去想。所有的题目都没有"正确答案",凭你读每一句子后的第一印象作答。虽然没有时间限制,但应尽可能地争取以较快的速度完成,越快越好。切记,凭你自己的真实感觉作答,在最符合自己的情形上打"√"。每一题只能打一个"√"。

(1)在学校里,我喜欢试着对事情或问题做猜测,即使不一定都猜对也无所谓。

(2)我喜欢仔细观察我没有看过的东西,以了解详细的情形。

(3)我喜欢听变化多端和富有想象力的故事。

(4)画图时我喜欢临摹别人的作品。

（5）我喜欢利用旧报纸、旧日历以及旧罐头盒等废物来做成各种好玩的东西。
（6）我喜欢幻想一些我想知道或想做的事。
（7）如果事情不能一次完成，我会继续完成尝试，直到成功为止。
（8）做功课时我喜欢参考各种不同的资料，以便得到多方面的了解。
（9）我喜欢用相同的方法做事情，不喜欢去找其他新的方法。
（10）我喜欢探究事情的真假。
（11）我不喜欢做许多新鲜的事。
（12）我不喜欢交新朋友。
（13）我喜欢一些不会在我身上发生的事情。
（14）我喜欢想象有一天能成为艺术家、音乐家或诗人。
（15）我会因为一些令人兴奋的念头而忘记了其他的事。
（16）我宁愿生活在太空站，也不喜欢生活在地球上。
（17）我认为所有的问题都有固定的答案。
（18）我喜欢与众不同的事情。
（19）我常想知道别人正在做什么。
（20）我喜欢故事或电视节目所描写的事。
（21）我喜欢和朋友一起，和他们分享我的想法。
（22）如果一本故事书的最后一页被撕掉了，我就自己编造一个故事把结局补上去。
（23）我长大后，想做一些别人长大从来没想过的事情。
（24）尝试新的游戏和活动，是一件有趣的事。
（25）我不喜欢太多的规则限制。
（26）我喜欢解决问题，即使没有正确的答案也没关系。
（27）有许多事情我都很想亲自去尝试。
（28）我喜欢没有人知道的新歌。
（29）我喜欢在班上同学面前发表意见。
（30）当我读小说或看电视时，我喜欢把自己想象成故事里的人物。
（31）我喜欢幻想200年前人类生活的情形。
（32）我常想自己编一首新歌。
（33）我喜欢翻箱倒柜，看看有些什么东西在里面。
（34）画图时，我很喜欢改变各种东西的颜色和形状。
（35）我不敢确定我对事情的看法都是对的。
（36）对于一件事情先猜猜看，然后再看是不是猜对了，这种方法很有趣。
（37）玩猜谜之类的游戏很有趣，因为我想知道结果如何。
（38）我对机器有兴趣，也很想知道它里面是什么样子，以及它是怎样转动的。
（39）我喜欢可以拆开的玩具。

（40）我喜欢想一些点子，即使用不着也无所谓。
（41）一篇好的文章应该包含许多不同的意见和观点。
（42）为将来可能发生的问题找答案，是一件令人兴奋的事。
（43）我喜欢尝试新的事情，目的只是想知道会有什么结果。
（44）玩游戏时，通常是有兴趣参加，而不在乎输赢。
（45）我喜欢想一些别人常常谈过的事情。
（46）当我看到一张陌生人的照片时，我喜欢去猜测他是怎样一个人。
（47）我喜欢翻阅书籍及杂志，但只是知道它的内容是什么。
（48）我不喜欢探询事情发生的各种原因。
（49）我喜欢问一些别人没有想到的问题。
（50）无论在家里或在学校，我总是喜欢做许多有趣的事。

威廉斯创造力倾向测量表评分方法：

威廉斯创造力倾向测验共有50题，包括冒险性、好奇性、想象力、挑战性四项；测试后可得四种分数，加上总分，可得五项分数。分数越高，创造力水平越高。

冒险性：包括（1）、（5）、（21）、（24）、（25）、（28）、（29）、（35）、（36）、（43）、（44）11题。其中（29）、（35）为反向题目。记分方法分别为：正向题目，完全符合3分，部分符合2分，完全不符合1分；反向题目：完全符合1分，部分符合2分，完全不符合3分。

好奇性：包括（2）、（8）、（11）、（12）、（19）、（27）、（33）、（34）、（37）、（38）、（39）、（47）、（48）、（49）14题。其中（12）、（48）为反向题目，记分方法如同冒险性部分。

想象力：包括（6）、（13）、（14）、（16）、（20）、（22）、（23）、（30）、（31）、（32）、（40）、（45）、（46）13题。其中45题为反向题目。记分方法同前。

挑战性：包括（3）、（4）、（7）、（9）、（10）、（15）、（17）、（18）、（26）、（41）、（42）、（50）12道题。其中，（4）、（9）、（17）题为反向题目，记分方法同前。

本章小结

创新思维是指以新颖独创的方法解决问题的思维过程，通过这种思维能突破常规思维的界限，以超常规甚至反常规的方法、视角去思考问题，提出与众不同的解决方案，从而产生新颖的、独到的、有社会意义的思维成果。创新思维具有独创性或新颖性、灵活性、艺术性、对象的潜在性等特点。发散思维又称"辐射思维""放射思维""多向思维""扩散思维"或"求异思维"，是指从一个目标出发，沿着各种不同的途径去思考，探求多种答案的思维。收敛思维也叫作"聚合思维""求同思维""辐集思维""集中思维"，是指在解决问题的过程中，尽可能利用已有的知识和经验，把众多的信息和解题的可能性逐步引导到条理化的逻辑序列中去，最终得出一个合乎逻辑规范的结论。联想思维是指在人脑内记忆表象系统中由于某种诱因使不同表象发生联系的一种思维活动。灵感思维也称作顿悟，是人们借助直觉启示所猝然迸发的一种领悟或理解的思维形式。在现实中，人们常见的思维障碍包括从众性思维、习惯性思维、刻板型思维、权威型思维等。创新能力是技术和各种实践活动领域中不断提供具有经济价值、社会价值、生态价值的新思想、新理论、新方法和新发明的能力，是经济竞争的核心。创新方法包括缺点列举法、头脑风暴法、综摄法、形态分析法、信息交合法、"5W2H"法、奥斯本检核表法、TRIZ、六顶思考帽法。大学生创新能力的培养，应从树立自觉创新意识、提高创新思维能力、积极开展创新实践三方面入手。

读书笔记

课后练习

1. 什么是创新思维？
2. 创新思维有哪些特征？
3. 灵感思维具有哪些特点？
4. 创新能力包括哪些内容？
5. 什么是"5W2H"法？

第三章
创业精神与创业素质

知识目标

通过本章的学习,了解创业意愿、创业精神的含义;熟悉影响创业意愿的因素,创业精神的作用;掌握创业精神、创业素质的培育方法。

能力目标

能有意识地培养自己的创业精神与创业素质,清楚创业精神与创业素质对创业成败的影响。

第一节　创业意愿

一、创业意愿的含义

意愿是一种心理状态，引导个人的注意力甚至是经验和行动，为了获得某件东西（某种方法），而指向一个特定的目标（目的）或道路。意愿表明了行动者对于行为有目的的和自发的状态，行动者可以意想他的行为，但是没有办法意想行为的结果。创业者的欲望与普通人欲望的不同之处在于，他们的欲望往往超出他们的现实，往往需要打破他们现在的立足点，打破眼前的樊笼，才能够实现。

在创业意愿的理论研究中，创业意愿是潜在创业者对从事创业活动与否的一种主观态度，是人们具有类似于创业者特质的程度，以及人们对创业的态度、能力的一般描述。创业意愿旨在创立一家新公司或是在已有的公司中创造出新的价值增长点。Bird（1988）认为，创业意愿有两个维度，一是内源/外源维度，即创业者的意愿（内源）和利益相关者、市场等的意愿（外源）；二是理性/直觉维度。理性的、分析的和因果导向的心理过程是商业计划、机会分析、资源获取、目标设定和大多数目标指导行为的基础。直觉的、整体的和情景性的思维，如愿景、预感等，同样驱使着创业者坚定不移地去追求创业目标。

二、影响创业意愿的因素

（1）个体特质对个体的创业意愿具有重要的影响，它在很大程度上决定了个体的创业意愿。影响创业意愿的心理特征有成就欲望、内控信念、风险承担倾向、识别和利用机会的能力、模糊性承受能力、处理问题的风格、企业家的个人价值观选择等。

（2）创业环境的影响。首先，包括经济、社会、文化、政治等因素；其次，涉及便利创业过程的来自外在环境的所有支持或帮助服务。

（3）从学生接受的创业教育的角度看，个人背景、在校经历、前瞻性人格、创业能力、具备的创业知识都会影响个体的创业意愿。

（4）在计划行为理论中，对创业意愿的研究发现，创业意愿主要由三个方面决定：一是态度，是指个人对行为所抱有的积极或消极评价；二是感知行为控制力，即个体感知到的执行某种行为的控制能力；三是主观规范，即影响个体决策的外界因素，包括个人感知到的来自配偶、家属、朋友、老师、医生、同事等重要参照个人或群体对行为的期望。

读书笔记

第二节 创业精神

一 创业精神的含义

创业精神是指在创业者的主观世界中，那些具有开创性的思想、观念、个性、意志、作风和品质等，其主要表现为勇于创新、敢当风险、团结合作、坚持不懈等。创业精神是创业的动力，也是创业的支柱。没有创业精神就不会有创业行动，也就无从谈创业成功。

二 创业精神的核心维度

尽管不同的创业精神论述在具体的维度构成认识上有所差异，但特定的创业事件是不同程度的创新性、冒险性与主动性的组合，这就是创业精神的基本特征。以往大量研究所采用的创业精神均可分为上述的三个维度。它们的具体含义是：创新性，是指新奇的研发，开发独特的产品、服务方式或生产流程；冒险性，是指愿意尝试具有较大失败可能性的机会；主动性，是指在克服障碍时的创造力与持续的努力。在研究中，通常以这三方面的行为表现来对创业精神进行测试。

在比尔·盖茨看来，成功的首要因素就是冒险，有冒险才有机会，正是有风险才使得事业更加充满跌宕起伏的趣味。创业家的冒险，迥异于冒进。什么是冒险？什么是冒进？冒险是这样一种东西，你经过努力，有可能得到，而且那东西值得你得到。否则，你只是冒进。创业者一定要分清冒险与冒进的关系，要区分清楚什么是勇敢，什么是无知。无知的冒进只会使事情变得更糟，你的行为将变得毫无意义。

三 创业精神的来源

创业精神并非天生，而是在一定的社会、经济、政治、文化及个人

第二节 创业精神

案例

创业本身就是一项冒险活动

很多创业者在创业的道路上都有过"惊险一跳"的经历。这一跳成功了,功成名就,白日飞升;要是跳不成,就只好凤凰涅槃了。当年周枫创办婷美,这样一个500万元的项目,做了2年多,花了440万元还是没有做成。眼看钱就没了,合作伙伴都失去了信心,要周枫把这个项目卖了。周枫说,这样好的项目不能卖,要卖也要卖个好价钱。合作伙伴说,这样的项目怎么能卖到那么多钱,要不然你自己把这个项目买下来算了。周枫就花5万元把这个项目买了下来。原来大家一起还有个合伙公司,作为代价,周枫把在这个合伙公司的利益也全部放弃了,据说损失有几千万元。单干的周枫带着23名员工,把自己的房子抵押,跟几个朋友一共凑了300万元。他把其中5万元存在账上,其余的钱,他算过,一共可以在北京打2个月的广告。从当年的11月到12月底,他告诉员工,这回做成了咱们就成了,不成,你们把那5万块钱分了,算是你们的遣散费,我不欠你们的工资。咱们就这样了! 这些话把他的员工感动得要哭,当时人人奋勇争先,个个无比卖力,结果婷美就成功了。周枫成了亿万富翁,他的许多员工成了千万富翁、百万富翁。

现在很多大学教授、市场专家分析周枫和婷美成功的原因,发现其实事情没有多么复杂,说白了,不过是一个合适的产品,加上一个天性敢赌的领导,加上一些合适的营销手段,就有了这样一桩成功的案例。

读书笔记

等条件中形成的。换而言之,影响创业精神形成的因素主要有经济、文化、政治及家庭和自身情况。

1. 经济形式与创业精神的形成

经济形式是人类经济的运行形式,是影响创业精神形成的至关重要的决定性的因素。自然经济这一经济运行形式是不需要创业精神的,同时,它也不可能产生和形成创业精神,因为自然经济是一种保守、停滞、封闭和孤立的经济。

创业精神是商品经济发展的产物,商品经济才是创业精神产生的天然土壤。因为,在商品经济中,市场是方方面面联系的纽带,市场竞争是"最高权威",企业时时都处于一个充满风险、充满机会的急剧变化的竞争环境之中。因此,在商品经济条件下,在市场竞争这一压力机制下,创业者是否具有冒险、创新和竞争意识,就决定着企业的生存与发展，决定着企业能否顺利地完成"惊险的跳跃"。正是这种优胜劣汰、极具竞争性的商品经济的存在和发展，创业者才有了展露自己才华的舞台，才产生了冒险、创新等创业精神。

2．文化环境与创业精神的形成

创业精神的形成需要一种适合的、特定的文化环境。而特定的文化也会形成特定的创业精神。在士、农、工、商等级森严的环境中，在重农抑商的文化中，是不可能形成创业精神的。重农抑商、士农工商这种文化，诱发人们的只能是"做官为荣""升官发财"的价值取向，产生的只能是"头悬梁、锥刺股"的"读书做官""学而优则仕"精神，一旦皇榜高中，便可光宗耀祖，封妻荫子，"一人得道，鸡犬升天"。在这种文化中，即便是"经商"，最终也是为了挤进仕途。

适合创业精神形成的文化环境，应该是没有森严等级规定而只有社会分工不同的环境。人们在这种分工环境中，只要获得了成功，就会赢得较高的社会地位。在这种文化中，人们尤其赞誉那些经济上的成功者，因为人们知道，经济的发展是人类社会发展和文化进步最终依赖的根本。

3．经济体制和政治体制与创业精神的形成

创业精神产生于特定的经济和政治体制中。这种体制的特征是把政府官员与企业家严格区分开来各行其是、各负其责。就经济体制而言，在高度集中的计划经济体制下，是不可能产生真正意义上的创业者的。因为企业是国家机构的"附属物"，它没有生产经营的自主权，一切依照"上级"的指令行事，企业的领导人无须去挖空心思，殚精竭虑为企业的生存发展担忧。

在市场经济体制下，企业是市场主体，市场是企业的指挥棒，各方利益均要通过市场来实现。企业如果没有精明的领导人，如果缺乏创业精神，就很难生存和发展。因而，市场经济呼唤创业者和创业精神，市场经济是产生和形成创业精神的基础。就政治体制而言，在政企不分的政治体制下，也不可能游离出真正意义上的创业者，不可能产生创业精神。

4．创业者家庭和自身情况与创业精神的形成

形成创业精神的个人因素，包括创业者的家庭状况和创业者的自身状况。就创业者的家庭状况而言，他的家庭的社会地位、经济条件、成员，尤其是父母的受教育程度、信仰、工作性质、性格及教育子女的方式方法，对创业精神的形成都有着十分重要的影响。

◆四 创业精神的作用

创业精神能够激发人们创业实践的欲望，是心理上的一种内在动力

机制。它在很大程度上决定着一个人是否敢于投身创业实践活动，支配着人们对创业实践活动的态度和行为，并影响着态度和行为的方向与强度。

创业精神能够渗透到以下3个广阔的领域产生作用：

（1）个人成就的取得：个人如何成功地创建自己的企业。

（2）大企业的成长：大公司如何使其整个组织都重新焕发创业精神，以具有更强的竞争力和创造高成长。

（3）国家的经济发展：帮助人民变得富强。

五 创业精神的培育

创业精神的培育不仅需要创业者提高自身的学识修养，更需要制度建设。学识修养是软件，制度建设是硬件。不能只靠内在的修养，还要靠制度的调节。

1．建立创业精神的主体孵化机制

创业精神的某些特质是一种天赋，即成功的创业者的许多资质都是天生的。美国微软公司联会创始人比尔·盖茨不是靠幸运取得成功的，微软也不是建立在偶然基础上的软件帝国。盖茨是计算机天才，更是经营和管理天才。他非凡的事业心和进取心，他的高瞻远瞩和异常敏锐的市场嗅觉，对商机的直觉和判断力是很多人都无法比拟，也无法超越的。需要指出的是，在强调天赋的同时，还应该看到后天的学习对创业精神培育的作用。创业精神的孵化离不开创业者个人自身的勤奋学习、不断进取以及对某些特质、个性的刻意培养和强化。

2．保持思想上的先进性

先进的思想理念是行动成功的基本前提。观念上的超前会将创业者置于更高的层次，为其提供更为广阔的视野和更新的观察视角。保持思想上的先进性就是要以动态的、发展的眼光看待问题，时刻与外部环境同步，保持高度的外界敏感度，在此基础上进行不断地观察、分析与总结。

3．不断完善知识框架

现代科技的迅猛发展促使创业者的知识架构不断提升和更新。创业者完善的知识架构要靠日积月累，不断充实。一方面要"博"，创业者应该广泛涉猎社会生活知识、人文历史知识、经济学基本理论、管理科学知识和法律法规知识，这将有助于为自己的知识结构筑就广博的"源头活水"；另一方面要"专"，良好的专业技能是创业者事业成功的保证，创业者应该根据自己的兴趣特长深入发掘自己的专业潜能。

4．培养过硬的心理素质

创业者的心理素质是创业者气质、兴趣、性格的统称。创业者心理素质结构应当合理，即创业者各种气质、兴趣、性格能够兼容互补，减少冲突，达到和谐。

创业者的心理素质培养，应该着力于三个方面。一是培养顽强的忍耐力，塑造百折不挠的韧性。要认识到，困难是人生的常态，挫折是一种投资，所以要百折不挠、勇往直前。二是培养高度的承受力，要学会自我心理调节。商场如战场，市场环境变化无常，福祸难测，创业者要具有良好的心理调节能力，真正做到临危不惧，处乱不惊，受挫不馁。三是要学会独处，注意时常反省自身。戒骄戒躁，不断反省自我，时刻保持真我本色和清醒的头脑。

5．营造宽松、进取、开拓、创新的社会文化氛围

从社会层面看，创业精神的培育与孵化具有普遍性和广泛性。需要在全社会营造宽松、积极进取、开拓创新的文化氛围，鼓励企业创新创业，使创业者的个性得以完全、充分、自由地发挥。政府相关的政治、经济、法律等激励政策的制定及配套完善的企业服务体系建设，将从很大程度上扶持和促进企业的创新工作，进而有助于创业精神的培育。

社会文化对创业精神的孵化有着重要的影响力。社会文化即民族文化，是全社会成员在共同的生产、生活中所形成的价值观念、行为规范、精神信仰、心理定式、思想意识、风俗习惯、科学文化水平等文化特质。社会文化是创业精神最直接也最充分的营养汲取源头，社会文化中明显的趋势特征往往也会在全社会的创业精神中得到充分的体现。

6．充分发挥政府的服务与导航功能

第一，国家在政治、经济、法律等方面制定的政策和措施，有助于保护企业的相关利益，鼓励创业者积极创业。

第二，加强企业服务体系建设，突出重点，鼓励创业，扶持创业企业健康成长。

各国或地区的企业面临的经营问题大同小异，所以，政府向企业提供的支援服务种类也很类似，主要有信息公开、融资服务、基础设施建设、业务拓展支持、科技支援、质量服务和人力资源发展等。

从中小企业的不同成长阶段来看，服务体系建设可粗略地分为两类：一类侧重于创业环境；另一类侧重于成长环境。前者重点在于简化创业手续，降低交易成本，制定鼓励性的政策，加强基础设施建设，营造出激发人们创业的氛围；后者则侧重于满足企业资源外取和扩张的需要，如融资、信息服务、管理咨询等。

7．健全创业者资源配置机制

经济全球化的一个重要特征就是各类生产要素在全球范围内自由流通配置。创业者作为一种十分关键、十分特殊、十分稀缺的资源，只能

第二节 创业精神

通过市场配置，才能"人尽其才，才当其值"，从而使这种珍贵的资源得到最充分合理的利用，发挥最大效益。

这一点现在已达成共识，各级政府正在积极呼吁并着手建立中国的创业者市场，其中的关键是构建合理有效的运行机制，使市场充分体现优胜劣汰的效能，充分体现公开、平等、竞争、择优的市场原则，促进创业者公平竞争、不断自律和自我完善。例如，全面建立实施创业者市场准入制度、建立职业经理人中介机构的职业资格制度等。

读书笔记

第三节　创业素质

成功的原因都是相似的，失败的原因则各有不同。了解成功创业者表现出来的自身特质，创业者可以反观自己，针对自己与成功创业者之间的差距，有意识地主动培养，在实践中不断修改、完善与提升自己的素质。

强烈的创业意识

要想取得创业的成功，创业者必须具备自我实现、追求成功的强烈的创业意识。强烈的创业意识，可以帮助创业者克服创业道路上的各种艰难险阻，将创业目标作为自己的人生奋斗目标。创业的成功是思想上长期准备的结果，事业的成功总是属于有思想准备的人，也属于有创业意识的人。

二　良好的心理素质

创业的成功在很大程度上取决于创业者的心理素质。因为创业之路不会一帆风顺，在创业的过程中难免会遇到诸多的挫折、压力甚至失败，这就需要创业者具有非常强的心理调控能力，能够持续保持一种积极、沉稳、自信、自主、刚强、坚韧及果断的心态，即有健康的创业心理素质。如果不具备良好的心理素质、坚韧的意志，一遇挫折就垂头丧气、一蹶不振，那么，在创业的道路上是走不远的。宋代大文豪苏轼说："古之成大事者，不唯有超世之才，亦必有坚韧不拔之志。"只有具有处变不惊的良好心理素质和愈挫愈勇的顽强意志，才能在创业的道路上自强不息、竞争进取、顽强拼搏，才能从小到大、从无到有，闯出属于自己的一番事业。

强健的身体素质

强健的身体素质是指身体健康、体力充沛、精力旺盛、思路敏捷。现代小企业的创业与经营是艰苦而复杂的，创业者工作繁忙、时间长、压力大，如果身体不好，必然力不从心、难以承受创业的重任。

四 深厚的知识素养

创业者的知识素养对创业起着举足轻重的作用。创业者要进行创造性思维，要作出正确决策，必须掌握广博的知识，具有一专多能的知识结构。具体来说，创业者应该具有的知识：了解科学的经营管理知识和方法，提高管理水平；掌握与本行业、本企业相关的科学技术知识，依靠科技进步增强竞争能力；具备市场经济方面的知识，如财务会计、市场营销、国际贸易、国际金融等。

王文京谈创业的知识结构

用友软件有限公司的董事长王文京根据自己的创业经历对构建合理知识结构提出了很好的建议："我认为学业基础是非常重要的，不仅要懂而且要精通，还要边学边用。对一个已经发展了一定时间的公司的企业管理人员来说，专业知识尤为重要。用我自身的经验来说，我们经常能够见到国际同行业的总裁，比如Oracle和Sun，还有微软，给我最大的感触是尽管他们的公司已经是世界级的了，他们的生意已经很大了，但他们在自己的领域里是绝对的专家。我想这也是美国的高科技公司获得成功的原因之一，也是我们国内的同行要学习的。如果就创业来讲，在知识经济时代一个知识型的企业，三个方面的知识相当重要：第一，领域里的专业知识，这是基础，不管哪一个方面自己必须是专家；第二，企业经营管理方面的知识，如何运作管理企业，让企业有所发展，这样的知识都是很重要的；第三，如何跟人、跟其他企业合作的知识，这也是很重要的，不光是内部合作，还要跟合作伙伴、跟社会、跟客户合作。"

五 出色的能力素质

创业者至少应具有如下能力。

1. 创新能力

创新能力是民族进步的灵魂、经济竞争的核心；当今社会的竞争，与其说是人才的竞争，不如说是人的创造力的竞争。

创业者必须具备创新能力，有创新思维，能根据客观情况的变化及时提出新目标、新方案，不断开拓新局面，创出新路子，可以说，不断创新是创业者不断前进的关键。

2. 分析决策能力

决策能力是创业者根据主客观条件，因地制宜，正确地决定创业的发展方向、目标、战略，以及具体选择实施方案的能力。创业者需要具有超常的决断能力，为自己的公司争取时间和机会，以获得成功。大学生创业，首先要从众多的创业目标以及方向中进行分析比较，选择最适合发挥自己特长与优势的创业方向、途径和方法。

3. 用人能力

市场经济的竞争是人才的竞争，谁拥有人才，谁就拥有市场、拥有顾客。一个创业者不吸纳德才兼备、志同道合的人共创事业，创业就很难成功。因此，创业者必须学会用人，要善于吸纳比自己强或有某种专长的人共同创业。

4. 组织协调能力

创业者要打开工作局面，就必须学会协调各方面的关系，以便化解矛盾，消除阻力，变消极因素为积极因素，推进创业的顺利进行。

5. 社交能力

社会交际能力是指在创业过程中，围绕创业目标与企业内部人员的交流行为能力以及参与各种社会关系的交往行为能力。社会交际能力是创业者必须具备的能力，它直接影响着创业的成功与失败。

创业者应该能妥当地处理与外界的关系，尤其要争取政府部门、工商及税务部门的支持与理解，同时要善于团结一切可以团结的人，团结一切可以团结的力量，求同存异，共同协调发展。做到不失原则、灵活有度，善于巧妙地将原则性和灵活性结合起来。总之，创业者要搞好内外团结，处理好人际关系，才能建立一个有利于自己创业的和谐环境，为成功创业打好基础。

6. 激励能力

创业的成功，依赖于一个成功的组织。团队组织的目标是让员工充分发挥自己的才能，而创业者就要用各种手段激励员工，使员工之间形成凝聚力。

被称为"中国互联网之父"的马云是个传奇性人物，曾被说成是"骗子""疯子"和"狂人"，而如今，他带领着阿里巴巴团队一路走来，从资本额只有50万元人民币的小企业变成了市值超过200亿美元的大企业，创下了全球互联网融资额的最高纪录。他靠什么实现了大成功，创造了一个又一个令人不可思议的商业奇迹呢？靠的正是一个有创业激情的团队，靠的是每一位优秀的员工。

当然，这并不是要求创业者必须完全具备这些素质才能去创业，但创业者本人要有不断提高自身素质的自觉性和实际行动。提高素质的途径：一靠学习；二靠改造。要想成为一个成功的创业者，就要做一个终身学习者和改造自我者。

哈佛大学拉克教授讲过这样一段话："创业对大多数人而言是一件极具诱惑的事情，同时也是一件极具挑战的事。不是人人都能成功，也并非想象中那么困难。但任何一个梦想成功的人，倘若他知道创业需要策划、技术及创意的观念，那么成功已离他不远了。"

六 良好的人格品质素养

1. 使命责任

使命感和责任心是驱动创业者勇往直前的力量源泉，成功的创业者具有高度的使命感和强烈的责任意识。创业活动是社会性活动，是各种利益相关者协同运作的系统，只有对自己、对家庭、对员工、对投资人、对顾客、对供应商，以及对社会拥有高度的使命感和负责精神的创业者，才可能赢得人们的信任、尊重和支持。

2. 冒险精神

创业的开创性需要有冒险精神，需要有胆略和胆识。同时，在创业实践中也要有风险意识，要注意冒险精神和风险意识的平衡，理性思考，降低风险损失。

3. 坚韧执着

创业是对人的意志力的挑战。面对险境、身处逆境能否坚持信念、承受压力、坚持到底常常决定创业的成败；最后的成功往往就在于再坚持一下的努力之中。

4. 真诚诚信

真诚诚信是创业者必备的品质，它体现了成功创业者的人格魅力：讲信誉，守诺言，言行一致，身体力行，胸襟广阔，厚人薄己，敢于承担责任，勇于自我否定，尊重人才，以人为本，倡导团队合作和学习，帮助团队成员获得成就感，坚持顾客价值、公司价值和社会价值的创造。具有良好的口碑可以帮助创业者凝聚人心，鼓舞士气，赢得更多合作者的信任和支持。

七 充分的竞争意识

竞争是市场经济重要的特征之一，是企业赖以生存和发展的基础，也是立足社会不可或缺的一种精神。创业者如果缺乏竞争意识,实际上就等于放弃了自己的生存权利。创业者只有敢于竞争,善于竞争,才能取得成功。创业者创业之初面临的是一个充满压力的市场,如果创业者缺乏竞争的心理准备,甚至害怕竞争,就只能是一事无成。

现在你具备创业的资质吗?

创业充满了诱惑,但并非每个人都适合走这条路。美国创业协会设计了一份测试题,假如你正想自己"单挑",不妨做做下面的题。

以下每道题都有4个选项:A. 经常;B. 有时;C. 很少;D. 从不。

1. 在急需决策时,你是否在想"再让我考虑一下吧?"
2. 你是否为自己的优柔寡断找借口说"得慎重,怎能轻易下结论呢?"
3. 你是否为避免冒犯某个有实力的客户而有意回避一些关键性的问题,甚至有意迎合客户呢?
4. 你是否无论遇到什么紧急任务都先处理日常的琐碎事务呢?
5. 你是否非得在巨大压力下才肯承担重任?
6. 你是否无力抵御妨碍你完成重要任务的干扰和危机?
7. 你在决策重要的行动和计划时,常忽视其后果吗?
8. 当你需要作出很可能不得人心的决策时,是否找借口逃避而不敢面对?
9. 你是否总是在晚上才发现有要紧的事没办?
10. 你是否因不愿承担艰苦任务而寻找各种借口?
11. 你是否常来不及躲避或预防困难情形的发生?
12. 你总是拐弯抹角地宣布可能得罪他人的决定吗?
13. 你喜欢让别人替你做你自己不愿做而又不得不做的事吗?

计分:选A得4分,选B得3分,选C得2分,选D得1分。

得分分析:

50分以上,说明你的个人素质与创业者相去甚远;

40~49分,说明你不算勤勉,应彻底改变拖沓、低效率的特点,否则创业只是一句空话;

30~39分,说明你在大多数情况下充满自信,但有时犹豫不决,不过没关系,这也是稳重和深思熟虑的表现;

15~29分,说明你是一个高效率的决策者和管理者,有望成为成功的创业者。

本章小结

创业意愿旨在创立一家新公司或是在已有的公司中创造出新的价值增长点。创业精神是指在创业者的主观世界中，那些具有开创性的思想、观念、个性、意志、作风和品质等，主要表现为勇于创新、敢当风险、团结合作、坚持不懈等。特定的创业事件总是不同程度的创新性、冒险性与主动性的组合，这就是创业精神的基本特征。创业精神并非天生，而是在一定的社会、经济、政治、文化以及个人等条件中形成的。创业精神能够激发人们进行创业实践的欲望，是心理上的一种内在动力机制。它在很大程度上决定着一个人是否敢于投身创业实践活动，支配着人们对创业实践活动的态度和行为，并影响着态度和行为的方向与强度。成功创业者应具备强烈的创业意识、良好的心理素质、强健的身体素质、深层的知识素养、出色的能力素质、良好的人格品质素养及充分的竞争意识。

课后练习

1. 影响创业意愿的因素有哪些？
2. 创业精神的核心维度是什么？
3. 创业者应具备哪些能力？

第四章
创业团队的组建与管理

知识目标

通过本章的学习,了解创业团队的含义与构成要素;熟悉组建创业团队的原则与策略;掌握创业团队组建的程序,以及创业团队的管理方法。

能力目标

能组建积极有效的创业团队,并能形成自己特有的团队文化。

第四章 创业团队的组建与管理

第一节 创业团队

 创业团队的含义

团队是由员工和管理层组成的一个共同体，它合理利用每一个成员的知识和技能协同工作，解决问题，达到共同的目标。创业团队就是指在创业初期（包括企业成立前和成立早期），由一群才能互补、责任共担、愿为共同的创业目标而奋斗的人所组成的特殊群体。

创业团队有别于一般团队，表现有以下五个方面。

1. 团队的目的不同

初创时期的创业团队建设的目的是成功地创办新企业，随着企业成长，创业团队可能会发生成员的变化，新组建的高管团队是创业团队的延续，其目的在于发展原来的企业或者开拓新的事业领域。然而，一般团队的组建只是为了解决某类或者某种特定问题。

2. 团队成员的职位层级不同

创业团队的成员往往处在企业的高层管理的位置，对企业重大问题产生影响，其决策甚至关系到企业的存亡。而一般团队的成员往往是由一群能解决特定问题的专家组成的，其绝大多数也并不处于企业高层位置。

3. 团队成员的权益分享不同

创业团队成员往往拥有公司股份，以便团队成员负有更高的责任，而一般团队未必要求成员拥有股份。

4. 团队关注的视角不同

创业团队成员关注的往往是企业全局性的、战略性的决策问题，而一般团队成员只关注战术性或者执行层面的问题。

5. 成员对团队的组织承诺不同

创业团队成员对公司有一种浓厚的情感，其连续性承诺（由于成员对组织投入而产生的一种机会成本，足以让成员不离开组织的倾向）、情感性承诺（个体对组织的认同感）和规范性承诺（个人受社会规范影响而不离开组织的倾向）都较高，而一般团队其成员的组织承诺则并不高。

大学生创业团队应该具有较强的资源整合能力，能通过团队成员之间的技能互补来提高驾驭环境不确定性的能力，从而降低新创企业的经营风险，增加创业成功的概率。

二 创业团队的构成要素

一般来说，创业团队的构成要素包括目标、定位、职权、计划和人员。各要素之间相互影响、相互作用、缺一不可。其包括以下四个方面的含义：

（1）创业团队有共同的价值观、统一的目标和标准。这是组建创业团队的前提，创业团队必须为统一的目标而奋斗，并有一致的价值观，这样组成的创业团队才有战斗力。没有统一的目标和共同的价值观，创业团队即使组建起来了，也不能形成合力，缺乏战斗力。

（2）创业团队成员负有共同的责任。有了统一的目标和价值观后，创业团队成员还必须共同负起责任来达到目标。一个好的创业团队一定是所有成员都能共同负责任的团队。

（3）创业团队成员的能力互补。这是组建创业团队的必要条件。当组建起来的创业团队成员的知识、能力可以互补时，这个团队就可发挥出"1+1＞2"的作用。如果创业团队成员的知识、能力不能互补，就失去了组建团队的意义，即使组建了团队，也不能起到很好的作用，甚至会限制有能力的人发挥作用。

（4）创业团队的人愿意为共同的目标作出贡献。这是创业团队能否取得成功的关键。创业团队成员除有责任心外，还要有甘于奉献的精神和行动，才能成为企业的核心，带领企业前进。

三 创业团队的分类

根据创业团队的组成者，创业团队可以分为星状创业团队、网状创业团队和虚拟星状创业团队三种。

（一）星状创业团队

在星状创业团队中，一般有一个核心主导人物充当领军的角色。这种团队在形成之前，一般是核心主导人物有了创业的想法，然后根据自己的设想进行创业团队的组织。因此，在团队形成之前，核心主导人物已经就团队组成进行过仔细思考，根据自己的想法选择相应人物加入团队，这些加入创业团队的成员可能是核心主导人物以前熟悉的人，也可能是不熟悉的人，这些团队成员在企业中更多时候是支持者的角色。

星状创业团队的特点如下：

（1）组织结构紧密，向心力强，主导人物在组织中的行为对其他个体影响巨大。

（2）决策程序相对简单，组织效率较高。

（3）容易形成权力过分集中的局面，从而使决策失误的风险加大。

（4）当其他团队成员和主导人物发生冲突时，因为核心主导人物的特殊权威，其他团队成员在冲突发生时往往处于被动地位，在冲突较严重时，一般都会选择离开团队，因而对组织的影响较大。

例如，美国太阳微系统公司创业当初就是由维诺德·科尔斯勒确立了多用途开放工作站的概念，接着他找到比尔·乔伊和贝托谢姆两位分别在软件和硬件方面的专家，和一位具有实际制造经验的麦克尼里，组成了太阳微系统公司的创业团队。

（二）网状创业团队

网状创业团队的成员一般在创业之前都有密切的关系，如同学、亲友、同事、朋友等。团队成员一般都是在交往过程中，共同认可某一创业想法，并就创业达成共识以后，开始共同创业。在创业团队组成时，没有明确的核心人物，大家根据各自的特点进行自发的组织角色定位。因此，在企业初创时期，各位成员基本上扮演的是协作者或者伙伴角色。

网状创业团队有以下几个明显的特点：

（1）团队没有明显的核心，整体结构较为松散。

（2）组织决策时，一般采取集体决策的方式，通过大量的沟通和讨论达成一致意见，因此组织的决策效率相对较低。

（3）由于团队成员在团队中的地位相似，因此容易在组织中形成多头领导的局面。

（4）当团队成员之间发生冲突时，一般都采取平等协商、积极解决的态度消除冲突。团队成员不会轻易离开。但是一旦团队成员间的冲突升级，使某些团队成员撤出团队，就容易导致整个团队的涣散。

例如，微软的比尔·盖茨和童年玩伴保罗·艾伦，惠普的戴维·帕卡德和他在斯坦福大学的同学比尔·休利特等多家知名企业的创建多是先由于关系和结识，基于一些互动激发出创业点子，然后合伙创业。

（三）虚拟星状创业团队

虚拟星状创业团队是由网状创业团队演化而来。在团队中，有一个核心成员，核心成员地位的确立是团队成员协商的结果，因此核心人物某种意义上说是整个团队的代言人，而不是主导型人物，其在团队中的行为必须充分考虑其他团队成员的意见。

四 创业团队的优劣势分析

（一）创业团队的优势

"一个好汉三个帮"。几个人齐心协力，集合各自优势，所产生的能量会远远超过个体单独产生的能量。同理，一个由研发、技术、市场、财务、融资等各方面组成的可以进行优势互补的创业团队，是创业成功的法宝。团队创业会带来各方面的优势，至少包括以下几点。

1．促进优势互补

无论一个人如何优秀，他都不可能具备所有的经营管理经验，同时，任何人都不可能在知识、资源、能力、技术等方面具有同样的比较优势，特别是对于那些首次创业的人，他们往往缺乏对市场的判断力，缺乏对潜在市场的洞察力。创业团队的建立将会十分有效地解决这些问题。在一个团队中，不同的人掌握不同的社会资源，他们具备不同的知识、能力和经验，有的有客户关系、有的有政府关系、有的有理论、有的有经验、有的懂技术、有的擅长内务、有的擅长外交……这种优势互补的创业模式将会极大地强化团队成员间的彼此协调。一般来说，一个团队的角色结构和能力结构越合理，这个团队的知识面就越宽广，创业成功的可能性也就越大。

2．减少决策风险

一个新创企业在起步阶段总会遇到各种困难，如果创业者在遇到麻烦时完全亲自解决，不仅会花费大量的精力和时间，而且常常会由于解决问题能力有限增加决策风险。而当创业人员是一群人而非个体时，成败就变成了集体的事情，只要创业团队成员能够同甘共苦，发挥每个成员的特长，就必定能提高解决问题的效率，增加成功解决问题的可能性。

3．缓解融资问题

中小企业融资问题一直困扰着很多新创企业，究其原因，无非是由于银行贷款难度大，同时民间借贷利率偏高，这让许多中小企业难以负担。在外部融资极其困难的情况下，内部融资成了解决中小企业融资，特别是新创企业融资问题的办法。在经济不景气的大环境下，内部融资的作用尤其显著。

第四章 创业团队的组建与管理

案例

两位史蒂夫分道扬镳

两位史蒂夫——史蒂夫·乔布斯与史蒂夫·沃兹尼亚克曾是老友,在1976年共同创立了苹果电脑。在创办苹果的过程中,沃兹与乔布斯堪称黄金组合,一个搞技术,一个负责市场,堪称完美,又恰逢个人电脑兴起的第一波浪潮,苹果很快就风生水起了。

乔布斯和沃兹尼亚克是这样一对"兄弟":其中一人毕生致力于管理公司,用各种手段激发消费者的欲望,创造盈利的神话;而另一人则言谈幽默,爱好技术,对一些小玩意感兴趣,在世界上挖掘趣闻,并乐在其中。沃兹是技术牛人,在苹果公司发展初期,沃兹在公司里的作用很重要。罗伯特·克林利曾在他的著作《偶然帝国》一书中说:"沃兹称得上是苹果公司首席雇员。因为从技术的角度来看,沃兹就是苹果电脑。"但没过多久,两位共同创始人的矛盾就公开化了。

乔布斯创业早期常被批评为脾气坏、顽固、倔强、喜怒无常。他有着近乎摇滚明星的坏脾气,是一个小心眼的微观管理者,这让自己的雇员不得不时刻分心提防。乔布斯的任性以及这种以自我为中心的工作作风得罪了太多的人,他迅速走向了危机。1985年,苹果董事会最终投票作出了一个艰难的决定:剥夺了乔布斯在苹果公司的一切公职。

就在这一年,沃兹也离开了苹果。

两位史蒂夫共同成就了一家伟大的公司,但是,两个伟大的人物终究未能一直携手。

(二)创业团队的劣势

团队创业虽然有诸多好处,但在现实生活中,组建了自己的创业团队并不一定就能成功,其中的原因可能是经济萧条、竞争恶化、产品定位不合理等,但不可否认的是,团队创业并不一定是一种完美的创业模式,其至少有以下几点劣势。

1. 思想冲突

新创企业团队一般都由少数几个人组成,大多数成员都直接参与管理决策。而且因为都是企业的创始人,无论是否有经验,他们在企业中都担任要职,都发表"重要意见",关于一个问题难免会出现不同的见解,提出不同的方法。在出资人出资比例相当的情况下,此种情况尤其严重,甚至会引发激烈争论,问题却迟迟得不到解决,一旦出了问题,就可能互相指责,互相推诿。

2. 管理冲突

既是员工又是出资人的双重身份，往往使合伙人成为创业团队最难管理的人群。许多创业团队成员由于不能在企业中摆正自己的位置，常常认识不到自己也是企业的员工，也应该遵守企业的规章这一事实。在现实中，很多创业团队成员会自觉或不自觉地抬高自己的地位，越位发号施令，这会导致企业管理成本的增加。

3. 利益冲突

企业利润会随企业的壮大而增加，当企业规模壮大后，当初出资谨慎的企业合伙人常常由于原先出资过少而后悔，心态逐渐开始不平衡，工作量不少可分红时却少于别人，容易产生"老板为老板打工"的心态；还有那些没有出资或出资较少的创业团队成员，他们掌握了企业的核心技术或无形资产，当这些知识投入没有被恰当地量化成货币时，会出现不平衡的心理。诸如此类的局面不能被合理化解，常常会瞬间激化合伙人之间的矛盾。

五 创业团队的价值

一个优秀的创业团队，是企业不竭生命力的来源，是新企业生存和发展的核心，新企业的运作，追根究底是人的运作，是创业团队的成员的运作。创业团队组织新企业运作经营，整合新企业资源，带领着新企业不断向目标迈进。无论是初始资本的积累、新企业雇员招募，还是新企业的运营管理，都是创业团队在发挥作用。因此，创业团队的创建、创业团队的合作水平以及创业团队成员的素质是新企业资源获取、高效维持新企业运作的关键因素。

优秀的创业团队具有以下价值。

1. 塑造团队精神

团队创业的企业能够在企业内部塑造一种团队合作的精神，成员之间出于熟悉的默契配合和相互支持，对企业的工作氛围以及团队士气都起到了很大帮助。

2. 有助于工作效率的提高

组建团队就必然牵涉到团队的管理，而团队管理恰恰促使管理者要进行战略大局的思考，正是这种高瞻远瞩的大局思维，能够让管理者从烦琐的细节监督中脱身，将权力下放到团队中，调动了团队成员的积极性，也让管理者决策更加灵活、快速和准确。

3. 优势互补

团队成员的数量，通常也决定了团队成员的多元化和创意。由不同成长背景和不同经历的个人组成的团队，往往会比个体成员工作思考更加具有创意，也更加全面周到。

第四章 创业团队的组建与管理

第二节 组建创业团队

 组建创业团队的原则

1. 目标明确合理原则

目标必须明确，这样才能使团队成员清楚地认识到共同的奋斗方向。与此同时，目标也必须是合理的、切实可行的，这样才能真正达到激励的目的。

2. 互补原则

创业者之所以寻求团队合作，其目的就在于弥补创业目标与自身能力间的差距。只有当团队成员相互间在知识、技能、经验等方面实现互补时，才有可能通过相互协作发挥出协同效应。

3. 精简高效原则

为了减少创业期的运作成本、最大比例地分享成果，创业团队人员构成应在保证企业能高效运作的前提下尽量精简。

4. 动态开放原则

创业过程是一个充满不确定性的过程，团队中可能因为能力、观念等多种原因不断有人在离开，同时也有人在要求加入。因此，在组建创业团队时，应注意保持团队的动态性和开放性，使真正完美匹配的人员能被吸纳到创业团队中来。

 组建创业团队的策略

任何创业团队想要获得成功，都必须在成员的选择上深思熟虑。吸纳合适的成员能够带动企业更好地生产运作。不合适的成员会对新创企业未来的发展造成潜在危险。但无论是何种创业团队，下面几个问题都是在选择团队成员时应当给予重视的。

1. 能否在不同层面上给予互补

优势互补是企业成功的关键因素。角色的完善、技能的多样化，都会给企业带来无限生机,成员们在角色、技能、权力上的结构越合理,创业成功的机会就越大。纯粹由技术人员组成的企业会形成技术为主、产品导向的情况,从而使产品的开发与市场脱节;全部由市场和销售人员组成的团队了解市场的定位,却缺乏对产品开发的能力。好的创业团队,会充分考虑团队成员的搭配,在技术、财务、市场、管理等各方面做到完善。好的创业团队,成员们的能力通常能形成互补。

2. 团队成员的个性、兴趣与企业价值观是否一致

创业团队成员的个人性格、兴趣和品德决定了今后企业文化的形成。任何人才,无论其智商多高,专业水平多么好,如果对创业没有信心,将无法适应企业的需求。企业文化是企业的核心竞争力之一,因此,在寻找合伙人时首先应考虑对方的个性与个人价值观等因素是否与自己心目中的理想企业形象相匹配,只有在匹配的情况下,团队整体协作才更有效,更有战斗力。

3. 团队成员加入的目的

马斯洛需求理论告诉我们,人的需求大体上分为五个基本层次,分别是生理的需求、安全的需求、社交的需求、尊重的需求和自我实现的需求。团队成员的行为方式很大程度上是由他们的需求层次决定的。缺乏基本生活需要的人很可能为了赚钱养家而变得急功近利,对企业的短期利益可能会有好处。而需求层次较高的人,则相对较为稳健,利于企业的长远发展。因此,在选择合伙人时应该与企业的战略目标相符。

除对人员的合适性进行分析外,组建创业团队时还应该考虑到团队的规模大小,任何团队的规模都有一定的限制,收益边际递减的原理告诉我们,并不是成员越多,公司效率就越高。一般一个创业团队的成员应以控制在 3～5 人为宜,以便保证各项工作的效率与质量,帮助新创企业能在较短的时间内占据有利的市场地位。

三、创业团队组建的程序

1. 明确创业目标

明确创业目标,一方面,应明确自己的创业思路;另一方面,必须将自己掌握的创业机会形成一定的创意,进而形成一个创业目标。创业团队的总目标就是要通过完成创业阶段的技术、市场、规划、组织、管理等各项工作实现企业从无到有、从起步到成熟。总目标确定后,为了推动团队最终实现创业目标,再将总目标加以分解,设定若干可行的、阶段性的子目标。

2. 制订创业计划

创业计划是在对创业目标进行具体分解的基础上,以团队为整体来考虑的计划，创业计划确定了在不同的创业阶段需要完成的阶段性任务，通过逐步实现这些阶段性目标来最终实现创业目标。一份完整的创业计划，必须包括创业核心团队的计划和人力资源计划。通过创业计划可以进一步明确创业团队的具体需求，比如人员的构成、素质和能力要求、数量要求等。

创业团队的组建需要契合创业计划的要求，以匹配创业项目的运作。

3．招募合适的人员

招募合适的人员是组建创业团队最关键的一步。创业团队成员的招募应考虑两个方面：一是互补性。创业团队至少需要管理、技术和营销三个方面的人才，只有这三个方面的人才形成良好的沟通协作关系后，创业团队才可能实现稳定高效。二是适度规模。这是保证团队高效运转的重要条件，团队成员一般为3～25人。

4．职权划分

创业者要处理好责、权、利等各方面的关系，即确定每个成员所要负担的职责及所享有的权限。根据创业计划的需要，明确团队成员的职责定位，可以使创业团队形成合力，共同实现创业目标，同时，也可避免因职责不明、权力分配不明确引发的冲突。一般来说，创业团队越成熟，领导者所拥有的权力相应越小；在创业团队发展的初期，领导权相对比较集中。

5．构建创业团队的制度体系

创业团队制度体系体现了创业团队对成员的控制和激励能力，主要包括团队的各种约束制度和各种激励制度。一方面，创业团队通过各种约束制度（主要包括纪律条例、组织条例、财务条例、保密条例等）指导其成员避免作出不利于团队发展的行为，实现对其的行为进行有效的约束，保证团队的稳定秩序；另一方面，创业团队要实现高效运作需要有效地激励机制（主要包括利益分配方案、奖惩制度、考核标准、激励措施等），才能使团队成员看到随着创业目标的实现，其自身利益将会得到怎样的改变，从而达到充分调动成员的积极性、最大限度发挥团队成员作用的目的。

6．对团队进行调整融合

随着团队的运作，团队组建时在人员配备、制度设计、职权划分等方面的不合理之处会逐渐暴露出来，这时就需要对团队进行调整融合，这是一个动态持续的过程。在进行团队调整融合的过程中，最为重要的是要保证团队成员间经常积极有效的沟通与协调，培养强化团队精神，提升团队士气。

第三节　创业团队的管理

一　创业团队管理的特殊之处

创业团队的管理不同于工作团队的管理。对于大多数企业内的工作团队来说，如研发团队、销售团队和项目团队等，因为人员和岗位稳定性相对较高，人们习惯性地将重点放在过程管理上，注重通过建设沟通机制、决策机制、互动机制和激励机制等发挥集体智慧，实现优势互补，提升绩效。但对创业团队管理而言，正好相反，其重点在于结构管理，而不是过程管理。

首先，创业团队管理是缺乏组织规范条件下的团队管理。在创业初期，创业团队还没有建立起规范的决策流程、分工体系和组织规范，"人治"味道相当浓厚，处理决策分歧显得尤为困难。此时，团队成员之间的认同和信任尤其重要，但又很难在短期建立起来。因此，认同和信任关系取决于创业团队的初始结构。

其次，创业团队管理是缺乏短期激励手段的团队管理。成熟企业内的工作团队可以凭借雄厚的资源基础，借助月度工作考核等手段，在短期实现成员投入与回报的动态平衡。相比之下，创业初期需要团队在时间、精力和资金等资源的高强度投入，但这些投入短期无法实现期待的激励和回报。成功不可能一蹴而就的时候，就需要找到能适应这种状况的合伙人。

最后，创业团队管理是以协同学习为核心的团队管理。成熟企业内工作团队的学习以组织知识和记忆为依托，成员之间共享着相似的知识基础。但是创业过程充满不确定性，需要不断试错和验证，同时在此基础上创造并存储、组织知识和记忆。创业团队的协同学习，建立在团队成员之间在创业之前形成的共同知识和观念基础上，这仍旧取决于创业团队的初始结构。

二、创业团队的三维结构管理

通常,创业团队可以从三个方面入手来实施结构管理,分别是知识结构、情感结构和动机结构。知识结构反映的是创业团队成功创业的能力素质;情感结构是创业团队维持凝聚力的重要保障;动机结构则是创业团队实现理念和价值观认同的关键因素。

(一)知识结构管理

知识结构管理的核心,是建立以创业任务为核心的知识和技能的互补性,强调创业团队有完备的能力来完成创业相关任务。

谈到知识和技能的互补,《西游记》中由唐僧率领的取经团队被公认为是一支"黄金组合"的创业团队。四个人的性格各不相同,却又同时有着不可替代的优势。例如,唐僧慈悲为怀,使命感很好,有组织设计能力,注重行为规范和工作标准,所以他担任团队的主管,是团队的核心;孙悟空武功高强,是取经路上的先行者,能迅速理解、完成任务,是团队业务骨干和铁腕人物;猪八戒看似实力不强,又好吃懒做,但是他善于活跃工作气氛,使取经之旅不至于太郁闷;沙僧勤恳、踏实,平时默默无闻,关键时刻他能稳如泰山,稳定局面。

(二)情感结构管理

情感结构管理的重点是注重年龄、学历等不可控因素的适度差异。中国文化注重层级和面子关系,如果创业团队之间年龄和学历因素差距过大,成员之间在混沌状态下发生冲突和争辩,很容易出现彼此感觉丢面子的情况,从而演变为情感性冲突。一旦出现这种情况,创业团队将不得不把时间和精力浪费于沟通方式设计和内部矛盾化解,内耗大于建设,不利于创业成功。

(三)动机结构管理

动机结构管理的关键在于注重创业团队成员理念和价值观的相似性。如果创业团队成员之间价值观不同,想做事业的成员可能不会过分关注短期收益,而怀揣赚钱动机的成员则不会认同忽视短期收益的做法。相似的理念和价值观有助于创业团队保持愿景和方向的一致,有助于创业团队克服创业挑战而逐步成功。

值得一提的是,创业团队的结构管理是兼顾三个方面结构要素的平衡过程,短板效应非常明显。但是在现实中,人们往往过分重视知识结构的互补性,而对情感结构管理和动机结构管理重视程度不够,因此,引发的问题往往会随时间而强化,一旦创业出现困难和障碍,往往会演变为创业团队的内耗和冲突。

三 创业团队的管理技巧

1. 建立健全管理制度

合理的制度规范是统一团队思想、让团队具有战斗力的有力保障，是使团队稳定发展的关键。规章制度的最大好处是团队中的每个人都处在相同的行为准则约束下，朝着共同的目标前进。企业从创办的第一天起，就要有明文的规章制度，用来约束成员的个人行为。创业团队的管理制度是创业经营理念和团队成员意志的体现，严格的管理制度能够极大地提高工作效率、促进目标完成。

2. 建立合理的决策机制

要成为一个具有凝聚力的团队，团队核心人物（决策者）必须学会在没有完善的信息、团队成员没有统一的意见时作出决策，而且承担决策产生的后果。只要自己认为对的事情，不可优柔寡断，必须付诸行动。

3. 全力以赴地去执行

有了决策，还需要严格地执行，执行力也是一种显著的生产力。在团队里，也许我们并不需要每个团队成员都异常聪明，因为过度聪明往往会导致自我意识膨胀，好大喜功。相反，却需要每个人都具有强烈的责任心和事业心，对于公司制订的业务计划和目标能够在理解、把握、吃透的基础上，细化、量化自己的工作，坚定不移地贯彻执行下去，对于过程中的每一个运作细节和每一个项目流程都要落到实处。

4. 凝聚成员的力量

优秀的创业团队都具有很强的集体凝聚力。凝聚力是一个团队团结成员的纽带，是促使团队成员相互理解和团结协作的根基力量。不断实现价值创造是创业团队的主要目标，每一个团队成员都应充分认识到个人利益的获取是以团队利益的实现为基础的，自觉将团队利益置于个人利益之上，团队的每一位成员的价值都表现在他对于团队整体价值的贡献上。

5. 保持沟通顺畅，营造相互信任的团队氛围

沟通是有效管理团队的最重要的内容之一。在企业经营管理过程中，团队成员对有关问题会形成不一致的意见、观点和看法，这种论事不论人的分歧成为认知性冲突。优秀的团队并不回避不同的意见，而是进行充分的沟通和交流，鼓励创造性的思维，提高团队决策质量。这也有助于推动团队成员对决策方案的理解和执行，提高组织绩效。

6. 采用合理有效的激励措施

有效的激励措施要求给予创业团队成员以合理的"利益补偿"，包括两种形式：一种是物质条件，如报酬、工作环境；另一种是心理收益，如创业成就感和地位，感受到尊重、承认和友爱等。常见的激励手段主要包括三种：一是团队文化的激励；二是经济利益的激励；三是权力与职位的激励。

四 团队文化设计

（一）团队文化设计的定义

团队文化是团队在发展的过程中所形成的工作方式、思维习惯和行为准则。高效团队来自统一的团队文化，团队文化一旦形成，便会强烈地支配着团队成员的思想和行为。

团队文化是由团队价值观、团队氛围、团队效率等要素综合在一起而形成的。

1．团队价值观

团队价值观就是团队成员共同认可的一种集体意识，是团队成员共同价值观和理想信念的体现，是凝聚团队、推动团队发展的精神力量。团队价值观是员工思想与心态的高度整合，是员工在行动上的默契与互补，是员工之间的互相宽容与理解。

2．团队氛围

团队的管理作风、自主的工作环境和富有挑战性的工作，使成员之间相互信任，能够坦诚、开放、平等地沟通与交流，人际关系和谐，成员身心愉快，参与愿望强烈，工作中充满了热情与活力。团队发展过程中经常碰到困难与挫折，但高级团队能够使团队成员愉悦相处并享受作为团队一员的乐趣，团队里不乏幽默的氛围，团队内部士气高昂，团队成员不畏艰难，不畏挫折，时刻保持旺盛的斗志。团队在文化氛围上既强调团队精神，又鼓励自我完善与发展，杜绝过于强调团队精神而压倒个性的文化倾向，由此激发个人的积极性、主动性、创造性。

3．团队效率

团队成员不断提高自己的能力、素质与觉悟，整个团队弥漫着终身学习的氛围。团队目标统一，分工明确，权责分明，办事积极果断。团队不墨守成规，经常能创造性地解决问题，并且有着很好地对变化实行检测的预警系统与习惯，能对技术的变迁作出迅速反应，对价值观的变化作出调整。平等的氛围使成员畅所欲言，能够从不同角度提出不同的意见和方案，使决策科学、合理。团队内部及团队与组织其他部门之间可建立密切的联系，信息沟通畅快，决策效率提高。

（二）如何设计企业团队文化

（1）要有明确的企业愿景、使命、价值观及具体的服务战略和目标。企业的愿景、使命、价值观及战略是企业文化的内核，企业的愿

第三节 创业团队的管理

景、使命有着强大的拉力，文化又为企业战略的优化提供持续的内在动力。企业如果没有明确的愿景规划和战略目标，只是走一步算一步，那么就无法形成企业核心驱动力。团队的运作也是如此，如果团队的成员不知道自己应该去做什么，应该怎么做才好，这将在一定程度上限制团队能力的发挥。没有一致的目标，企业或团队就没有凝聚力和向心力，也就无法发挥出团队的最大效能。

（2）团队内部要有形成文字并且落实到实际工作中的整套规章、制度及流程。目前客户经理团队常见的问题是缺乏完善的制度体系及制度没法得到有效的落实。如果客户经理团队还没有形成一套行之有效的绩效管理制度，就无法衡量团队中各个客户经理的工作业绩，而无法衡量就无法考核，更无法去把握整个过程的进展，就无法进行针对性的指导和推进，所以也就无法管理，这恐怕是客户经理团队运行不佳的主因。

（3）客户经理团队内部要通过日常的管理活动推进文化的实施。企业文化不应该只是表现在企业的宣传口号、制度的制定及流程设计当中，还必须落实并体现在一些具体的日常工作当中，例如，是否可以将企业的文化同企业具体的人员招聘结合起来。企业进行招聘时，往往存在新员工对于企业的文化理念和具体工作流程不满意而离开，那么企业在具体的人员招聘中，是否考虑了应聘人员的性格特质能否与企业文化相适应，是否在新人入职的时候对其进行过系统的企业文化的培训，是否在针对人员的考核当中引入企业文化的要素。这一点在客服团队的人员离职管理方面非常重要，通过与员工的沟通，了解其离职的动因，以便及时调整招聘策略，筛选出适合公司文化并具备一定技能要求的人员。

（4）有目的地在团队内部促进企业文化的推广与发展。当前很多的企业服务部门都设立了相关服务的标识及宣传渠道，如宣传栏、读书俱乐部、相关的竞赛及文体活动等，在这些宣传栏内，通过对优秀服务人员的表彰和宣传，树立榜样，促进了解和沟通等。另外，可以通过整体的着装、干净整洁的办公环境等外在的物质形象来体现出团队的氛围和文化。而一些服务团队，如电话订货员服务团队的设计就很注重这方面的考虑，从踏入电话订货服务中心的第一步到离开，从宣传栏到表扬栏、从环境到着装，无时不在感受团队文化的魅力。

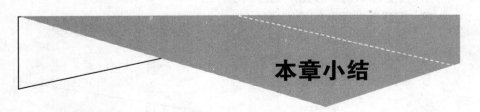

本章小结

创业团队有别于一般团队，表现在团队的目的不同、团队成员的职

读书笔记

位层级不同、团队成员的权益分享不同、团队关注的视角不同、成员对团队的组织承诺不同五个方面。根据创业团队的组成者，创业团队可以分为星状创业团队、网状创业团队和虚拟星状创业团队三种。优秀的创业团队具有塑造团队精神、有助于工作效率的提高、优势互补等价值。组建创业团队的原则包括目标明确合理原则、互补原则、精简高效原则、动态开放原则。创业团队组建的程序是明确创业目标、制订创业计划、招募合适的人员、职权划分、构建创业团队的制度体系、对团队进行调整融合。通常来讲，创业团队可以从三方面入手来实施结构管理，分别是知识结构、情感结构和动机结构。知识结构反映的是创业团队成功创业的能力素质；情感结构是创业团队维持凝聚力的重要保障；动机结构则是创业团队实现理念和价值观认同的关键因素。创业团队的管理技巧包括建立健全管理制度、建立合理的决策机制、全力以赴地去执行、凝聚成员的力量、保持沟通顺畅、营造相互信任的团队氛围、采用合理有效的激励措施。团队文化是团队在发展的过程中所形成的工作方式、思维习惯和行为准则。高效团队来自统一的团队文化，团队文化一旦形成，便会强烈地支配着团队成员的思想和行为。团队文化是由团队价值观、团队氛围、团队效率等要素综合在一起而形成的。

读书笔记

课后练习

1. 创业团队与一般团队的区别是什么？
2. 组建创业团队的原则是什么？
3. 创业团队组建的程序是什么？
4. 创业团队的管理技巧有哪些？
5. 如何设计企业团队文化？

第五章
创业机会与创业风险

知识目标

通过本章的学习，了解创业机会、创业风险的含义；熟悉创业过程中常见的风险；掌握识别创业机会的技巧，创业机会的评价准则与方法，风险管理与风险处理的方法。

能力目标

能自觉培养自己识别创业机会的眼光，并能对创业风险进行有效规避与处理。

第一节 认识创业机会

  创业机会的含义

创业机会是指在市场经济条件下，社会的经济活动过程中形成和产生的一种有利于企业经营成功的因素，是一种带有偶然性并能被经营者认识和利用的契机。

当前，我国创业面临的现状是经济的迅速发展创造了很多创业机会，但是创业者具备的创业能力不足却是当前存在的普遍问题。创业是一个识别、开发和利用创业机会的过程。

  创业机会的特征

1. 客观性

创业机会是客观存在的，不依赖于人的主观想象，无论创业企业是否意识到，它都会客观存在于一定的社会经济环境之中。尽管有时是企业在创造一些市场机会，但是这些所谓"创造"的创业机会仍然是早就客观存在的，只是被创业企业最先发现和利用而已。

客观存在的创业机会对所有人都是公开的每个创业者都有可能发现，不存在独占权。在创业者发现创业机会的时候，就要考虑潜在的竞争对手，不能认为发现创业机会就意味着独占，独占创业机会就意味着成功。

2. 潜在性

机会是一种无形的事物，人们只能凭感觉意识它的存在，而无法看到、触摸它。机会总是潜藏在社会现象的背后，因此，人们很难认识到机会的存在，往往与机会失之交臂。创业机会并不是一种现实的、明确的、具有价值的产品或服务，创业机会的潜在性决定了创业机会的风险性。创业机会从潜在的需求变成现实产品或服务的过程也是创业者不断躲避风险，创造价值的过程。

3. 时效性

时效性是指创业机会必须在机会窗口存续的时间内被发现并利用。

而机会窗口是指商业想法推广到市场上所花费的时间。创业者在"机会窗口"的哪个阶段进入市场,在很大程度上决定了创业的成败。一般来说,市场规模越大,待定机会的时间跨度越大,市场的成长性越好。但如果创业者一定要等到天时地利人和且各种条件都具备的时候再开始实践,可能机会已经不复存在了。

4. 行业吸引力

不同行业的利润空间、进入成本和资源要求不同,其行业吸引力也不同。一般来说,最具有吸引力的持续成长的行业,有不断增长的市场空间和长期利润的预期,对新进入者的限制较少。另外,当产品对消费者必不可少时,消费者对该产品存在刚性需求,如生活必需品,这也会提升行业吸引力。行业的选择是创业者选择机会首要考虑的问题。对于任何创业者,应首先进入那些大部分参与者都能获得良好效益的行业,而不要选择那些很多公司为了生存而拼命挣扎的行业。

5. 不确定性

创业机会总是存在的,但机会的发展在事先往往难以预料。创业机会在一定的条件下产生,条件改变了,结果往往也会随之而改变。创业者在发掘创业机会时,一般是根据已知条件进行的,但结果可能会出乎意料,因为条件而改变,或者创业者利用机会的努力程度不够。

三、创业机会的类型

创业机会的类型对创业过程有着重要的影响。创业类型的分类方法有很多种,阿迪切威利(Ardichvili)等人根据创业机会的来源和发展情况对创业机会进行了分类。在创业机会矩阵中有两个维度,纵轴以探寻到的价值(即机会的潜在市场价值)为坐标,这一维度代表着创业机会的潜在价值性是否已经较为明确;横轴以创业者的创造价值能力为坐标,这里的创造价值能力包括通常的人力资本、财务能力以及各种必要的有形资产等,代表着创业者是否能够有效开发并利用这一创造机会,按照这两个维度,他们把不同的机会划分为4个类型(图5-1)。

		探寻到的价值	
		未确定	已确定
创造价值能力	未确定	"梦想" Ⅰ	尚待解决的问题 Ⅱ
	已确定	技术转移 Ⅲ	市场形成 Ⅳ

图5-1 创业机会的四个类型

第五章 创业机会与创业风险

案例

"老干妈"陶华碧：把5块钱生意做成25亿元

凌晨3点，从贵阳龙洞堡机场出来，道路两旁的大部分树木楼房都湮没在黑暗中。唯一还亮着的，是一栋高楼顶上"老干妈"三个红色的霓虹灯字，它背后是一排灯火通明的厂房。

每一天，这里都会生产出大约130万瓶辣椒酱，由始终等候在厂区的卡车拉走进入销售渠道，然后迅速被发往全国各地的大小超市，以及遍布五大洲的30多个国家和地区。

20岁那年，陶华碧嫁给了贵州206地质队的一名地质普查员，但没过几年，丈夫就病逝了。丈夫病重期间，陶华碧曾到南方打工，她吃不惯也吃不起外面的饭菜，就从家里带了很多辣椒做成辣椒酱拌饭吃。经过不断调配，她调出一种很好吃的辣椒酱，这就是现在"老干妈"仍在使用的配方。

1989年，陶华碧在贵阳市南明区龙洞堡贵阳公干院的大门外侧，开了个专卖凉粉和冷面的"实惠饭店"。在"实惠饭店"，陶华碧用自己做的豆豉麻辣酱拌凉粉，很多客人吃完凉粉后，还要买一点麻辣酱带回去，甚至有人不吃凉粉却专门来买她的麻辣酱。后来，她的凉粉生意越来越差，可麻辣酱却做多少都不够卖。

有一天中午，陶华碧的麻辣酱卖完后，吃凉粉的客人就一个也没有了。她关上店门去看看别人的生意，走了十多家卖凉粉的餐馆和食摊，发现每家的生意都非常红火，陶华碧发现了这些餐厅生意红火的共同原因——都在使用她的麻辣酱。

1994年，贵阳修建环城公路，昔日偏僻的龙洞堡成为贵阳南环线的主干道，途经此处的货车司机日渐增多，他们成了"实惠饭店"的主要客源。陶华碧近乎本能的商业智慧第一次发挥出来，她开始向司机免费赠送自家制作的豆豉辣酱、香辣菜等小吃和调味品，大受欢迎。

货车司机们的口头传播显然是最佳的广告形式，"龙洞堡老干妈辣椒"的名号在贵阳不胫而走，很多人甚至就是为了尝一尝她的辣椒酱，专程从市区开车来公干院大门外的"实惠饭店"购买陶华碧的辣椒酱。

对于这些慕名而来的客人，陶华碧都是半卖半送，但渐渐地来的人实在太多，她感觉到"送不起了"。1994年11月，"实惠饭店"更名为"贵阳南明陶氏风味食品店"，凉粉没有了，辣椒酱系列产品开始成为这家小店的主营产品。

刚刚成立的辣酱加工厂，是一个只有40名员工的简陋手工作坊，没有生产线，全部工艺都采用最原始的手工操作。"老干妈"员工回忆说，当时捣麻椒、切辣椒是谁也不愿意做的苦差事。手工操作中溅起的飞沫会把眼睛辣得不停地流泪。陶华碧就自己动手，她一手握一把菜刀，两把刀抡起来上下翻飞，嘴里还不停地说："我把辣椒当成苹果切，就一点也不辣眼睛了，年轻娃娃吃点苦怕啥。"

作坊时代的"老干妈"虽然产量很小,但光靠龙洞堡周边的凉粉店已经消化不了,她必须开拓另外的市场。陶华碧第一次感受到经营的压力。陶华碧用了一个"笨办法":她用提篮装起辣椒酱,走街串巷向各单位食堂和路边的商店推销。一开始,食品商店和单位食堂都不肯接受这瓶名不见经传的辣椒酱,陶华碧跟商家协商将辣椒酱摆在商店和食堂柜台,卖出去了再收钱,卖不出就退货,商家这才肯试销。

一周后,商店和食堂纷纷打来电话,让她加倍送货,她派员工加倍送去,竟然很快又脱销了。陶华碧开始扩大生产,她给二玻的厂长毛礼伟打了一个电话:"我要一万个瓶子,现款现货。"

随着企业不断发展,"老干妈"品牌广为人知。

第Ⅰ象限中,机会的价值并不确定,创业者是否拥有实现这一价值的能力也不确定,这种机会为"梦想"。

第Ⅱ象限中,机会的价值已经比较明确,如何实现这种价值的能力尚未明确,这种机会是一种"尚待解决的问题"。

第Ⅲ象限中,机会的价值尚未明确,而创造价值的能力已经较为确定,这一机会实际上是一种"技术转移",即创业者或者技术的开发者的目的是为手头的技术寻找一个合适的应用点。

第Ⅳ象限中,机会的价值和创造价值的能力都已经确定,这一机会可称为"业务"或者说是"市场形成"。

在自身创造价值能力不确定的情况下,比起市场需求和企业资源已经明确的情况,创业成功的概率要小很多。

四 创业机会的来源

创业机会是怎么来的,关于这一问题,业界有着众多的观点。美国凯斯西储大学的谢恩教授提出:创业机会主要来源于四种变革,分别是技术变革、政策和制度变革、社会和人口变革及产业结构变革。

(一)技术变革

技术变革带来的创业机会,主要源自新的科技突破和社会的科技进步。通常,技术上的任何变化,或多种技术的组合,都可能给创业者带来某种商业机会,具体表现在以下三个方面。

1. 新技术替代旧技术

当在某一领域出现了新的科技突破,并且它们足以替代某些旧技术时,通常会出现旧技术被淘汰,而新技术未完全占领市场的情况,这时会暂时出现市场空白。

读书笔记

2. 实现新功能

创造新产品的新技术的出现无疑会给创业者带来新的商机，例如，互联网的发明伴随着一系列与网络相关的创业机会。

3. 新技术带来的新问题

多数技术的出现对人类都有利弊两面，即在给人类带来新利益的同时，也会给人类带来新的问题。这就会迫使人们为了消除新技术的弊端，再去开发新的技术并使其商业化，例如，汽车的消声器和楼房的避雷针，这就会带来新的创业机会。技术变革使人们可以做新的事情，或者以更有效率的方式做从前的事情。例如，因特网技术的出现，改变了人们沟通的方式，沟通更快捷、更有效率。但不是所有的新技术都对新企业有利。研究发现，小规模、个性化生产的弹性（柔性）制造技术和"数字技术"更适合新企业的建立。

（二）政策和制度变革

随着经济发展、科技变革等，政府必然会不断调整自己的政策，而政治和制度的某些变革，就可能给创业者带来新的商业机会。政策和制度的变革能够带来创业机会，是因为它使创业者能够提出更多不同的想法，而这些想法可能在一个常规体制下面是无法实现的。政策的变革也清除了很多不利于创业的障碍，这些障碍的清除，使得创业者的创业成本大大降低，原来无利可图的创业项目变得有利可图。

政策的变革也可能通过强制增加需求的方式创造出新的商机，如汽车安全带。政府政策的改变可以为新企业带来机会，例如，对某些行业进入限制条件的放宽（如民用航空、资源开采等）、政府采购政策的导向（如向科技型新小企业、创造大量就业的企业采购其产品）有可能为新企业带来机会。

（三）社会和人口变革

社会和人口因素的变革会产生创业机会。人的需求是变化的，不同时期的社会和人口因素的变革会产生不同的需求。

随着现代社会发展的加快，这种变化中的需求更加明显。大量女性人口加入就业领域，创造了家政服务业和快餐食品业的市场机会；人口寿命延长导致的老龄化问题，创造了老龄用品市场。

社会和人口是紧密联系在一起的，有时候社会文化的变革也是创业机会产生的引擎。例如，随着我国国家实力的增强，文化产业的相关市场也得到了蓬勃发展，越来越多的外国人学习中医、太极拳和中国传统文化，中餐、中国结和唐装等中国文化产品在国外的市场也越来越大。社会和人口因素的变革改变了人们对产品和服务的需求，需求的变化带来了产生新事物的机会。

(四)产业结构变革

因其他企业或者为主体顾客提供产品或服务的企业的消亡,或者企业重组等原因而引起的变革,进而改变行业中的竞争状态,产业结构变革将影响创业机会。

当期市场供给缺陷也能产生新的商业机会。非均衡经济学认为,市场是不可能实现真正的完全供求平衡的,总有一些供给不能实现其价值,因此,创业者如果能发现这些供给结构性缺陷,同样可以找到可以用来创业的商业机会。

读书笔记

第二节 识别创业机会

一、影响机会识别的关键因素

（一）个体因素

1. 创业警觉性

创业警觉性是指一种持续关注、注意未被发觉的机会的能力。创业警觉性是三个维度的整合体，分别为：敏锐预见，是指敏感于机会的涌现，对商业前景作出前瞻性的预测；探求挖掘，是指善于分析和挖掘商业情报及信息，从中分析出潜在的机会，以及隐含的利润；重构框架，是指善于打破既定的范式，赋予既有资源以新的价值和用途。

2. 先验知识

人们更容易注意到与自己已有知识相联系的刺激，对于创业者而言，丰富且广泛的生活阅历是识别潜在商机的主要决定因素，它们帮助创业者识别了新信息的潜在价值。每个个体都有自己独特的先前经验与先验知识，这就构成了其有别于他人的知识走廊，这种特异性就解释了为何有些人更容易发现一些特定的机会，而其他人则不能。

先验知识包括特殊兴趣和产业知识两个维度。前者是指对某一领域及其相关知识的强烈兴趣；后者是创业者在多年工作中积累的知识和经验。也有研究提出，对创业机会识别起关键作用的先验知识有四种，即特殊兴趣的知识和产业知识的结合、关于市场的知识、关于服务市场的方式的知识和有关顾客问题的知识。还有研究表明，先验知识不仅被用来搜索机会，更重要的是，它还与认知过程中结构关系的匹配有系统的联系。

3. 创造力

创造性或创新能力最早与乐观、自我效能等因素一同被归为成功创业者的性格特质中的一种。虽然近年来，有关性格特质对创业过程的研究越来越少，但与一般人格特质不同，创造性的重要作用却日益显现。

发散性思维和聚合性思维共同构成了创造力。研究发现，信息多样化与发散性思维存在交互作用，只有在信息多样化的条件下，发散性思维才对企业经营理念的形成产生显著的影响。甚至有研究认为，机会识别本身就是创造性活动，而非仅仅被创造力这一特质所影响。

4．社会关系网络

个人社会关系网络的深度和广度影响着机会识别。建立了大量社会与专家联系网络的人，比那些拥有少量网络的人容易得到更多的机会和创意。一项对65家初创企业的调查发现，半数以上创建者报告说，他们通过社会联系得到了他们的商业创意。一项类似的研究，考察了独立创业者（独自识别出商业创意的创业者）和网络型创业者（通过社会联系识别创意的创业者）之间的差别。研究人员发现，网络型创业者比单独创业者识别出多得多的机会，但他们不大可能将自己描述为创业警觉或有创造性的人。

（二）机会因素

无论是过去还是现在，在创业机会识别过程中，研究者重点关注的都是创业者的差异，即影响机会识别的个体因素。对这一情形，有研究提出，在机会识别领域，个体中心的研究成果已颇为丰硕，今后应将更多的注意放在机会本身。进而，他们强调了机会的差异在创业机会识别中的作用，认为相对隐性的机会比较容易通过先前经验识别，而相对显性和规范的机会则比较容易通过系统搜索识别。

（三）各因素的交互作用

尽管创业机会识别的影响因素在不断地丰富和完善，但单一影响因素的作用已不足以解释整个过程，因此，对各影响因素交互作用的探讨已成为必然趋势。有研究发现，警觉性和以往知识的交互作用，以及警觉性和创新型认知风格的交互作用是决定机会营利性识别的主要因素，以往，知识和创新型认知风格的交互作用是决定机会可行性识别的主要因素。只有在信息多样化的条件下，发散性思维才对企业经营理念的形成产生显著的影响。另外，工作经验丰富的创业者能从高密度网络中受益，识别到更具有创新性的机会。

二 有价值创业机会的基本特征

（一）价值性

一个好的创业机会，必然具有特定的市场利益，专注于满足顾客需

读书笔记

求，同时能为顾客带来价值增值。客户应该能够从产品或服务的购买中得到利益，或可降低成本，或可获得较明显的、可衡量的和确定的价值。创业企业能带给顾客的价值越高，创业成功的机会也会越高。

（二）可行性

将机会变为现实是创业的关键一步，有价值的创业机会一定是现实可行、具有可操作性的创业机会。

创业机会的可行性是指创业机会在技术、管理、财务资源以及市场竞争等方面有现实基础，能为创业者带来经济效益和社会效益，并预期有好的发展前景。例如，创业者打算创办一个以产品生产为主的新企业，其技术可行包括：推出的产品适销对路，能够满足市场需要；工艺技术过关，具备满足生产需要的设备、技术人员和操作工人；各种原料、材料、燃料、动力可获得；不存在环境保护及其他社会问题等。经济可行包括生产的产品预计年销售量大、成本费用在可以承受的合理范围内、资金利润率有吸引力和投资回收期短等。

（三）时效性

创业机会具有很强的时效性，如果时间迟滞，创业"机会之窗"就会关闭。

"机会之窗"理论指出，创业者有可能把握住的创业机会，其机会窗口应该是敞开的而非关闭的，并且能保持足够长的敞开时间，以便于加以利用。假如，在机会窗口接近关闭的时候选择创业，留给创业者的余地将十分有限，其成功的可能性和盈利性都将受到影响。因此，有价值的创业机会必须在创业"机会之窗"存在期间实施。

（四）创业者能够获得利用的机会所需的关键资源

创业资源是支持商机转变为发展潜力的一切东西。拥有一定的创业资源，是创业活动的基本前提。创业资源是创业的基础，它影响创业的类型和路径的选择，同时影响企业以后的成长。

三 识别创业机会的过程

创业开始于创业者对创业机会的识别，创业者对这一机会持续开发的结果是创业的诞生。通过对潜在预期价值及创业者的自身能力反复权衡，创业者对创业机会的战略定位明确的过程，就是识别创业机会的过程。识别创业机会的一般过程包括以下几个步骤。

1. 产生创意

创意是机会识别的源头。在创意没有产生之前，机会的存在与否意义并不大,有价值潜力的创意一般会具有创新导向、机会导向和价值导向等特征,是成功创业的基石。这一阶段创业者对整个经济系统中可能的创意展开搜索,如果创业者意识到某一创意可能是潜在的商业机会,具有潜在的发展价值,就将进入下一阶段。

2. 收集信息

信息收集是机会识别的核心。机会源自变化、变革、问题、缝隙等。实际上,机会存在的实质是变化、变革、问题等信息发生了变化,当创意产生后,搜索相关信息,获取有价值的信息变得尤为重要。

一般来说,有关市场特征、竞争者等的可获数据,常常反过来与一个创业机会中真正的潜力相联系,也就是说,如果市场数据已经可以获得,如果数据清晰显示出重要的潜力,那么大量的竞争者就会进入该市场,该市场的创业机会也随之减少。因此,对收集的信息进行结果评价和分析,识别真正的创业机会是重要的一步。一般来说,单纯地对问题答案的总结,可以给出一些初步印象;接着对这些数据信息交叉制表进行分析,则可以获得更加有意义的结果。也就是说,对创业者来说,搜集必要的信息,发现可能性,将别人看来仅仅是一片混乱的事物联系起来以发现真正的创业机会,这是非常重要的。

3. 市场测试

市场测试是机会识别的关键。市场测试是将部分产品或服务拿到真实的市场中进行检验,市场测试是一种比较特殊的市场调查,又不完全等同于市场调查,二者的区别是市场调查时询问消费者是否购买,市场测试是看消费者实际是否购买。

4. 评价与确定创业机会

机会评价伴随在整个机会识别的过程中。在机会识别的初始阶段,创业者可以非正式地调查市场需求,直到断定这个机会值得考虑或值得进一步深入开发;在机会开发的后期,主要集中于考察这些资源的特定组合是否能够创造出足够的商业价值,并论证商业模式的可行性。

四 识别创业机会的技巧

1. 着眼于问题把握机会

机会并不意味着无须代价就能获得,许多成功的企业是从解决问题起步的。需求方面的问题就是创业机会。例如,顾客需求在没有满足之前就是问题,而设法满足这一需求,就抓住了市场机会。

2. 利用市场环境变化把握机会

变化中常常蕴藏着商机,许多创业机会产生于不断变化的市场环境。环境变化将带来产业结构的调整、消费结构的升级、思想观念的转变、政府政策的变革、市场利率的波动等。人们透过这些变化，就会发现新的机会。例如，循环经济、绿色制造的理念将变革传统的生产和消费模式，带来节能减排、废物回收、材料更新、循环利用等领域的创业机会；移动互联网、3D打印技术、"云端计算"等高新技术的出现，必将引发新一轮产业革命。任何变化都能引发甚至创造出新的创业机会，需要创业者凭着自己敏锐的嗅觉去发现和识别。

3. 捕捉政策变化把握机会

我国市场受政策影响很大，新政策出台往往引发新商机，如果创业者善于研究和利用政策，就能抓住商机站在潮头。例如，根据2015年中央政府工作报告，制造业、新兴产业等在未来5年内可以大有作为，因此，这些领域内蕴含了大量的商业机会有待创业者挖掘。

4. 在市场夹缝中把握机会

创业机会存在于为顾客创造价值的产品或服务中，而顾客的需求是有差异的。创业者要善于找出顾客的特殊需要，盯住顾客的个性需要并认真研究其需求特征，这样就可能发现和把握商机。随着科技的发展，开发高科技领域是时下热门的课题，但是，创业机会并不只存在于高科技领域，在运输、金融、保健、饮食、流通这些所谓"低科技"领域中也有机会，关键在于发现。所以，创业者要克服从众心理，摆脱传统习惯思维的束缚，寻找市场空白点或市场缝隙，从行业或市场在矛盾发展中形成的空白地带把握机会。

5. 弥补对手缺陷把握机会

很多创业机会是源于竞争对手的失误而"意外"获得的，如果能及时抓住竞争对手策略中的漏洞而大做文章，或者能比竞争对手更快、更可靠、更便宜地提供产品或服务，也许就找到了机会。因此，创业者要跟踪、分析和评价竞争对手的产品和服务，找出现有产品的缺陷和不足，有针对性地提出改进的生产方法，形成新的创意。

6. 跟踪技术创新把握机会

世界产业发展的历史告诉我们，新兴产业的形成和发展，都是技术创新的结果。产业的变更或产品的替代，既满足了顾客需求，同时也带来了前所未有的创业机会。例如，随着计算机的诞生，软件开发、计算机维修、图文制作、信息服务、电子游戏、网上购物等创业机会随之而来。任何产品或服务都有生命周期，会不断趋于饱和达到成熟甚至走向衰退，最终被新产品或新服务所替代，创业者如果能通过技术创新，跟踪产品或服务替代的步伐，就能够不断识别出新的发展机会。

7. 整合资源创造机会

创业者除要学会寻找机会外，还要懂得创造机会。每个人在成长的过程中都会学习一些知识，从事过一种或几种职业，有一些工作或生活

第二节 识别创业机会

中的朋友。另外，也许创业者还具备一些专业技能或特长，有特定行业的从业经验以及过去的工作网络或销售渠道。所有这些无论是创业者自身具有的，还是存在于外界的，都是创业者的个人资源。从自己拥有的资源入手，通过分析与整合，也会产生出创业的机会。曾经做过中学教师，后来创办了"好孩子集团公司"的宋郑在创业之初，就是通过一位学生家长得到了第一批童车订单。之后不久，宋郑在准备将自己设计的好孩子童车投入生产时，遇到资金短缺问题，依然是通过一位在银行做主任的学生家长解决了问题。资源的整合为宋郑今日的成就提供了重要的支持，如果没有这些外部资源也许就不会有今天的"好孩子"。

读书笔记

第三节 创业机会的评价

尽管发现了创业机会，但并不意味着要创业，更不意味着成功就在眼前。创业活动是创业者与创业机会的结合，并非所有的创业机会都有足够大的潜力来填补为把握机会所付出的成本，并非所有机会都适合每个人。尽管在整个创业过程中，评价创业机会非常短暂，但它非常重要，是创业者发现创业机会之后作出是否创业决策的重要依据。

 一 创业机会的评价准则

创业机会的评价一般包括产业和市场、资本和获利能力、竞争优势、管理班子等方面。这些可以作为创业者从第三人角度看自己，进行自我剖析的重要参考。

1. 产业和市场

（1）市场定位。一个好的创业机会，或者是一个具有较大潜力的企业必然具有特定的市场定位。专注于满足特定顾客的需求，同时，也能为顾客带来增值的效果。因此，评估创业机会时要考虑：第一，市场定位是否明确，有没有做到：别人不做的，我做；别人没有的，我有；别人做不到的，我做得到。第二，顾客需求分析是否清晰，是否从顾客需求或需求变化趋势着手，发现市场产品问题、缺陷，寻找市场进入机会。第三，顾客接触通道是否流畅，是否有效地建立了与顾客沟通的途径和方法，能及时寻找和发现有价值的市场营销机会。第四，产品是否持续延伸，也就是说，产品能否从深度和广度上不断拓展，产品是否能有效地进行各类组合等。从以上几个方面可以判断，创业机会可能创造的市场价值，创业带给顾客的价值越高，创业成功的机会也会越大。对用户来说，回报时间如果超过 3 年，而且又是低附加值和低增值的产品或服务是缺乏吸引力的。一个企业如果无力在单一产品之外扩展业务，也会导致机会的低潜力。

（2）市场结构。针对创业机会的市场结构可以进行几项分析，包括：第一，进入障碍。潜在竞争者进入细分市场，就会给行业增加新的生产能力，并且从中争取一定的重要资源和市场份额，形成新的竞争力量，降低市场吸引力。如果潜在竞争者进入行业的障碍较大，例如，规模经济的要求，或者购买者的转换成本太高，或者政府政策的限制等，潜在竞争者进入市场就比较困难。第二，供应商。如果企业的供应商能够提价或者降低产品和服务的质量，或减少供应数量，那么该企业所在的细分市场就没有吸引力。因此，与供应商建立良好关系和开拓多种供货渠道才是防御上策。第三，用户。如果某个细分市场中，用户的讨价还价能力很强或正在加强，他们便会设法压低价格，对产品或服务提出更多要求，并且使竞争者互相斗争，导致销售商的利润受到损失，所以要提供用户无法拒绝的优质产品和服务。第四，替代性竞争产品的威胁。如果替代品数最多，质最好，或者用户的转换成本低，用户对价格的敏感性强，那么替代性产品生产者对本行业的压力就大，行业吸引力就会降低。第五，市场内部竞争的激烈程度。如果某个细分市场已经有了众多强大的竞争者，行业增长缓慢，或该市场处于稳定或衰退期，撤出市场的壁垒过高，转换成本高，产品差异性不大，竞争者投资很大，则创业企业要参与竞争就必须付出高昂的代价。

（3）市场规模。市场规模又称为市场容量。市场规模主要研究目标产品和行业的整体规模，具体包括目标产品或行业在指定时间的产量、产值等，通过市场规模分析，可以准确地描述市场的产、销、存及进出口等情况。一般来说，市场规模大，进入障碍相对较低，市场竞争激烈程度也会略有下降。市场规模大小要结合市场生命周期来考虑。如果要进入的是一个十分成熟或正在衰退的市场，那么纵然市场规模很大，由于已经不再成长甚至衰退，利润空间必然很小，因此，这个创业机会就不值得再投入；反之，一个潜在的市场或正在兴起、成长中的市场，通常是一个充满商机的市场，只要进入时机正确，必然会有较大的获利空间。

（4）市场渗透力。市场渗透力也就是增长率，对于一个具有巨大市场潜力的创业机会，市场渗透力（市场机会实现的过程）评估将会是一项非常重要的影响因素。聪明的创业者知道选择在最佳时机进入市场，也就是市场需求正要大幅增长之际，做好准备等着接单。一个年增长率达到30%～50%的市场为新的市场进入者创造新的位置。

（5）市场占有率。在创业机会中预期可取得的市场占有率，可以显示新创公司未来的市场竞争力。一般来说，成为市场的领导者，最少需要拥有20%以上的市场占有率。如果低于5%的市场占有率，则这个新创企业的市场竞争力不高，自然也会影响未来企业上市的价值，尤其处在具有赢家通吃特点的高科技产业，新企业必须拥有成为市场前几名的能力，才比较具有投资价值。

（6）产品成本结构和生命周期。对于风险投资者来说，如果创业计划显示市场中只有少量产品出售，而产品单位成本都很高时，那么销售成本较低的公司就可能面临有吸引力的市场机会。产品的成本结构，也可以反映新创企业的前景是否亮丽。例如，从物料与人工成本所占比重的高低、变动成本与固定成本的比重，以及经济规模产量大小，可以判断新创企业创造附加价值的幅度以及未来可能的获利空间。

产品生命周期是指产品的市场寿命。产品生命周期可分为进入期、成长期、成熟期和衰退期四个阶段。对于创业者来说，选择了一个项目，当然希望能够有较长时间地经营，给自己带来效益。因此，创业者必须要了解自己项目的市场寿命处在哪个阶段。如果处在进入期和成长期，这样产品的生命周期较长，有利于企业的发展。

2．资本和获利能力

（1）毛利。单位产品的毛利是指单位销售价格减去所有直接的、可变的单位成本。对于创业机会来说，高额和持久的获取毛利的潜力是十分重要的。毛利率高的创业机会，相对风险较低，也比较容易取得损益平衡；反之，毛利率低的创业机会，风险则较高，遇到决策失误或市场产生较大变化的时候，企业很容易就遭受损失。一般来说，理想的毛利率是40%。当毛利率低于20%时，这个创业机会就不值得考虑。例如，软件业的毛利率通常都很高，所以只要能找到足够的业务量，从事软件创业在财务上遭受严重损失的风险相对会比较低。

（2）税后利润。高而持久的毛利通常会转化为持久的税后利润。一般来说，具有吸引力的创业机会，至少需要能够创造15%以上的税后利润。如果创业预期的税后利润是在5%以下，那么这就不是一个好的投资机会。

（3）损益平衡所需的时间。损益平衡所需的时间也就是取得盈亏相抵和正现金流量的时间，合理的损益平衡时间应该能在两年以内达到。但如果三年还达不到，这恐怕就不是一个值得投入的创业机会。不过有的创业机会确实需要较长时间的耕耘，通过这些前期投入，创造进入障碍，保证后期的持续获利。例如，保险行业，前期仅注册资金就需要数亿元，而一般投资回报周期为7～8年，一般来说，这样的行业不适合第一次创业者。在这种情况下，可以将前期投入视为一种投资，才能容忍较长的损益平衡时间。

（4）投资回报率。考虑到创业可能面临的各项风险，合理的投资回报率应该在25%以上。一般来说，15%以下的投资回报率，是不值得考虑的创业机会。

（5）资本需求量。资本需求量较低的创业机会，投资者一般会比较欢迎。事实上，许多个案显示，资本额过高，其实并不利于创业成功，有时还会带来稀释投资回报率的负面效果。通常，知识越密集的创业机会，对资金的需求量越低，投资回报反而会越高。因此，在创业开始时，不要募集太多资金，最好通过盈余积累的方式来创造资金。而比较低的资本额，将有利于提高每股盈余，并且还可以进一步提高未来上市的价格。

（6）策略性价值。能否创造新创企业在市场上的策略性价值，也是一项重要的评价指标。一般来说，策略性价值与产业网络规模、利益机制、竞争程度密切相关，而创业机会对于产业价值链所能创造的价值效果，也与它所采取的经营策略与经营模式密切相关。

（7）资本市场活力。当新企业处于一个具有高度活力的资本市场时，它的获利回收机会相对也比较高。不过资本市场的变化幅度极大，在市场高点时投入，资金成本较低，筹资相对容易。但在资本市场低点时，投资新企业的诱因则较少，好的创业机会也相对较少。但是，对投资者而言，市场低点的成本较低，有的时候反而投资回报会更高。一般来说，新创企业处于活跃的资本市场比较容易创造增值效果，因此，资本市场活力也是一项可以被用来评价创业机会的外部环境指标。

3．竞争优势

（1）可变成本和固定成本。成本优势是竞争优势的主要来源之一。成本可分为固定成本和可变成本。从另一个角度，又可分为生产成本、营销成本和销售成本等。较低的成本给企业带来较大的竞争优势，从而使得相应的投资机会较有吸引力。一个新企业如果不能取得和维持一个低成本生产者的地位，它的预期寿命就会大大缩短。

（2）控制程度。如果能够对价格、成本和销售渠道等实施较强的或强有力的控制，这样的机会就比较有吸引力。这种控制的可能性与市场势力有关，例如，一个对其产品的原材料来源或者销售渠道拥有独占性控制的企业，即使在其他领域较为薄弱，它也仍能够取得较大的市场优势。占有市场份额40%、50%，甚至60%。一个主要竞争者通常对供应商、客户和价格的制定都拥有足够的控制力，从而能够对一个新企业形成重大的障碍。在这样一个市场上创办的一家企业将几乎没有自由。

（3）进入障碍。如果不能将其他竞争者阻挡在市场之外，新创企业的优势就可能迅速消失。这样的例子可以在硬盘驱动器制造业中发现。20世纪80年代早期到中期的美国，该行业未能建立起进入市场的障碍，到了1983年年底，就有约90家硬盘驱动器公司成立，激烈的价格竞争导致该行业出现剧烈震荡。因此，如果一家企业不能阻止其他公司进入市场，或者它面临着现有的进入市场的障碍，这样的创业机会就没有吸引力。

4．管理班子

企业管理队伍的强大对于机会的吸引力是非常重要的。这支队伍一般应该具有互补性的专业技能，并具有在同样的技术、市场和服务领域赚钱和赔钱的经验。如果没有一个称职的管理班子或者根本就没管理班子，这种机会就没有吸引力。

 创业机会的评价方法

评价创业机会是一项创业者艺术才华和科学才能相结合的伟大工程。创业者需要利用自己的商业敏感作出主观判断，同时，也要利用一定的科学方法作出定量分析。将主观判断和客观分析相结合才能不失时机地识别创业机会。

（一）主观评价法

识别创业机会的商业敏感与个人能力、天赋和决心直接相关。有些人确实具有天才型商业敏感能力，很大程度上商业敏感取决于个人天赋。但是，可以发现具备较高商业敏感的人有一些共同的特征。

（1）较强的信息处理能力。发现创业机会需要相对充分、准确、及时的信息，并能获取到别人难以获取的有价值的信息。但是评价创业机会，需要较强的信息处理能力。较强的信息处理能力跟一个人的认知能力和逻辑思维能力相关。

（2）良好的人际关系。良好的人际关系不但可以帮助创业者发现更多的创业机会，还可以帮助创业者识别创业机会。判断一个创业机会的价值，不同的人往往从不同的视角去分析。通常情况下，那些有着广泛社会关系网络的创业者会比拥有少量关系网的人更容易从更多的角度去分析创业机会，能更清楚地认识创业机会，更为理性地识别创业机会。

（3）专注精神。判断一个事物，对其的认知程度决定了判断的准确性。而认知程度并不是天生的，而是后天习得的。专注精神提高了一个人在某方面的认知程度。创业者往往比别人更容易发现本行业的创业机会，并且能更为快速、准确地判断创业机会的价值。调查表明，9%以上的创业者都是从先前工作的行业中发现创业机会，并迅速抓住创业机会实现创业的。当一个人专注于一个行业，就容易发现利益，并能凭借专业知识，迅速判断出创业机会的价值。

（4）自信乐观的心态。比较自信的人往往比较相信自己的判断。比较乐观的人往往比较看好机会的前景而不是风险。所以，自信乐观的人在创业机会面前体现的是一种勇敢的精神，敢于尝试的精神往往能在别人之前识别机会和抓住机会。创业者在创业的过程中会面临许多随之而来的压力，因此，创业者应勇于面对压力，时刻保持积极、乐观、自信的心态，这也是创业者必须具备的精神品质。

主观评价创业机会的价值主要是根据创业者的个人特质（其方法就是需要创业者具备以上四种特征）、社会资本、资源等情况与创业机会本身特征是否匹配，这样就能为准确地评价创业机会的价值提供依据。

（二）客观评价法

客观评价创业机会就是利用创业机会评价标准体系，对创业机会的要素进行打分或评判，相对客观地评价创业机会。

1. 蒂蒙斯创业机会评价体系

（1）蒂蒙斯创业机会评价框架。蒂蒙斯的创业机会评价框架，涉及行业和市场、经济因素、收获条件、竞争优势、管理团队、致命缺陷问题、个人标准、理想与现实的战略差异八个方面的53项指标，见表5-1。通过定性或量化的方式，创业者可以利用这个体系模型对行业和市场问题、竞争优势、财务指标、管理团队和致命缺陷等作出判断，进而评价一个创业项目或创业企业的投资价值和机会。

表 5-1 蒂蒙斯的创业机会评价表

方面	指标
行业与市场	1. 市场容易识别，可以带来持续收入 2. 顾客可以接受产品或服务，愿意为此付费 3. 产品的附加价值高 4. 产品对市场的影响力高 5. 将要开发的产品生命长久 6. 项目所在的行业是新兴行业，竞争不完善 7. 市场规模大，销售潜力达到1 000万～10亿元 8. 市场成长率在30%～50%甚至更高 9. 现有厂商的生产能力几乎完全饱和 10. 在五年内能占据市场的领导地位，达到20%以上 11. 拥有低成本的供货商，具有成本优势
经济价值	1. 达到盈亏平衡点所需要的时间在1.5～2年以下 2. 盈亏平衡点不会逐渐提高 3. 投资回报率在25%以上 4. 项目对资金的要求不是很大，能够获得融资 5. 销售额的年增长率高于15% 6. 有良好的现金流量，能占到销售额的20%～30%以上 7. 能获得持久的毛利，毛利率要达到40%以上 8. 能获得持久的税后利润，税后利润率要超过10% 9. 资产集中程度低 10. 运营资金不多，需求量是逐渐增加的 11. 研究开发工作对资金的要求不高
收获条件	1. 项目带来附加价值的具有较高的战略意义 2. 存在现有的或可预料的退出方式 3. 资本市场环境有利，可以实现资本的流动
竞争优势	1. 固定成本和可变成本低 2. 对成本、价格和销售的控制较高 3. 已经获得或可以获得对专利所有权的保护 4. 竞争对手尚未觉醒，竞争较弱 5. 拥有专利或具有某种独占性 6. 拥有发展良好的网络关系，容易获得合同 7. 拥有杰出的关键人员和管理团队
管理团队	1. 创业者团队是一个优秀管理者的组合 2. 行业和技术经验达到了本行业内的最高水平 3. 管理团队的正直廉洁程度能达到最高水平 4. 管理团队知道自己缺乏哪方面的知识

续表

致命缺陷	不存在任何致命缺陷
创业家的个人标准	1. 个人目标与创业活动相符合 2. 创业家可以做到在有限的风险下实现成功 3. 创业家能接受薪水减少等损失 4. 创业家渴望进行创业这种生活方式,而不只是为了赚大钱 5. 创业家可以承受适当的风险 6. 创业家在压力下状态依然良好
理想与现实的战略性差异	1. 理想与现实情况相吻合 2. 管理团队已经是最好的 3. 在客户服务管理方面有很好的服务理念 4. 所创办的事业顺应时代潮流 5. 所采取的技术具有突破性,不存在许多替代品或竞争对手 6. 具备灵活的适应能力,能快速地进行取舍 7. 始终在寻找新的机会 8. 定价与市场领先者几乎持平 9. 能够获得销售渠道,或已经拥有现成的网络 10. 能够允许失败

评价体系说明如下:

1)主要适用于具有行业经验的投资人或资深创业者对创业企业的整体评价。

2)该指标体系必须运用创业机会评价的定性与定量方法才能得出创业机会的可行性及不同创业机会间的优劣排序。

3)该指标体系涉及的项目比较多,在实际运用过程中可作为参考选项库,结合使用对象、创业机会所属行业特征及机会自身属性等进行重新分类、梳理简化,提高使用效能。

4)该指标体系及其项目内容比较专业,创业导师在运用时,一方面要多了解创业行业、企业管理和资源团队等方面的经验信息;另一方面要掌握这50多项指标内容的具体含义及评估技术。

(2)蒂蒙斯创业机会评价体系的局限性。

1)评价主体要求比较高。蒂蒙斯的创业机会评价指标体系是到目前为止最全面的评价指标体系。其主要是基于风险投资商的风险投资标准建立的,这与创业者的标准还是存在一定的差异。这些评价标准经常被风险投资家使用,创业家可以通过关注这些问题而受益。该评价体系运用,要求使用者具备敏锐的创业嗅觉、清晰的商业认知、丰富的管理经验和系统的行业信息,要求比较高。创业导师自己使用一般问题不大,而如果直接给初次创业者或大学生创业者来做创业机会自评,效果不会太好。即使如此,仍然不影响该评价体系作为创业者的项目选择与评价的参考标准。

2)蒂蒙斯指标体系维度有交叉重复问题。该指标体系的各维度划分不尽合理,存在交叉重叠现象。例如,在竞争优势、管理团队、创业家的个人标准和理想与现实的战略性差异这四个维度中,都存在"管理团队"的评价项目。维度划分标准不够统一。再如,行业与市场维度中的第11项"拥有低成本的供货商,具有成本优势",与竞争优势维度中的第1项"固定成本和可变成本低"存在包含关系与重叠问题。这会直接影响使用者的评价难度和考量权重,在一定程度上影响了机会评价指标的有效性。

3)指标体系缺乏主次,定性定量混合,影响效度。蒂蒙斯指标体系另外一个比较明显的缺点是:指标多而全,主次不够清晰;其指标内容既有定性评价项目,又有定量评价项目,而且这些项目中有交叉现象。一方面,评价指标太多,使用不够简便;另一方面,在运用其对创业机会进行评价时,实际上难以做到对每个方面的指标进行准确量化并设置科学的权重,实践效果不够理想。

蒂蒙斯创业机会评价体系只是一套评价标准,在进行创业机会评价实践时,还需要科学的步骤和专业的评价方法才能操作。

2. 标准打分矩阵法

约翰·G.巴奇(John G.Burch)的标准打分矩阵是通过选择对创业机会成功有重要影响的因素,再由专家小组对每一个因素进行最好(3分)、好(2分)、一般(1分)三个等级的打分,最后求出每个因素在各个创业机会下的加权平均分,从而可以对不同的创业机会进行比较。表5-2是其中10项主要的评价因素,在实际使用时可以根据具体情况增加或选择部分因素进行评价。

表5-2 10项主要评价因素打分矩阵

标准	专家评分			
	最好(3分)	好(2分)	一般(1分)	加权平均
易损伤性				
质量和易维护性				
市场接受度				
增加资本的能力				
投资回报				
市场的大小				
制造的简单性				
专利权状况				
广告潜力				
成长的潜力				

第五章 创业机会与创业风险

3．西屋电气法

西屋电气法是由美国西屋电气公司制定的，通过计算和比较各个机会的优先级，对一系列可供选择的投资机会进行评价，为最后的决策提供依据。其计算公式如下：

机会优先级别＝［技术成功概率×商业成功概率×平均年销售数（价格－成本）×投资生命周期］÷总成本

在该公式中，技术和商业成功的概率以百分比表示（0～100%），平均年销售数以销售的产品数量计算，成本以单位产品生产成本计算，投资生命周期是指可以预期的年均销售数额保持不变的年限，总成本是指预期的所有投入，包括研究、设计、生产和营销费用。对于不同的创业机会将具体数值代入计算，特定机会的优先级越高，该机会越有可能成功。

4．哈南法

哈南法是由哈南提出的。这种方法认为，通过让创业者填写针对不同因素的"预先设定权值"的选项式问卷，可以快捷地得到创业机会成功潜力的各个指标。对于每个因素来说，不同选项的得分可以从 −2 分到 +2 分，通过对所有因素的得分加总，从而得到最后的总分。总分越高，说明特定创业机会成功的潜力越大，见表 5-3。

表 5-3 哈南法选项问卷

\multicolumn{2}{c}{}	
1．对于税前投资回报率的贡献	
+2	大于 35%
+1	25%~35%
−1	20%~25%
−2	小于 20%
2．预期的年销售额	
+2	大于 2.5 亿美元
+1	1 亿~2.5 亿美元
−1	5000 万~1 亿美元
−2	小于 5000 万美元
3．生命周期中预期的成长阶段	
+2	大于三年
+1	两到三年
−1	一到两年
−2	少于一年
4．从创业到销售额高速增长的预期时间	
+2	少于六个月
+1	六个月到一年
−1	一年到两年

续表

	-2	大于两年
5. 投资回收期		
	+2	少于六个月
	+1	六个月到一年
	-1	一年到两年
	-2	大于两年
6. 占有领先者地位的潜力		
	+2	具有技术或市场领先者的能力
	+1	具有短期内的或和竞争者同等的领先者能力
	-1	具有最初领先者能力，但容易被取代
	-2	不具有领先者能力
7. 商业周期的影响		
	+2	不受商业周期或反周期的影响
	+1	能够在相当程度上抵抗商业周期的影响
	-1	受到商业周期的一般影响
	-2	受到商业周期的巨大影响
8. 为产品制定高价的潜力		
	+2	顾客获得较高的利益能弥补较高的价格
	+1	顾客获得较高利益可能不足以弥补较高价格
	-1	顾客获得相等的利益能弥补相等的价格
	-2	顾客获得相等的利益只能弥补最低的价格
9. 进入市场的容易程度		
	+2	分散的竞争使得进入很容易
	+1	适度竞争的进入条件
	-1	激烈竞争的进入条件
	-2	牢固的竞争使得很难进入
10. 市场试验的时间范围		
	+2	需要进行一般的试验
	+1	需要进行平均程度上的试验
	-1	需要进行很多的试验
	-2	需要进行大量的试验
11. 销售人员的要求		
	+2	需要进行一般的训练或不需要训练
	+1	需要进行平均程度的训练
	-1	需要进行很多的训练
	-2	需要进行大量的训练

哈南通过对创业机会评价的经验分析，发现只有那些最后得分高于15分的创业机会才值得创业者进行下一步的策划，低于15分的都应被

淘汰，创业者不必利用那些应被淘汰的机会。

5. 贝蒂的选择因素法

贝蒂的选择因素法核心是通过对 11 个因素的评价对创业机会进行判断。如果创业机会只符合其中的 6 个或更少的因素，这个创业机会就很可能不是适宜的创业机会；相反，如果这个创业机会符合其中的 7 个或 7 个以上的因素，则这个创业机会就是大有希望的创业机会，贝蒂 11 因素见表 5-4。

表 5-4　贝蒂 11 因素评价表

这个创业机会在现阶段是否只有你一个人发现了？
初始产品生产成本是否可以接受？
初始市场开发成本是否可以接受？
产品是否具有高利润回报的潜力？
是否可以预期产品投放市场和达到盈亏平衡点的时间？
潜在的市场是否巨大？
你的产品是否为一个高速成长的产品家族中的第一个产品？
你是否拥有一些现成的初始客户？
你是否可以预期产品的开发成本和开发周期？
是否处于一个成长中的行业？
金融界是否能理解你的产品和顾客对它的要求？

第四节 创业风险

第四节　创业风险

一　创业风险的含义

创业风险是指创业投资行为给创业者带来某种经济损失的可能性。风险是一种概率，在未演化成威胁之前，并不对创业活动造成直接的负面影响，所以，风险是一种对未来的影响趋势。风险与收益一般是成正比例关系，即风险越大，获利可能性越高。任何一家运营中的企业每天都会面临着一定的风险，新创企业自然也不例外。

二　创业风险的特点

（1）创业风险的客观存在性。创业风险是客观存在的，是不以人的意志为转移的。在创业过程中，由于内外部事物发展的不确定性是事物发展变化过程的特性，因此，创业风险也必然是客观存在的。客观性要求我们采取正确的态度承认和正视创业风险，并积极对待创业风险。

（2）创业风险的不确定性。创业的过程往往是将创业者的某一个"奇思妙想"或创新技术变为现实的产品或服务的过程。在这一过程中，创业者面临各种各样的不确定因素，如可能遭受到已有市场竞争对手的排斥、进入新市场面临着需求的不确定、新技术难以转化为生产力等。另外，在创业阶段投入较大，而且往往只有投入没有产出，因此，存在资金不足的可能，从而导致创业的失败。

（3）创业风险的相关性。创业风险的相关性是指创业者面临的风险与其创业行为及决策是紧密相连的。同一风险事件对不同的创业者会产生不同的风险，同一创业者由于其决策或采取的策略不同，会面临不同的风险结果。

（4）创业风险的可变性。创业风险的可变性是指当创业的内部与外部条件发生变化时，必然会引起的创业风险变化。创业风险的可变性包括创业过程中风险性质的变化、风险后果的变化以及出现新的创业风险这三个方面。

读书笔记

（5）创业风险的可测性与测不准性。创业风险的可测性是指创业风险是可测量的，即可通过定性或定量的方法对其进行估计。创业风险的测不准性是指创业风险的实际结果常常会出现偏离误差范围的状况，它一般是因创业投资的测不准、创业产品周期的测不准与创业产品市场的测不准等造成的。

（6）创业风险的双重性指创业有着成功或失败的两种可能性，创业风险具有盈利或亏损的双重性。

三 创业风险的分类

1. 按决策主体的角度划分

按决策主体的角度划分，可分为系统风险和非系统风险。

（1）系统风险源于公司或企业之外，如战争、经济衰退、通货膨胀、高利率等与政治、经济和社会相关联的风险，不能通过多角化投资而分散，因此又称为不可分散风险。

（2）非系统风险则源于公司或企业本身的商业活动和财务活动，如企业的管理水平、研究与开发、广告推销活动、消费者口味的变化及法律诉讼等。可以通过多角化投资组合将其分散，因此又称为分散风险或公司特有风险。

2. 按风险产生的原因划分

按风险产生的原因划分，可分为主观创业风险和客观创业风险两类。

（1）主观创业风险：在创业阶段，由于创业者的身体与心理素质等主观方面的因素导致创业失败的可能性。

（2）客观创业风险：在创业阶段，由于客观因素导致创业失败的可能性，如市场的变动、政策的变化、竞争对手的出现、创业资金缺乏等。

3. 按风险后果划分

按风险后果划分，可分为投机风险和纯粹风险。

（1）投机风险是指既有损失可能，又有获利机会的风险，具有危险与机会可并存性、机会的诱导性、危险的制约性、风险与收益的对称性等特点，是决策活动中面临的主要风险。

（2）纯粹风险是指由于风险因素所导致的，只有损失可能而没有获利可能的风险，也就是说，纯粹风险只有"损失"一种结果。

大多数自然风险属于纯粹风险，但是，并非所有的纯粹风险都是由于自然风险所致。例如，火灾是一种自然风险，但生产抢险器材的企业却可能在这种风险中获利；失窃是一种人为风险，但失窃同时又是纯粹风险。因此，人为风险也可能导致纯粹风险。

4. 按创业风险的内容划分

按创业风险的内容划分，可分为以下六类：

（1）技术风险：由于技术方面的因素及其变化的不确定性，而导致创业失败的可能性。

（2）市场风险：由于市场情况的不确定性导致创业者或创业企业损失的可能性。

（3）政治风险：由于战争、国际关系变化或有关国家政权更迭、政策改变，而导致创业者或企业蒙受损失的可能性。

（4）管理风险：因创业企业管理不善产生的风险。

（5）生产风险：创业企业提供的产品或服务从小批试制到大批生产的风险。

（6）经济风险：由于宏观经济环境发生大幅度波动或调整，而使创业者或创业投资者蒙受损失的风险。

5．按创业过程划分

创业活动须经历一定的过程，一般来说，可将创业过程分为四个阶段：识别与评估机会；准备与撰写创业计划；确定并获取创业资源；新创企业管理。相应的，创业风险也可分为以下四类：

（1）机会的识别与评估风险。在机会的识别与评估过程中，由于各种主客观因素，如信息获取量不足，把握不准确或推理偏误等使创业一开始就面临方向错误的风险。另外，机会风险的存在，即由于创业而放弃了原有的职业所面临的机会成本风险，也是该阶段存在的风险之一。

（2）准备与撰写创业计划风险。创业计划往往是创业投资者决定是否投资的依据，因此，创业计划是否合适将对具体的创业产生影响。创业计划制订过程中各种不确定性因素与制定者自身能力的局限，也会给创业活动带来风险。

（3）确定并获取资源风险。由于存在资源缺口，无法获得所需的关键资源，或即使可获得，但获得的成本较高，从而会给创业活动带来一定风险。

（4）新创企业管理风险。其主要包括管理方式，企业文化的选取与创建，发展战略的制定、组织、技术、营销等各方面的管理中存在的风险。

6．按创业与市场和技术的关系划分

按创业与市场和技术的关系划分，可分为改良型风险、杠杆型风险、跨越型风险和激进型风险。

（1）改良型风险是指利用现有的市场、现有的技术进行创业所存在的风险。这种创业风险最低，经济回报有限。然而，风险虽低，要想得以生存和发展，获取较高的经济回报也比较困难。一方面会受到已有市场竞争者的排斥或面对壁垒；另一方面即便进入，想要占有一定的市场份额也非常困难。

（2）杠杆型风险是指利用新的市场、现有的技术进行创业存在的风险。该风险稍高，对一个全球性公司来说，这种风险往往是地理上的。此类风险多见于挖掘未开辟的市场，如彩电行业利用原有技术进入农村市场。

（3）跨越型风险是指利用现有的市场、新的技术进行创业存在的风险。该风险稍高，主要体现在创新技术的应用，这种情况往往反映了新技术的替代，是一种较常见的情况，常见于企业的二次创业，领先者可获得一定的竞争优势，但模仿者很快就会跟上。

（4）激进型风险是指利用新的市场、新的技术进行创业存在的风险。该风险最大，如果市场很大，可能会带来巨大的机会。对第一个行动者而言，其优势在于竞争风险较低，但是知识产权保护力度很弱，市场需求很不确定，产品性能指标的确定有很大的风险。

四 一般企业的风险管理

迄今为止，风险管理已经形成了一般的管理原则，成熟企业通常依此来管理其所面临的风险。风险管理的程序一般包括风险识别、风险评估、风险管理方法的选择和管理效果的评价等环节。

1. 识别风险

对创业进行风险管理，首先要明确风险管理的对象是什么，即识别创业的风险。识别风险是管理这些风险的第一步，它是指对企业面临的现实以及潜在的风险加以判断、归类并鉴定风险性质的过程。存在于企业周围的风险多种多样，这些风险在一定时期和某一特定条件下是否客观存在，存在的条件是什么，以及损害发生的可能性等都是风险识别阶段应该回答的问题。识别风险主要包括感知风险和分析风险两个方面。风险的识别对传统的经营管理有着至关重要的意义，识别如经营活动、劳务活动、战略活动等风险暴露来源为主的企业风险，有助于企业目标的实现，也有助于创业企业的健康发展。

在风险识别实践中，在团队、管理、市场、技术方面常常用访谈和一些定量研究方法去识别团队素质、管理、市场销售、产品技术等方面的风险；在市场、技术方面也常采用专家个人判断法、头脑风暴法、德尔菲法进行风险识别；在财务、产权方面用文件审查法，通过分析资产负债表、损益表、现金流量表、财务记录、营业记录等文件，识别项目的风险因素，预测未来风险。

2. 风险评估

风险评估是指在风险识别的基础上，通过对所收集的大量的详细损失资料加以分析。这一阶段可按照相关损失发生的概率进行分类，进行损失概率的评估，同时，对损失的规模与幅度进行分析，从而使风险分析定量化。将风险发生的概率、损失的程度与其他综合因素结合起来考虑，确定系统发生风险的可能性及其危害程度，通过比较管理风险所支付的费用，决定是否需要采取风险控制措施，以及控制措施采取到什么程度，从而为管理者进行风险决策、选择最佳风险管理技术提供可靠的科学依据。

风险评估一般采用专家调查法、风险因素取值评定法、分析报酬法等对采集到的数据进行定量估算。经过定量的风险评估结果是创业者进行风险管理的重要依据，但由于风险评估过程涉及主观方面测定，有些风险因素难以量化，其分析、测定过程对风险评估结果会产生显著的影响，因此，风险评估结果仍需要创业者进行最终判断。

3．选择风险管理方法

在风险评估的基础上，为实现风险管理的目标，选择最佳的风险管理技术是风险管理的实质性内容。风险管理技术可分为控制型与财务型两大类。前者的目标是降低损失的频率和减少损失的幅度，重点在于改变引起意外事故和扩大损失的各种条件；后者的目的是以提供基金的方式，消化发生损失的成本，即对无法控制的风险进行财务安排。对于有些情况，最好的计划是什么也不做，但在大多数情况下，可能要安排复杂的方法为潜在的损失融资。

4．风险管理的实施和效果评价

在作出风险管理方法选择的决策后，个人或企业必须实施其所选择的方法。风险管理应该是一个持续的过程，对实施的效果进行评价是必要的。有时新出现的风险暴露或预期的损失概率或损失幅度发生了显著的变化，需要对原有决策进行重新评价。风险管理的效果评价是指对风险管理技术的适用性及其收益情况进行的分析、检查、修正和评估，这是风险的动态性所决定的。通过效果的评价，以保证具体管理方法与风险管理目标相一致，并使具体的方案具有可操作性和有效性。

五 常用的风险处理方法

风险处理是指通过不同的措施和手段，用最小的成本达到最大安全保障的过程。风险处理的方式很多，但最常用的是风险回避、风险控制、风险转移和风险自留。

1．风险回避

风险回避是指设法回避损失发生的可能性，即从根本上消除特定的风险单位或中途放弃某些既有的风险单位。它是处理风险的一种消极方法。避免风险的方法通常在两种情况下采用：一是某种特定风险所致损失的频率或损失的幅度相当高时；二是在用其他方法处理风险而成本大于收益时。

没有风险就没有收益，避免风险虽然简单易行，但它却意味着收益机会的损失。因此，对企业而言，采用风险回避的方法在经济上是不适当的。在某些情况下，避免了某一风险又会产生新的风险。

2．风险控制

风险控制是指风险管理者采取各种措施和方法，消灭或减少风险事件发生的各种可能性，或者减少风险事件发生时造成的损失。风险控制的一种特殊形态是割离，它是指将风险单位割离成很多小的独立单位而达到缩小损失幅度的一种方法。

3. 风险自留

风险自留是指对风险的自我承担，是企业自我承担风险损失的一种方法。风险自留有主动自留和被动自留两种。风险自留常常在风险所致损失概率和幅度较低、损失短期内可以预测，以及最大损失不影响企业财务稳定性时采用。在这样的情况下，采用风险自留的成本要低于其他风险处理方式的成本，而且方便有效。但是，风险自留有时也会因为风险单位数量的限制而无法实现其处理风险的功效。一旦发生风险事故，可能导致财务上的困难而失去其作用。

4. 风险转嫁

风险转嫁是指一些企业或个人为避免承担风险损失，有意识地将损失或与损失有关的财务后果转嫁给另一个单位或个人去承担的一种风险管理方式。风险管理者会尽一切可能回避并排除风险，把不能回避或排除的风险转嫁给第三者，不能转嫁的或损失幅度小的可以自留。

风险转嫁的方式主要有保险转嫁和非保险转嫁两种。保险转嫁是指向保险公司缴纳保险费并同时将风险转给保险公司承担。当风险事故发生时，保险人按照保单的约定得到经济补偿。非保险转嫁又具体分为两种方式：一是转让转嫁；二是合同转嫁。前者一般适用于投机风险，如当股市行情下跌时卖出手中的股票；后者适用于企业将具备风险的生产经营活动承包给他人，并在合同中规定由对方承担风险损失的赔偿责任，如通过承包合同将某些生产、开发程序或产品销售转给他人等。

对创业企业而言，究竟选择哪种风险管理方式更合理，则需要根据对风险评估的结果和具体的环境进行选择。对于损失金额很小的风险宜采用风险自留的方式。而对那些出现概率大、损失金额高的风险，如财产责任风险，则宜采用风险转嫁的方式。而对诸如人力资源风险、财务风险、项目选择风险、环境风险等其他风险则宜采用风险控制的方法来处理。

六 大学生创业过程中常见的风险

（一）创业大学生自身风险

1. 狂热中缺乏理性

自主创业道路将成为大学生就业的一种必然选择和趋势，创业行为不断地在大学生中被实践，在全国范围内掀起创业热潮。由于对于某些创业神话的过分渲染与炒作，使得整个社会舆论对于大学生创业寄予很大的希望，从而引发了大学生创业的狂热，几乎到了人人想创业的程度，在校学生按捺不住创业的激情，争着要搭上创业这趟列车，对创业的期望值很高。然而，大学生在心理上没有做好创业的准备，普遍意识不到创业起步的困难和创业风险的压力，把创业想象化、简单化，缺乏理性，存在仅以市场为导向的创业倾向，忽略了自身的成本优势和创新意识的发挥，甚至有的学生动机不正、金钱至上、贪婪自私，一遇诱惑便把握不住自己。

2. 自信中缺乏耐心

大学生拥有知识技能，朝气蓬勃，对创业前景充满了信心，表现出一定的自信。认为自己具备高水平的知识技能，有敏锐的商业嗅觉。但由于无创业经历，对于在创业过程中存在的诸多困难估计不足，做决策时全凭直觉，盲目选择，最终导致退缩或失败的结果。一旦面对失败，就缺乏耐心，只要有一个困难不解决，一个障碍迈不过去，就会前功尽弃。

3. 创新中缺乏经验

优胜劣汰的社会竞争现实，使大学生在创业实践过程中必须求新求异，大学生的创新性特征在创业实践活动中不断提升，确实增加了创业实践活动的社会效益。但也存在着各种创业失败的案例和创新受挫的情形。原因是大学生虽有创新精神，但缺少经验，对企业的运作规律、要求、技术、管理都不太熟悉。

4. 诚信中缺乏魄力

市场经济已进入诚信时代，作为一种特殊的资本形态，诚信日益成为企业立足之本与发展的源泉。创业机会与风险并存，想要在竞争激烈、机会稍纵即逝的商海中勇立潮头，除诚实可信外，还必须有魄力，敢于抓住商机，即使没有十足把握，也应果断尝试。有的学生自卑胆怯、患得患失，不愿为也不敢为，缺少这种应有的胆量和能力，阻滞了创业向成功的方向发展。

（二）创业过程中面临的风险

创业既能实现大学生的自我认同和自我价值，激发创造力，又可以在一定程度上缓解严峻的就业形势，达到实现经济效益和社会效益的双重目的。但任何事情都是一柄双刃剑，在创业途中，有傲立风口的成功者，亦不乏折戟半路的失意人。分化格局的形成，除运气外，更多的是对创业风险的把控，对于初涉世事的大学生更是如此。

创业的风险主要有以下几个方面。

1. 项目选择太盲目

大学生创业时如果缺乏前期广泛的市场调研和论证，只是凭自己的兴趣和想象来决定投资方向，甚至仅凭一时的心血来潮做决定，一定会碰得头破血流。创业初期一定要做好市场调研，在了解市场的基础上创业。一般来说，大学生创业者资金实力较弱，应选择启动资金不多、人手配备要求不高的项目，从小本经营做起比较合适。

2．缺乏创业技能

有些大学生创业者眼高手低，当创业计划转变为实际操作时，才发现自己根本不具备解决问题的能力，这样的创业无异于纸上谈兵。一方面，大学生应去企业打工或实习，积累相关的管理和营销经验；另一方面，大学生应积极参加创业培训，积累创业知识，接受专业指导，提高创业成功率。

3．资金风险

资金风险在创业初期会一直伴随在创业者的左右。是否有足够的资金创办企业是创业者遇到的第一个问题。企业创办起来后，就必须考虑是否有足够的资金支持企业的日常运作。对于初创企业来说，如果连续几个月入不敷出或者因为其他原因导致企业的现金流中断，都会给企业带来极大的威胁。相当多的企业会在创办初期因资金紧缺而严重影响业务的拓展，甚至错失商机而不得不关门大吉。另外，如果没有广阔的融资渠道，创业计划只能是一纸空谈。除银行贷款、自筹资金、民间借贷等传统方式外，还可以充分利用风险投资、创业基金等融资渠道。

财产风险、对家庭的影响、健康与爱好的损失是创业者所必须加以克服的困难和烦恼。大学生创业要有充分的准备，去迎接创业过程中诸如拿个人积蓄去冒险，经常不分昼夜地长时间工作，无法度假，有时生病也得不到休息；失去稳定的工资收入；为发工资和债务担忧，甚至拿不到自己的那份工资；不得不做如清洁、归档、采购等自己不喜欢的事；无暇与家人和朋友待在一起等挑战。创业者要有危机意识，在心理上及行动上有所准备，来应付突如其来的变化。带着风险意识前行，在创业实践中，所有的事都要有"万一………怎么办"的危机意识，居安思危，未雨绸缪，预做准备。

4．社会资源贫乏

企业创建、市场开拓、产品推介等工作都需要调动社会资源，大学生在这方面会感到非常吃力。平时要多参加各种社会实践活动，扩大自己人际交往的范围。创业前，可以先到相关行业领域工作一段时间，通过这个平台，为自己日后的创业积累人际关系。

5．管理风险

大学生的理财、营销、沟通、管理方面的能力普遍不足。要想创业成功，必须技术、经营两手抓，可从合伙创业、家庭创业或从虚拟店铺开始，锻炼创业能力，也可以聘用职业经理人负责企业的日常运作。创业失败者基本上都是管理方面出了问题，其中包括决策随意、信息不通、理念不清、患得患失、用人不当、忽视创新、急功近利、盲目跟风、意志薄弱等。特别是大学生知识单一、经验不足、资金实力和心理素质较弱，更会增加在管理上的风险。

6．竞争风险

竞争是必然的。如何面对竞争是每个企业都要随时考虑的事，对新创企业更是如此。如果创业者选择的行业是一个竞争非常激烈的领域，那么在创业之初极有可能受到同行的强烈排挤。一些大企业为了将小企业吞并或挤垮，常会采用低价销售的手段。对于大企业来说，由于规模效益或实力雄厚，短时间的降价并不会对他们造成致命的伤害，而对初创企业则可能意味着彻底毁灭的危险。因此，考虑好如何应对来自同行的残酷竞争是创业企业生存的必要准备。

7. 团队分歧的风险

现代企业越来越重视团队的力量。创业企业在诞生或成长过程中最主要的力量来源一般都是创业团队，一个优秀的创业团队能使创业企业迅速地发展起来。但与此同时，风险也就蕴含在其中，团队的力量越大，产生的风险也就越大。一旦创业团队的核心成员在某些问题上产生分歧不能达到统一时，极有可能会对企业造成强烈的冲击。事实上，做好团队的协作并非易事。特别是与股权、利益相关联时，很多初创时很好的伙伴都会闹得不欢而散。

8. 核心竞争力缺乏的风险

是否具有自己的核心竞争力是最主要的风险。一个依赖别人的产品或市场来打天下的企业是永远不会成长为优秀企业的。核心竞争力在创业之初可能不是最重要的问题，但要谋求长远的发展，就是最不可忽视的问题。没有核心竞争力的企业终究会被淘汰出局。

9. 意识上的风险

风险性较大的意识有投机的心态、侥幸心理、试试看的心态、过分依赖他人、回本的心理等。

创业者本身的经验、学识、能力，尤其是对要涉足行业的了解情况，将对创业成功起重要的作用。在熟悉的行业中创业，市场熟、产品熟、人际关系也熟，就能"驾轻就熟"。因此，创业者要注意自身知识的积累以及对自身创业能力的培养。

（三）大学生创业的法律风险

随着学生创业群体的逐渐增加，创业中的法律风险不容忽视，主要有创业组织形式的选择、创业组织运行中的合同法律风险和知识产权法律风险、创业组织终止的法律风险等。大学生想要在商界有所建树，应该拥有基本的法律原理和知识。

对于大学毕业生来说，公司设立时无须注册资金到位，是否就意味着开公司就"零成本"了呢？答案当然是否定的。首先，公司章程中会将各位股东认缴资本的数额进行确定，同时约定了出资到位的时间和各方出资比例；其次，公司注册资金虽然不体现在工商营业执照上，但在工商内档公开的系统中仍然可以查阅到；再则，公司在实际运营过程中，必然会需要资金的落实，否则一切经济活动将难以开展，如薪资社保、广告宣传、经营场地、办公设备等都需要资金的保障。

创业本身就带有极大的风险性，一旦涉及对外债务无法清偿，公司股东在认缴的出资范围内，仍需对外承担债务，如果一味提高注册资本数额，表面上看起来风光，实则隐藏了巨大的法律隐患。因为在公司实缴资本没有到位的情况下，债权人可以要求股东在认缴出资范围内承担法律责任，随着全社会对公司企业、个人信用的日渐重视，构建市场主体信用信息公示的体系也在不断完善，一旦被纳入失信人员名单，将对今后的发展产生巨大的负面影响。

1. 创业经营过程中的法律风险

创业组织经营过程中的法律风险类型较多，涉及领域广，下面仅针对经营过程中最常出现的几类法律风险进行分析：

（1）合同法律风险。以合同为机制的市场经济是建立在信用体系上的，市场经济、契约和信用是不可分割的一个体系。创业组织在经营的过程中，接触最多的可能就是合同签订及履行过程中的法律风险。合同是指平等主体的自然人、法人、其他组织之间设立、变更、终止民事权利义务关系的协议。合同订立过程中创业组织需要关注的风险主要有以下几个方面：

1）缔约主体是否具有相应的缔约能力和资格；若为本人订立合同，应关注订立合同的当事人主体资格是否合法；若为代理人订立合同，则应关注代理人是否具有代理资格，是否获得委托授权。

2）合同双方要多交流沟通，注意双方对合同内容的理解是否一致，意思表示是否真实，合同标的是否合法，对方是否具有履约能力，以避免对方合同的违约。

3）为防止对方当事人违约给自己造成的损失，可以要求对方提供必要的担保；担保方式包括定金、保证人、抵押、质权等。创业大学生可以选择一个最适合自己的方式来保证对方合同的履行。合同履行中的法律风险主要是注意双方附随义务的履行，如通知义务、协助义务、保密义务等。另外，合同订立的形式具有多样性，如果是以口头形式订立的合同，一定要注意合同的达成过程以及履行的过程中的证据保全。在合同履行过程中，如果对方违约且协商不成，必须及时地通过诉讼方式来维护自己的权利，因为我国民法承认诉讼时效制度，超过一定的期限债务将得不到法律的支持，成为自然之债。《中华人民共和国民法通则》第一百三十五条规定：向人民法院请求保护民事权利的诉讼时效期间为两年，法律另有规定的除外。

（2）知识产权法律风险。在现实生活中，学生创业者因不懂知识产权等相关法律知识，致使自己的知识产权受到不法侵害或侵害他人知识产权的案例普遍存在。知识产权又称智慧财产权，是指权利人一段时间内对智力成果享有的独占排他的权利，是企业非常重要的无形资产。因此，大学生创业者应对这方面的内容有所了解，做到不去侵犯他人的知识产权,学会依法保护自身的知识产权。

（3）创业组织终止的法律风险。大学生组建的创业组织民事主体资格的灭失是创业组织终止的方式,该过程的风险主要体现在以下两个方面：

1）已终止自己的创业活动,但由于疏忽而并未按照法定程序办理注销登记手续,不法分子借机冒用从事一些违法活动；

2）创业组织终止后的债务承担风险。创业组织终止后,创业组织原来的债务因组织形式的不同而最终的承担者也不同,如果创业组织是公司的形式,那么就仅以公司的财产作为债务承担的担保债务。若为个体工商户、合伙企业、个人独资企业,则创业学生要对创业组织存在期间的债务承担无限连带责任。

创业除选择设立公司外,还有另一种形式——合伙企业。合伙企业与公司相比,合伙企业没有注册资本的要求,可以通过劳务出资成立,合伙人之间具有极强的人身信任。这决定了合伙人出资份额的转让要受到严格的限制,其中最大的风险在于合伙企业对外的债务需要合伙人承担无限责任,这也是公司制较为有利的方面,因为公司作为独立的法人主体,股东是以认缴出资为限承担有限责任的。在正常经营的情况下,一旦创业失败,对外承担的债务仅限于认缴的出资范围。因此,对于社会经验不足的大学生来说,选择以合伙企业的方式创业并不是一个好的选择。

大学生要避免创业失败,需要关注公司内部法人治理结构、知识产权的合理保护、合同风险控制等问题,创业并未单纯依靠一腔热情就能成功,需要在点点滴滴的过程中将法律思维与管理行为相互融合。

2．风险规避对策

发生经营困难甚至歇业、股东僵局等问题,往往不是市场不景气、缺乏业务机会等,根本原因还是在内部管理上没有做好梳理和规划,是业务发展太快、管理跟不上所致。

（1）加强内部规章制度的建设,招聘员工不仅是签署劳动合同这样简单,在明确主营方向和业务流程之后,需要建立起一套相对完善的内部岗位管理制度或员工管理手册,使管理有依据、行为有准则。

（2）创新成果的保护需要强化法律意识。创新性企业唯一的发展动力就是知识产权、技术研发成果,对于没有厂房、土地、大型设备的"轻资产"创业公司而言,及时申请专利、商标、著作权,切勿先推广使用之后,在市场模仿竞争者来了才想起来要申请保护。

（3）在业务合同的签署过程中,不能简单认为自己是创业企业,有订单就不错了,客户想怎么写就怎么签,因为一份不平等或者苛刻条款的商业合同是缺乏可操作性的,把自己放在缺乏法律保障的市场竞争环境中,无疑是加大了创业的风险,一旦无法按时按质完成合同约定的条款,就可能面临违约赔偿的法律责任,拿不到产品或服务酬劳是小事,若要承担高额违约金就得不偿失了。

第五章 创业机会与创业风险

由于创业知识和经营经验等方面的缺乏，未能意识到创业过程中的法律风险，有些大学生可能会无意间违反法律规定；也可能为利益冲昏头脑，明知故犯，违反法律规定。准备创业的大学生在创业前应做好充分准备，留心实践过程中可能产生的法律风险，查阅学习相关法律知识，熟悉大学生创业的各个环节，思考如何有效防范法律风险的方法和解决途径，培养自己的风险意识，熟悉国家对于大学生创业的既有扶持政策，努力做好法律风险的事前防范。

案例　成都"第一研究生面馆"

一所高校食品科学系的6名研究生声称自筹资金20万元，在成都著名景点——"琴台故径"边上开起了"六味面馆"。

1. 壮志雄心：5年后开20家连锁店

第一家店还未开张，6位股东已经把目光放到了5年之后，一说到今后的打算，他们异口同声地说："当然是开分店啦！今年先把第一家店搞好，积累经验，再谈发展。我们准备两年内在成都开20家连锁店，到时候跟肯德基、麦当劳较量较量。"

2. 情伤钱损：无人管理，草草收场

由于面馆长时间处于无人管理和经营欠佳的状况，投资人已准备公开转让。这家当初在成都号称"第一研究生面馆"的餐馆仅仅经营了4个多月，就不得不草草收场。

3. 个中滋味：研究生面馆关门有内幕？

原本想以"研究生"之名来制造广告轰动效应，但事情的发展却出人预料。"研究生面馆"开业不久，6名研究生就一个个被学校领导找去谈话，要他们在学业和面馆之间作出选择：要么退出，要么退学。

4. 创业失败原因分析

（1）生意不红火，管理混乱。6位研究生称功课繁忙，店堂内经常无人管理。

（2）附近商家："味道不好，分量不足，吃不饱。"面馆所在街道非繁华商业市区，提供的产品及服务不能满足顾客的需求。

（3）每月支出庞大，入不敷出。没有做好预算和成本计划，资金管理能力不足。

本章小结

创业机会是指在市场经济条件下，社会的经济活动过程中形成和产生的一种有利于企业经营成功的因素，是一种带有偶然性并能被经营者认识和利用的契机。创业机会的特征包括客观性、潜在性、时效性、行业吸引力、不确定性等。创业机会主要来源于四种变革，分别是技术变革、政策和制度变革、社会和人口变革以及产业结构变革。机会识别是指创业者识别机会的过程。创业机会识别作为一种主动行为，带有浓厚的主观色彩，创业者的个体因素起到了重要作用。此外，一些研究者逐渐认识到机会识别是个体与环境的互动过程，外部因素尤其是环境中的客观机会因素本身的影响同样不容忽视。识别创业机会的一般过程包括产生创意、收集信息、市场测试、评价与确定创业机会等步骤。创业机会的评价一般包括产业和市场、资本和获利能力、竞争优势、管理班子等方面的衡量标准。创业机会的评价方法有主观评价法、客观评价法等。创业风险是指创业投资行为给创业者带来某种经济损失的可能性。创业风险主要具有客观存在性、不确定性、相关性、可变性、可测性与测不准性、双重性等特点。风险管理的程序一般包括：风险识别、风险评估、风险管理方法的选择和管理效果的评价等环节。风险处理是指通过不同的措施和手段，用最小的成本达到最大安全保障的过程。风险处理的方式很多，但最常用的是风险回避、风险控制、风险转移和风险自留。

读书笔记

课后练习

1. 创业机会的特征有哪些？
2. 有价值的创业机会的基本特征有哪些？
3. 创业机会的评价准则有哪几条？
4. 创业风险具有哪些特点？

第六章 创业项目与创业环境

知识目标

通过本章的学习，了解创业项目的分类；熟悉影响创业项目选择的因素；掌握创业项目环境分析的方法。

能力目标

能对创业项目环境进行分析，从而选择好创业项目。

第六章 创业项目与创业环境

第一节 创业项目选择

 创业项目分类

如何正确地选择创业项目，是每个创业者都要思考的问题。拥有合适的创业项目是创业成功最重要的基础。每一位创业者都要对创业项目的选择报以极其谨慎的态度，要按照自身技能、技术、经验、资金实力等实际情况，对各类项目加以甄选。

不同的项目面对不同的市场客户群体，需要不同的创业资源和不同的技能与经验。因此，项目分类对于自主创业具有更为现实的参考意义。这里初步归纳出了以下几类。

1．资源类项目

资源类项目要求创业者拥有大多数人不具备的资源。这些资源可以是自然资源，如石油、公用事业专营，也可以是人事关系资源。一般来说，作为自主创业的项目，拥有垄断性自然资源的可能性非常小，而拥有人事关系资源的可能性比较大，但必须注意这种资源的非持久性，以及变更可能带来的巨大风险。

2．制造类项目

适合自主创业的制造类项目大致可以分为以下三类：

（1）配套制造。此类制造属于某个整机（整体）制造项目的一部分，无须考虑全局，也无须有很好的创新技术，只需把负责加工的零（部）件做到性价比最好。由于环节简单，此类项目不需要复杂的管理流程，但此类制造需要一个良好的外部整体产业环境。

（2）技术制造。此类制造属于拥有自主创新的技术，或者拥有某种技术优势，能够制造出大多数人无法制造的产品。

（3）改良制造。此类制造需要具有创造性思维，需要具有善于捕捉现有产品不足的能力，并通过自己的努力改良原有产品。此类制造一般必须具备能够降低成本或提高利润的能力。

需要注意的是，制造类项目由于需要专业生产工具，产出品也以硬件为主，因此一旦进入，今后受整个产业环境的影响较大，受产业技术进步的影响也较大，业务调整的灵活度较小。

3．技术创新类项目

技术创新项目涉及范围相当广泛，品种繁多。按国家有关标准分类，技术创新项目主要有以下四大类：

（1）技术开发类项目。如果选该类项目，就要突出关键技术或者系统集成的创新性，包括技术创新的产品、技术、工艺、材料、设计和生物品种。此类项目对行业技术进步和产业结构有优化升级的作用。对于自主创业者来说，有很多可以选择的项目。

（2）社会公益类项目。如果选该类项目，就要突出关键技术或者系统集成的创新性、有推广的应用价值、社会效益以及对科技发展和社会进步的推动意义。例如，标准、计量、科技信息、科技档案等科学技术基础性工作；环境保护、医疗卫生、自然资源调查和合理利用、自然灾害监测预报和防治等社会公益性科学技术项目。对于自主创业者来说，也可有一定的选择空间。

（3）国家安全类项目。如果选择该类项目，就要突出关键技术或者包括在军队建设、国防科研、国家安全及相关活动中产生，并对推进国防现代化建设、增强国防实力和保障国家安全具有重要意义的科学技术成果。

（4）重大工程类项目。如果选择该类项目，就要突出团结协作、联合攻关、关键技术或者系统集成的创新，包括有良好的经济效益或者社会效益，以及对推动本领域科技发展、经济建设、社会发展和国家安全有战略意义的项目。具体来说，此类项目是指列入国民经济和社会发展计划的重大综合性基本建设工程、科学技术工程和国防工程等。其中，综合性是指需要跨学科、跨专业进行协作研究、联合开发，并对经济建设、社会发展具有战略意义，对国家科技实力、国防实力的整体提高产生重要影响。

在项目选择的过程中，除一般的服务行业外，选择项目最好考虑到行业与技术及其服务的发展趋势。

二、影响创业项目选择的因素

（一）创业者自身的因素

1．资金实力

每个创业领域需要的资金投入各不相同。创业者大多数是小本创业，并没有巨额资产。因此，在选择创业项目时一定要量力而行。创业者不仅要看首期投入资金的多少，还得看需要投入多少后续资金，如果后续资金不能到位，那么就有可能前功尽弃。

2. 行业经验

创业者在创业之前，要分析自己是否积累了丰富的行业经验，是否具有本行业所需要的专业特长，以及自己是否具有本行业相关的技术、能力、兴趣等。创业者必须要有一定的专业知识和经验积累，经验是创业者开展业务的智慧支持，行业经验丰富的人如果从自己擅长的行业做起，那么相对来说比较容易获得成功。创业者应该主动去积累经验，随时更新专业知识，为创业打好基础。

3. 社会关系

创业者最主要的社会关系包括客户资源和人力资源两个方面。

（1）客户资源。企业业务的开展和经营收益的获得主要依靠客户资源。客户资源是一种稀缺的资源，获得了客户资源就意味着获得了盈利。

（2）人力资源。人力资源是企业经营活动的发动机：当资金运转困难时，企业要依靠人力资源来筹集资金；当遇到技术难关时，企业需要技术专家来帮忙解决；在面临风险时，创业者需要其他人的分担。人力资源是企业的强大后盾。

（二）创业项目因素

1. 产业发展环境

创业者在进行创业时首先要了解目前要进入的产业的发展现状，是已经处于上升期但还没完全达到大规模发展的阶段，还是处于下降期。如果产业发展处于下降期，那么说明进入的企业已经太多了，竞争已经过于激烈了。

2. 产品技术要求

如果企业要生产技术含量高的产品，创业者就要了解该技术是否成熟稳定、技术质量是否过硬、该技术是否是国家所鼓励发展的。创业者不应该选择过时的或者太超前的技术，而应该选择符合目前市场需求、具有巨大发展潜力的技术。

3. 市场需求空间

市场需求空间是指市场上存在有待企业去做的地方。再好的产品，如果没有市场，也很难销售出去。因此，创业者在选择创业项目前必须对市场认真调研，调研内容包括当地的经济水平、消费水平、人文风俗、城乡差异等。

4. 市场竞争状况

创业者选择创业项目后，如果其在市场中有很多竞争对手，那么说明企业将面临巨大的压力。竞争过于激烈的市场不适宜新企业的成长，因为这会给新企业的发展带来许多困难。为了降低风险，创业者应该选择一些比较新、竞争对手相对较少的市场进入。

三 选择创业项目需遵循的原则

（一）选择国家政策鼓励的行业

创业者要开创自己的事业，就要知道哪些行业是国家政策鼓励和支持的，哪些行业是国家政府允许的，哪些行业是国家政策限制的。创业者要选择国家政策鼓励和支持的、有发展前景的行业。

（二）选择适应社会需求的行业

创业项目的选择不能仅凭创业者自己的想象和愿望，而要从社会需要出发，以市场为导向，了解市场需要什么、需要多少，谁会来购买产品或服务，竞争对手有哪些等。顾客的需求有现实需求和潜在需求之分，一个成功的创业者不仅要了解和满足顾客的现实需求，更要创造需求、创造市场。

（三）量力而行，选择适合自己的项目

创业有风险，创业者必须量力而行。尽量避免风险大的项目，将有限的资金投入风险较低、规模较小的项目中去；选择适合自己的项目，从小钱开始赚起，脚踏实地，积少成多。

（四）选择有一定创新的项目

创新是企业的生命，持续创新是企业唯一的生存之路。创新也是创业成功的关键，对创业者来说，创新更具紧迫性和重要性。创业者选择的项目要有一定的创新性，但不需要选择全新的项目。对于全新的项目来说，市场推广的难度会非常大，风险也非常高。一般来说，创业者可在项目上进行国际水平跟踪性、局部性的改良，可以将现有各领域中先进的东西引入自己的项目，进行组合创新。

四 在市场中寻找创业项目

1. 从熟悉的领域中寻找项目

创业者，可以通过分析曾经工作过的公司的运作的情况，找出它的强项与弱项，发现并揭示新的业务机会，创造出新的业务方向甚至新的企业。在熟悉的领域，一定能够发现一些商机。

2. 通过重新确认生意所属的范围来寻找项目

当划分生产经营的门类属性时，有时会发现并没有确认运营中全部潜在的范围。例如，出版社应归属信息生意，肥皂应归属清洗生意，卡

车应归属运输生意。将生产经营进行清楚而全面的定义后，可能会发现额外的商机。

一家国外的特许会计师公司认识到他们在从事财政控制工具生意，就通过借助（雇用）财政控制员为若干中小企业提供相关服务。这种服务非常成功，很受企业欢迎，公司以此扩充了原有的常规会计生意。

案例

艺术火柴

沈子凯大学毕业后，在一家广告公司工作，日子过得忙碌而充实。毕业2年后，沈子凯娶妻生子，还在杭州买了房。要不是一个偶然的机会，沈子凯还会继续当一个广告人。那是2007年年初的一天，一个朋友送给沈子凯一盒婚宴用火柴，朋友说这叫"喜财"。这盒火柴与沈子凯记忆中小时候见到的火柴完全不一样，火柴棒又长又粗，套红的外盒上用彩印工艺压着精美细致的国画图案。这个既漂亮又讨口彩的礼物让沈子凯很高兴，他无聊时常常把玩这盒火柴，每当此时便仿佛回到了童年时代。沈子凯的脑海忽然冒出卖艺术火柴的念头：如果把这种怀旧情调以及文化气息赋予到这小小的一盒火柴上会怎么样呢？这里面，有商机！经过一番思考和市场调查，他离开广告公司成立了自己的公司，专心开发艺术火柴。

2007年7月，沈子凯正式注册了"纯真年代艺术火柴"商标，3个月后开始销售，2009年正式开始加盟连锁。在销售格局逐渐打开的时候，沈子凯意识到了自己产品的局限性。于是，他再次把精力投入设计开发中。沈子凯从网络流行文化中吸取灵感，除怀旧的主题外，又创作了一系列贴近时代主题的作品。不断推陈出新的产品系列，让沈子凯的艺术火柴得到了越来越多年轻人的追捧。

3. 利用市场的转换寻找项目

当客户群体在长期的意义上从一类产品转移到另一类产品上时，将能够带来新的市场机会。也就是说，市场转换将创造对新产品和新服务的需求。

一个公司曾经利用从唱片机向录音机市场转换的机会，靠组装录音机磁头清洗带致富。为了利用轿车市场从大型转向小型的机会，国外的一家公司为小型轿车设计并制造了自行车和滑雪板的固定架。

4. 借助产业增长趋势寻找项目

当越来越多的人对某产业或活动感兴趣时，就会出现增长趋势。创业者可以利用这种增长趋势，提供与增长产业或活动相关的产品或服务。例如，有人利用旅游是持续上升的产业专为旅游代理开办了学校，以满足旅游代理人员的需要；越来越多的人对"充电"、成长、发展感兴趣，许多公司和个人提供研讨会、大会、课程、书籍、咨询，以及再培训业务来满足市场的需求。

5. 利用市场间隙来寻找项目

当所需要的产品或服务无法获得，或消费者的需求大于目前的供应时，就会出现市场间隙或不足。这对那些进入并提供这些产品或服务的需求者就意味着存在生意机会。

每到夏天，游艇的租赁就会供不应求。一家公司开始建造游艇，并将未售出的游艇租赁出去，旺季过了之后，再将这些租赁过的游艇作为展品降价销售出去，以此作为销售补充计划的一部分。一个宾馆雇员注意到宾馆对床垫维修服务有需求，可是市场上却没有这项服务，因而，她迅速与若干家旅馆签订合同并创办了床垫维修业务。

6. 利用社会事件或形势寻找项目

消费产品或服务可以配合某一事件而进行。这些事件包括社会事件、经济变化、业务或产业发展、新法规的颁布等。

某个城市的许多居民非常担心当时的一种流行传染病，一位护士抓住机会，成为一种非常易于使用的自测工具的分销商。

7. 利用被遗弃的市场

利用被遗弃的市场意味着进入被其他公司舍弃的领域，这些公司要么已经变得很庞大，不能或不愿意处理这些小订单；要么处在技术竞争的前沿，决定不用老技术去服务于市场；要么正在扩张到不同的市场，扩张速度之快使他们没有能力对所有市场都提供合适的服务。

经过一段牛奶只有纸包装或塑料包装的时期之后，有些奶制品厂又开始提供瓶装牛奶。他们正在服务于一个被遗弃的市场——仍然偏爱瓶装牛奶的人群。

8. 瞄准大市场下的小市场

怀着服务于其中一小块市场的想法，有时可能进入大市场。要注意只有这种情况才能成功——市场如此之大以至于其中一小块市场就能够盈利。

快餐业市场非常庞大，而且仍然在迅速增长。一位创业者在卫星城开了一家以鱼为主的小餐馆，虽然快餐连锁巨头们在此区域也开有连锁店，但他的餐馆仍然非常成功。

9. 扩大市场区域

当区域性生产的产品或生意获得成功时，企业经常会存在扩大市场地理范围的机会，有时会在其他地方开设新的生意。

一个向登山者和滑雪者提供装备的合作企业非常成功，结果他们在另外一个省开设了分店。一家具有独特理念的成功餐馆，将相似的餐馆开遍整个城市并逐步外延，如小土豆、福华等。

第二节　创业项目的环境分析

一　创业项目的宏观市场环境分析

对于创业型企业选择的创业项目来说，对外部环境的分析尤为重要。由于创业型企业多为中小型企业，资本规模小，抗风险能力弱，因此，在选择和考察创业项目时，要深入分析企业所处的宏观市场环境，好好地把握，以制定相应的策略。

宏观市场环境包括人口环境、经济环境、自然环境、技术环境、政治和法律环境以及社会和文化环境。

1. 人口环境

市场＝人口＋购买欲望＋购买力，也就是说，"市场"是由那些有购买欲望并有购买力的人构成的。我们会用人口的规模和构成来估计市场规模和需求量的大小。创业者需要特别关注那些需要或可能需要他们产品的人群，详细了解他们的情况。

2. 经济环境

消费者的购买力水平是决定市场规模的重要因素。购买力水平受居民收入、储蓄倾向、可获信贷和物价水平等诸多因素的影响。

3. 自然环境

自然环境分析包括两个方面：一是周围的自然环境及资源是否符合创业项目所处行业所需要的生产条件；二是创业项目和企业是否能够与自然环境协调发展。在可持续发展理念影响下，绿色产业、绿色产品蓬勃兴起，破坏环境和资源的经营行为必将受到社会公众的排斥和政府管制。

4. 技术环境

要辨识和选择合适的技术环境，发现其中的机会和威胁，同时根据技术环境的变化调整生产和研发方案，不断适应其发展。

5．政治和法律环境

创业企业特别需要稳定的政治环境和法律环境，经营业务的发展需要有稳定的政治环境作为保障；创业企业也需要有一个宽松的法律环境，评估创业项目存在的法律风险。

6．社会和文化环境

人类长时间在某种社会中生活，形成了特定的文化，包括价值观念、道德规范及世代相传的风俗习惯等。社会文化环境影响着消费者的购买态度和购买方式，对创业企业营销策略的制定产生着较大的影响。

二 创业项目吸引力分析

波特五力模型由迈克尔·波特（Michael Porter）于20世纪80年代初提出，他认为行业中存在着决定竞争规模和程度的五种力量。这五种力量综合起来影响着产业的吸引力，对企业战略制定产生全球性的深远影响。五种力量分别是：供应商的议价能力、购买者的议价能力、潜在竞争者进入的能力、替代品的替代能力、行业内竞争者的竞争能力。五种力量的不同组合变化最终影响行业利润潜力的变化。

（一）供应商的议价能力

供方主要通过其提高投入要素价格与降低单位价值质量的能力，影响行业中现有企业的盈利能力与产品竞争力。供方力量的强弱主要取决于他们所提供给买主的是什么投入要素，当供方所提供的投入要素其价值构成了买主产品总成本的较大比例、对买主产品生产过程非常重要，或者严重影响买主产品的质量时，供方对于买主的潜在讨价还价力量就大大增强。一般来说，满足如下条件的供方集团会具有比较强大的讨价还价力量：

（1）供方行业为一些具有比较稳固市场地位而不受市场激烈竞争困扰的企业所控制，其产品的买主很多，每一单个买主都不可能成为供方的重要客户。

（2）供方各企业的产品各具有一定特色，导致买主难以转换或转换成本太高，或者很难找到可与供方企业产品相竞争的替代品。

（3）供方能够方便地实行前向联合或一体化，而买主难以进行后向联合或一体化（注：通俗的说法为店大欺客）。

（二）购买者的议价能力

购买者主要通过其压价与要求提供较高的产品或服务质量的能力，来影响行业中现有企业的盈利能力。其购买者议价能力影响主要有以下原因：

(1) 购买者的总数较少,而每个购买者的购买量较大,占了卖方销售量的很大比例。

(2) 卖方行业由大量相对来说规模较小的企业所组成。

(3) 购买者所购买的基本上是一种标准化产品,同时向多个卖主购买产品在经济上也完全可行。

(4) 购买者有能力实现后向一体化,而卖主不可能前向一体化(注:通俗的说法为客大欺主)。

(三)新进入者的威胁

新进入者在给行业带来新生产能力、新资源的同时,寄希望在已被现有企业瓜分完毕的市场中赢得一席之地,这就有可能会与现有企业发生原材料与市场份额的竞争,最终导致行业中现有企业盈利水平降低,严重的还有可能危及这些企业的生存。竞争所带来的威胁的严重程度取决于两个方面的因素,即进入新领域的障碍大小与现有企业对于进入者的反应情况。

进入障碍主要包括规模经济、产品差异、资本需要、转换成本、销售渠道开拓、政府行为与政策、不受规模支配的成本劣势、自然资源、地理环境等方面,这其中有些障碍是很难借助复制或仿造的方式来突破的。预期现有企业对进入者的反应情况,主要是采取报复行动的可能性大小,而这些则取决于有关厂商的财力情况、报复记录、固定资产规模、行业增长速度等。总之,新企业进入一个行业的可能性大小,取决于进入者主观估计进入所能带来的潜在利益、所需花费的代价与所要承担的风险这三者的相对大小情况。

(四)替代品的威胁

两个处于同行业或不同行业中的企业,可能会由于所生产的产品是互为替代品,从而在它们之间产生相互竞争行为,这种源自替代品的竞争会以各种形式影响行业中现有企业的竞争战略。

(1) 现有企业产品售价以及获利潜力的提高,将由于存在着用户属于接受的替代品而受到限制。

(2) 由于替代品生产者的侵入,使得现有企业必须提高产品质量,或者通过降低成本来降低售价,或者使其产品具有特色,否则其销量与利润增长的目标就有可能受挫。

(3) 源自替代品生产者的竞争强度,受产品买主转换成本高低的影响。

总之,替代品价格越低、质量越好、用户转换成本越低,其所能产生的竞争压力就强;而这种来自替代品生产者的竞争压力的强度,可以具体通过考察替代品销售增长率、替代品厂家生产能力与盈利扩张情况来加以描述。

（五）同业竞争者的竞争程度

大部分行业中的企业，相互之间的利益都是紧密联系在一起的，企业竞争战略作为企业整体战略的一部分，其目标在于使得自己的企业获得相对于竞争对手的优势，所以，这些战略在实施中就必然会产生冲突与对抗，这些冲突与对抗就构成了现有企业之间的竞争。现有企业之间的竞争常常表现在价格、广告、产品介绍、售后服务等方面，其竞争强度与许多因素有关。

一般来说，出现下述情况将意味着行业中现有企业之间竞争的加剧，即行业进入障碍较低，势均力敌的竞争对手较多，竞争参与者范围广泛；市场趋于成熟，产品需求增长缓慢；竞争者企图采用降价等手段促销；竞争者提供几乎相同的产品或服务，用户转换成本很低；一个战略行动如果取得成功，其收入相当可观；行业外部实力强大的公司在接收了行业中实力薄弱的企业后，发起进攻性行动，结果使得刚被接收的企业成为市场的主要竞争者；退出障碍较高，即退出竞争要比继续参与竞争代价更高。在这里，退出障碍主要受经济、战略、感情以及社会政治关系等方面的影响，具体包括：资产的专用性、退出的固定费用、战略上的相互牵制、情绪上的难以接受、政府和社会的各种限制等。

三 创业项目微观分析

（一）供应商分析

供应商是指对企业进行生产所需而提供特定的原材料、辅助材料、设备、能源、劳务、资金等资源的供货单位。这些资源的变化直接影响到企业产品的产量、质量及利润，从而影响企业营销计划和营销目标的完成。

（二）企业内部分析

企业开展营销活动要充分考虑到企业内部的环境力量和因素。企业是组织生产和经营的经济单位，是一个系统组织。企业内部一般设立计划、技术、采购、生产、营销、质检、财务、后勤等部门。企业内部各职能部门的工作及其相互之间的协调关系，直接影响着企业的整个营销活动。

（三）营销中介分析

营销中介是指为企业营销活动提供各种服务的企业或部门的总称。

营销中介对企业营销有直接、重大的影响，只有通过有关营销中介所提供的服务，企业才能把产品顺利地送达目标消费者手中。营销中介的主要功能是帮助企业推广和分销产品。

（四）顾客分析

顾客是指使用进入消费领域的最终产品或劳务的消费者和生产者，也是企业营销活动的最终目标市场。顾客对企业营销的影响程度远远超过前述的环境因素。顾客是市场的主体，任何企业的产品和服务，只有得到了顾客的认可，才能赢得市场。现代营销强调将满足顾客的需要作为企业营销管理的核心。

（五）社会公众分析

社会公众是企业营销活动中与企业营销活动发生关系的各种群体的总称。公众对企业的态度，会对其营销活动产生巨大的影响，它既可以帮助企业树立良好的形象，也可能妨碍企业的形象。所以，企业必须处理好与主要公众的关系，争取公众的支持和偏爱，为自己营造一个和谐、宽松的社会环境。

（六）竞争者分析

创业企业进行市场竞争环境分析，需要识别自己所面对的竞争对手，这似乎是一件简单的工作，就像柯达知道富士是自己的主要竞争对手一样，但是创业企业实际和潜在的竞争对手范围很广，它往往被新出现的企业或技术击败，就像柯达在胶卷业最大的竞争威胁来自数码相机。

根据产品替代观念，可以区分以下四种层次的竞争者。

（1）品牌竞争。当其他企业以相似的价格向相同的顾客提供类似产品与服务时，企业将其视为竞争者。例如，被海尔视为主要竞争者的是价格和档次相似、生产同类彩电的康佳及 TCL 等企业。

（2）行业竞争。企业可以广义地将制造同样或同类产品的企业视作竞争者。例如，海尔可能认为自己在与所有彩电制造商竞争。

（3）形式竞争。企业可以更广泛地将所有制造商能提供相同服务的产品的企业都作为竞争者。例如，海尔企业认为自己不仅与家电制造商竞争，还与其他电子产品制造商竞争。

（4）通常竞争。企业还可以更广泛地将所有争取同一消费者的人都视作竞争者。例如，海尔可以认为自己在与所有的主要耐用消费品企业竞争。

创业企业还可以从行业观点来辨认自己的竞争对手。行业竞争观念是从行业角度来界定竞争者，主要来自现有竞争企业、潜在加入者、替代品生产者。

四 创业环境 SWOT 分析

SWOT 分析法又称态势分析法，20 世纪 80 年代初由美国旧金山大学的国际管理和行为科学教授韦里克提出，是一种重要的战略规划工具。SWOT 是英文 Strength（优势）、Weakness（劣势）、Opportunity（机会）、Threat（威胁）的缩写。其通过对研究对象组织内部环境的优势和劣势，以及对组织外部环境的机会和威胁进行分析，从而确定组织的发展战略。

（一）机会分析

在机会分析中，可以采取归纳统计的方法对各种因素对于机会的影响大小进行图表定点分析，并从各种环境因素定点的区域来认识各种环境对于机会的重要程度，如图 6-1 所示。

区域 1：成功概率高，而且成功后会带来较大的利润，因此对创业者的吸引力大，是应该尽量考虑利用的环境。

区域 2：成功概率高，但成功后带来的利润较小，是创业者应该注意开发的环境。

区域 3：成功概率低，但一旦成功后会给企业带来较大的利润，因而创业者应创造条件，力争成功。

区域 4：成功概率低，并且成功后给创立的企业带来的利润也小，是创业者应该注意回避的环境。

（二）威胁分析

对于威胁的分析，同样采取归纳统计的方法对各种环境对于威胁程度的影响进行图表定点分析，并从各个环境因素定点的区域来认识各种环境对威胁的影响程度，如图 6-2 所示。

图 6-1 机会分析矩阵

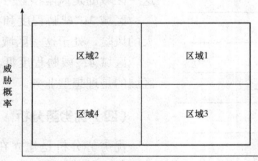

图 6-2 威胁分析矩阵

区域1：威胁发生概率高，而且发生后将产生较为严重的负面影响，因此创业者要予以特别注意。

区域2：威胁发生概率高，但发生后带来的负面影响有限，创业者应该予以特别的注意。

区域3：威胁发生概率低，但一旦发生会产生严重的负面影响，因而创业者不能掉以轻心。

区域4：威胁发生概率低，并且发生后给企业经营带来负面影响也比较有限，是可以忽略的环境。

（三）机会威胁综合分析

归纳上述所做的机会和威胁分析，可以判断创业者所面临的具体位置，找到对于自己创业活动有利的因素，同时，通过对市场机会和环境威胁的比较，预测对创业者来说，机会和威胁哪个更占主要地位。对以上两个方面的分析结果进行重叠分析，就可以形成新的归纳统计图，如图6-3所示。

图6-3　机会威胁综合分析矩阵

区域1：威胁程度高，机会水平低，是最差的环境状态，处于这一区域的是困难型业务。

区域2：威胁程度高，机会水平也高，两相比较，难分上下，处于这一区域的是风险型业务。

区域3：威胁程度和机会水平均低，虽盈利能力不高，但也没有多大的风险，处于这一区域的是成熟型业务。

区域4：威胁程度低，机会水平高，是最佳的环境状态，处于这一区域的是理想型业务。

（四）优劣势分析

优劣势分析是建立在对以上外部环境和内部环境各因素综合考虑的基础上，判断创业者在机会与威胁出现时自身有什么优势和劣势，如图6-4所示。

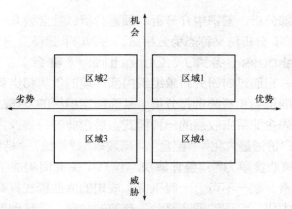

图 6-4 优劣势分析矩阵

区域 1：创业环境中机会大，创业者优势明显，是最佳的创业环境。创业者可以最大限度利用创业环境。

区域 2：创业环境中机会大，但是创业者劣势明显，不能有效利用当前创业环境，创业环境一般。

区域 3：创业环境中威胁高，创业者劣势明显，是最差的创业环境，不值得创业者考虑。

区域 4：创业环境中威胁高、创业者优势明显，在这种创业环境下创业者需要面对较大的风险，适合十分自信的创业者。

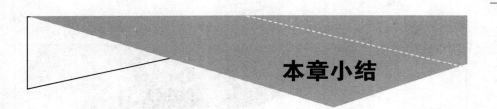

本章小结

创业项目可分为资源类项目、制造类项目、技术创新类项目等。选择创业项目需遵循的原则有选择国家政策鼓励的行业、选择适应社会需求的行业、选择适合自己的项目、选择有一定创新的项目。在市场中寻找创业项目可以从熟悉的领域中寻找项目、通过重新确认生意所属的范围来寻找项目、利用市场的转换寻找项目、借助产业增长趋势寻找项目、利用市场间隙来寻找项目、利用社会事件或形势寻找项目、利用被遗弃的市场寻找项目、瞄准大市场下的小市场来寻找项目、扩大市场区域来寻找项目。宏观市场环境包括人口环境、经济环境、自然环境、技术环境、政治和法律环境以及社会和文化环境。影响创业项目吸引力的五力包括供应商的议价能力、购买者的议价能力、新进入者的威胁、替代品的威胁、同业竞争者的竞争程度。创业项目微观分析包括供应商分析、企业内部分析、营销中介分析、顾客分析、社会公众分析、竞争者分析。SWOT分析法又称态势分析法，SWOT是英文Strength（优势）、Weakness（劣势）、Opportunity（机会）、Threat（威胁）的缩写，它通过对研究对象组织内部环境的优势和劣势，以及对组织外部环境的机会和威胁进行分析，从而确定组织的发展战略。商业模式就是能够为企业带来收益的一种模式，是企业进行赖以生存业务活动方式。"客户价值最大化""整合""高效率""系统""持续盈利""实现形式""核心竞争力""整体解决"这八个关键词构成了成功商业模式的八个要素，缺一不可。一般来说，成功的商业模式具有持续盈利、客户价值最大化、合理的资源整合、有效的融资、持续创新、适当的风险把控等基本特征。常见商业模式的类型有多边平台式商业模式、长尾式商业模式、免费式商业模式、非绑定式商业模式等。商业模式设计的基本方法包括全盘复制法、借鉴提升法、逆向思维法、关键因素法、价值创新法。商业模式画布包括客户细分、价值主张、渠道通路、客户关系、收入来源、核心资源、关键业务、重要合作和成本结构九个关键要素。

读书笔记

课后练习

1. 影响创业项目选择的因素有哪些？
2. 选择创业项目应遵循的原则有哪些？
3. 创业项目微观分析包括哪些内容？
4. 什么是SWOT分析法？

第七章
市场调查与产品设计

知识目标

通过本章的学习，了解市场调查的含义与类型；掌握市场调查的方法。

能力目标

能够进行调查问卷的设计与分析，能采取有效手段进行市场调查。

第七章 市场调查与产品设计

第一节 市场调查概述

一、市场调查的含义

市场调查也称市场调研，是指应用各种科学的调查方式、方法，收集、整理、分析市场资料，对市场状况进行反映或描述，以认识市场发展变化规律的过程。

市场调查是一项颇费心力的工作，与市场相关的客观因素，诸如环境、政策、法规，以及与市场相关的主观因素，如消费者需求、竞争对手等，任何一个方面都要经过详细的调查，不能敷衍了事。详尽的市场调查有助于创业者做出更好的营销决策，减少失误，增强成效。

二、市场调查的内容

为了实现市场调查的上述功能，就需要在市场调查时对创业环境、竞争对手、消费者需求状况等展开调查。

1. 创业环境调查

创业环境调查包括宏观环境调查和行业环境调查。

（1）宏观环境调查。可以通过 PEST 调查展开，即要对创业项目面临的政治法律环境、经济环境、社会环境和科技环境进行调查。

P 即 Politics，政治要素，是指一个国家或地区的政治制度、体制、方针政策、法律法规等方面的因素。政府管制、政府采购规模和政策、税法修改、劳动保护法修改、公司法和合同法修改、财政和货币政策等都会对创业企业未来的经营状况产生重要的影响。

E 即 Economics，经济要素，是指一个国家的经济制度、经济结构、产业布局、资源状况、经济发展水平及未来经济走势等。其关键要素包括 GDP 增长率、利率水平、财政货币政策变化、通货膨胀率、失业率、居民可支配收入、能源供给成本、市场机制和市场需求等。这些因素不仅是企业经营环境的重要组成部分，而且直接影响企业未来的经营成本和销售收入，进而影响创业项目的可行性。

S 即 Society，社会要素，是组织所在社会中成员的民族特征、文化传统、价值观念、宗教信仰、教育水平及风俗习惯等因素。其构成要素包括人口规模、年龄结构、种族结构、收入水平、消费结构、人口流动性等。其中，人口规模直接影响着一个国家或地区的市场容量，年龄结构决定消费品的种类及推广方式。

T 即 Technology，技术要素，是指社会技术总水平及变化趋势、技术变迁、技术突破对企业的影响，以及技术对政治、经济、社会环境之间的相互作用的表现等，包括与企业生产有关的新技术、新工艺、新材料的出现和发展趋势及应用前景。

（2）行业环境调查。常用的工具是战略家迈克尔·波特于20世纪80年代提出来的"五力模型"。新竞争对手的入侵、替代品威胁、买方议价能力、卖方议价能力及现存竞争者间的竞争等因素，是决定企业盈利能力的首要因素，可以用来分析企业所在行业的竞争特征和产业的吸引力。这五种作用力综合起来会影响价格、成本和投资收益等因素，从而决定某产业中的企业获取超出资本成本的平均投资收益率的能力。例如，卖方议价能力会影响原材料成本和其他投入成本；竞争强度影响价格及竞争成本。

2．竞争对手调查

对竞争对手的调查从寻找、分析竞争对手开始，创业团队必须首先能够判断出企业直接或潜在的竞争对手。一般来说，直接竞争对手是与创业企业提供类似产品的企业。这类竞争者相当重要，因为它们与企业争夺同一顾客群。间接竞争者是提供创业企业产品替代品的企业，与创业企业一样可以满足消费者的一些基本需求。另外，创业团队还要针对创业企业经营范围的变化情况将未来可能的竞争者也列入调查分析的范围。

识别出所有的直接或间接竞争者一般很难做到，但是通过列举一些自己能够意识到的竞争者类型，对其经营状况进行分析，将有助于创业者对竞争范围和强度作出基本估计。再通过对主要竞争者的战略和行为进行对比分析，创业者可以了解关键领域与竞争对手相比的优劣势所在，明确其存在竞争优势的领域。

3．消费者需求状况调查

经营是"消费者需求洞察"，销售是"消费者心理探寻及满足"，消费者需求调查和分析是企业经营成败的焦点和核心之一。创业之前，创业团队应该对消费者的需求特征，以及影响消费者消费的关键因素等进行调查。

通过问卷、访谈、座谈、讨论、观察、写实等调查形式和手段，创业团队可以对目标消费者进行全面研究，挖掘消费者的潜在需求，对不同群体消费者在某一类产品的消费心理、消费行为、消费需求、消费动机、消费决策过程及信息获取渠道等进行分析，帮助企业正确进行产品定位和目标市场定位，减少企业在产品选择和市场选择上的失误，并可在充分调查研究的基础上，进一步评估潜在市场的吸引力和企业在该市场的竞争力，制定相应的营销策略。需求调查表的调查对象是产品的目标用户，问题设计要尽量短小、易于回答。

三 市场调查的类型

市场调查从不同角度可区分为不同的类型，这种分类有利于对市场调查的全面系统的理解，也有利于市场的实践者明确调查目的和确定内容。

（1）根据购买商品的目的不同，可将市场分为消费者市场调查和产业市场调查。

1）消费者市场，其购买目的是满足个人或家庭生活需要，它是最终产品的消费市场，是社会再生产消费环节的实现。消费者市场调查的目的主要是了解消费者需求数量和结构及其变化。

2）产业市场也称为生产者市场，其购买目的是生产出新的产品或进行商品转卖。产业市场是初级产品和中间产品的消费市场，涉及生产领域和流通领域。产业市场调查主要是对市场商品供应量、产品的经济寿命周期、商品流通的渠道等方面内容进行调查。

（2）根据商品的流通环节不同，可将市场分为批发市场调查和零售市场调查。

1）批发市场调查主要是从批发商品交易的参加者、批发商品流通环节的不同层次、批发商品购销形式、批发市场的数量和规模等方面进行；着重掌握我国批发市场的商品交易状况，分析商品批发市场的流通数量、流通渠道与社会生产的关系和零售市场的关系等。

2）零售市场调查主要是调查不同经济形式零售商业的数量及其在社会零售商品流转中的比重，并分析研究其发展变化规律；调查零售市场的商品产销服务形式；调查零售商业网点分布状况及其发展变化；调查消费者在零售市场上的购买心理和购买行为；调查零售商业的数量和结构等。

除此之外，还可根据产品层次、空间层次、时间层次不同，区分为各种不同类型的市场调查。

四 市场调查的功能与作用

市场调查可以帮助创业者把握准确的信息，对创业项目进行可行性分析，使创业者了解行业资讯，做出科学的市场定位，并通过科学的决策，制订相应的营销计划。

（1）帮助创业者把握准确的信息，对创业项目进行可行性分析。通过市场调查，创业者对拟提供产品或服务的市场潜在需求量大小、消费者分布集中度、产品或服务吸引目标市场的原因、市场的竞争程度等信息会有一个大致的了解，据此可以分析创业项目的可行性。

通过对所需资源丰裕程度及获取难易程度的调查，可以对项目运作的可能性做出判断；通过市场调查还可以对未来的发展趋势及消费习惯的可能性变化进行预测，对项目的持续性展开分析，并根据调查信息适当对创业计划做出调整，使创业者更好地驾驭创业项目。

（2）帮助创业者了解行业资讯，进行科学的市场定位。通过对行业信息调查，可以对行业的生命周期阶段、行业机会大小、行业竞争状况、行业的进入和退出进行分析判断；同时结合对消费者需求的了解，创业者可以更加了解对应的细分市场，做出科学的市场定位，包括产品定位、客户定位、区域定位、价格定位等。

（3）帮助创业者作出科学决策，制订相应的营销计划。通过市场调查了解到的消费者消费习惯、容易接受的沟通方式、愿意支付的价格等信息，创业企业可以制订切实可行的营销计划，从最终确定的消费者群体的喜好出发，按照其可以接受的价格和时间，选择其方便的购买方式进行恰当的促销，并通过积极的沟通对客户关系进行管理，与消费者之间建立一种稳固的、密切的长期共赢的关系。

读书笔记

第二节 市场调查的流程与设计

一、市场调查的基本方式

各种市场调查方式都具有一定的特点、规定，也各有适用的条件，常用的几种市场调查方式有以下五种。

1. 市场普查

市场普查也称市场全面调查或市场整体调查，它是对市场调查对象总体的全部单位无一例外地逐个进行调查。普查的目的是了解市场的一些至关重要的基本情况，对市场状况做出全面、准确的描述，从而为制订市场有关政策、计划提供可靠的依据。

2. 市场典型调查

市场典型调查是在对市场现象总体进行分析的基础上，从市场调查对象中选择具有代表性的单位作为典型，进行深入、系统的调查，并通过对典型单位的调查结果来认识市场现象的本质和规律性。显然，典型调查是一种非全面调查，它只对总体中的部分单位进行调查，目的是通过对典型单位的调查来认识市场现象总体的规律性及其本质。

3. 市场重点调查

市场重点调查是从市场调查对象总体中选择少数重点单位进行调查，并用对重点单位的调查结果反映市场总体的基本情况。这里的重点单位是指其数量在总体中占的比重不大，但其某一数量标志值在总体标志总量中占的比重却比较大，通过对这些重点单位的调查，就可以了解总体某一数量的基本情况。

4. 市场个案调查

个案调查也称个别调查，是从总体中选取一个或几个单位对其进行深入研究。其主要作用在于深入细致地反映某一个或几个单位的具体情况，而不是想通过个案调查来推断总体。个案调查是市场调查初期经常采用的方式，它实际上是对市场现象某一"点"的研究。

5．市场抽样调查

抽样调查是按照随机原则，从全部调查对象中随机抽取一部分单位进行调查，并依据所获得的数据，对全部研究对象的数量特征，作出具有一定可靠性的估计判断，从而达到对全部研究对象认识的一种方法。

市场调查的方法

市场调查的方法主要有观察法、试验法、焦点小组访谈法和问卷法等。

1．观察法

观察法是社会调查和市场调查研究的最基本方法。其是由调查人员根据调查研究的对象，利用眼睛、耳朵等感官以直接观察的方式对其进行考察并搜集资料。例如，市场调查人员到被访问者的销售场所去观察商品的品牌及包装情况。

（1）观察法的使用条件。

1）所需要的信息必须是能观察到的；

2）所要观察的行为必须是重复性的；

3）所要观察的行为必须是相对短期的。

（2）观察法的优点和缺点。

1）优点。避免了在面对面人员调查的过程中调查人员的主观态度和问题结构中存在的缺陷而导致的误差。

2）缺点。往往停留在对表面现象的观察，却无法深入探究人们的动机、态度、想法和情感；被观察者的随意性使观察到的行为不具有代表性。

2．试验法

试验法是由调查人员根据调查的要求，用试验的方式将调查的对象控制在特定的环境条件下，对其进行观察以获得相应的信息。控制对象可以是产品的价格、品质、包装等，在可控制的条件下观察市场现象，揭示在自然条件下不易发生的市场规律。

试验法主要用于市场销售试验，即所谓的市场测试。通过小规模的试验性改变，以观察消费者对产品或服务的反应，从而分析改变是否值得在大范围内推广。试验法常用的领域有以下几种：

（1）市场饱和度测试。市场饱和度反映市场的潜在购买力，是制定市场营销战略和策略的重要参考指标。企业通常通过将消费者购买产品或服务的各种决定因素（如价格等）降到最低限度的方法来测试市场饱和度，或者在出现滞销时，是否具有潜在的购买力。

（2）产品的价格试验。这种试验往往将新定价的产品投放市场，对顾客的态度和反应进行测试，了解顾客是否接受这种价格及其接受程度。

（3）新产品上市试验。为了降低新产品的失败率，在产品大规模上市前，运用试验调查对新产品的各方面（外观设计、性能、广告和推广营销组合等）进行试验是非常有必要的。

3. 焦点小组访谈法

焦点小组访谈法源于精神病医生所用的群体疗法。目前的焦点小组一般由8～12人组成，在一名主持人的引导下对某一主题或观念进行深入讨论。焦点小组调研的目的是了解和理解人们心中的想法及其原因。调研的关键是使参与者对主题进行充分和详尽的讨论。调研的意义在于了解他们对一种产品、观念、想法或组织的看法，了解所调研的事物与他们的生活的契合程度，以及在感情上的融合程度。

焦点小组访谈法远不止是一问一答式的面谈。它们之间的区别也就是"群体动力"和"群体访谈"之间的区别。群体动力所提供的互动作用是焦点小组访谈法成功的关键，正是因为互动作用才组织一个小组而不是进行个人面谈。使用群体会议的一个关键假设是，一个人的反应会成为对其他人的刺激，从而可以观察到受试者的相互作用，这种相互作用产生的信息比同样数量的人单独陈述提供的信息更多。

4. 问卷法

问卷法是通过设计调查问卷，让被调查者填写调查表的方式获得所调查对象的信息。在调查中将调查的资料设计成问卷后，让接受调查的对象将自己的意见或答案填入问卷中。在一般进行的实地调查中，以问卷法采用最广泛，同时，问卷调查法在网络市场调查中运用得较为普遍。

三　市场调查的基本流程

科学的市场调查必须按照一定的步骤进行，保证市场调查的顺利进行和达到预期的目的。市场调查的步骤大致可分为以下四个阶段。

1. 市场调查的准备阶段

市场调查的准备阶段是市场调查的决策、设计、筹划阶段，也是整个调查的起点。这个阶段的具体工作有三项，即确定市场调查任务、设计市场调查方案、组建市场调查队伍。合理确定市场调查任务是搞好市场调查的首要前提，科学设计市场调查方案是保证市场调查取得成功的关键，认真组建市场调查队伍是顺利完成市场调查任务的基本保证。

（1）确定市场调查任务。包括选择调查课题，进行初步探索等具体工作。调查课题是市场调查所要说明的市场问题，选择调查课题是确定调查任务的首要工作。在实际工作中，选择课题既要从管理的需要性出发，也要考虑到实际取得资料的可能性；同时，还应具有科学性和创

案例

焦点小组访谈提纲——对大学生订餐情况的调查

一、调查目的

大学生人群订餐总体状况；

大学生对网上订餐的看法；

网上订餐与食堂的差距的看法；

大学生对送餐服务的认同情况。

二、开场白

大家好，我是本场访谈会的主持人×××，是×××专业的学生。首先要感谢大家在百忙之中抽出时间来参加我们的访谈会，我在这里向大家表示感谢。

下面，让我们彼此认识一下。

三、访谈规则

本场访谈会将在轻松愉快的气氛中进行，希望大家畅所欲言。

大家要善于倾听别人的看法，不得打断。

我们这里有自动的录音监控设备，请大家不要把我不做笔记当作我对大家的不尊重。请大家各抒己见，不要怕说错，你们的想法和建议才是最重要的。

本场访谈会的主题是大学生订餐情况的调查。

四、提问交流

1. 你平常订餐吗？大概什么时候开始的？用什么方法比较多？
2. 如果你在网上订餐，你都用哪个软件？
3. 你认为大学生选择网上订餐的原因都有哪些？
4. 你认为影响大学生选择不同订餐方式的原因有哪些？
5. 你认为去食堂就餐的好处有哪些？订餐的好处有哪些？
6. 在食堂就餐有哪些情况你是不能接受的？
7. 网上订餐有哪些情况你是不能接受的？
8. 对于网上订餐你有什么看法？
9. 你认为网上订餐好吗？好在哪？
10. 你认为网上订餐节省时间吗？为什么？
11. 如果出现了问题，你还会选择网上订餐吗？为什么？

五、结束语

通过这场访谈，我们知道了……

非常感谢大家让我们度过了一个开心的上午／下午。

为了表达谢意，送给各位一份小小的礼物留作纪念！谢谢大家对我们的支持和配合，本场访谈非常成功。

造性，在科学理论指导下，按照新颖、独特和先进的要求来选择调查课题。

（2）设计市场调查方案。市场调查方案是整个市场调查工作的行动纲领，起到保证市场调查工作顺利进行的重要作用。市场调查方案一般必须包括以下主要内容：①明确市场调查目的。即说明为什么要做此项调查，通过市场调查要解决哪些问题、达到什么目标。市场调查目的要明确提出，决不能含糊、笼统。②设计市场调查的项目和工具。这是市场调查方案的核心部分，也是设计市场调查方案时必须要考虑的。市场调查项目是调查过程中用来反映市场现象的类别、状态、规模、水平、速度等特征的名称；市场调查工具是指调查指标的物资载体；设计出的市场调查项目最后都必须通过市场调查工具表现出来。③规定市场调查的空间和时间。市场调查空间是指市场调查在何地进行，有多大范围。市场调查空间的选择有利于达到调查目的，有利于搜集资料工作的进行，有利于节省人、财、物。④规定市场调查对象和调查单位。市场调查对象是指市场调查的总体，市场调查对象的确定决定着市场调查的范围大小，它由调查目的、调查空间、调查方式、调查单位等共同决定。⑤确定市场调查方法。包括选择适当的组织调查方式和搜集资料的方法。调查方法的选择要根据市场调查的目的、内容和一定时间、地点、条件下市场的客观实际状况来进行。调查者必须选择最适合、最有效的方法，做到既节省调查费用，又能满足调查目的。⑥落实市场调查人员、经费和工作安排。这是市场调查顺利进行的基础和条件，也是设计市场调查方案时不可忽视的内容。

（3）组建市场调查队伍。组建一支良好的市场调查队伍，不仅要正确选择市场调查人员，而且要对市场调查人员进行必要的培训。对市场调查人员的培训内容，有思想教育、知识准备、方法演练等。

2．市场调查搜集资料阶段

市场调查搜集资料阶段是市场调查者与被调查者进行接触的阶段，为了能够较好地控制和掌握工作进程，顺利完成调查任务，调查者必须做好有关各方面的协调工作：要依靠被调查单位或地区的有关部门和各级组织，争取支持和帮助；要密切结合被调查者的特点，争取他们的理解和合作。

在整个市场调查工作中，调查搜集资料阶段是唯一的现场实施阶段，是取得市场第一手资料的关键阶段。因此，要求组织者集中精力做好内外部协调工作，力求以最少的人力、最短的时间、最好的质量完成搜集资料的任务。

3．市场调查研究阶段

市场调查研究阶段的主要任务是对市场搜集资料阶段取得的资料进行鉴别与整理，并对整理后的市场资料做统计分析和开展理论研究。

鉴别资料就是对取得的市场资料进行全面的审核，目的是消除资料中的虚假、错误、短缺等现象，保证原始资料的真实性、准确性和全面性。

整理资料是对鉴别后的市场资料进行初步加工，使调查得到的反映市场现象个体特征的资料系统化、条理化，以简明的方式反映市场现象总体的特征。

对资料的整理主要是应用分组分类方法，对调查资料按研究问题的需要和市场现象的本质特征做不同的分类。

4．市场调查总结阶段

市场调查总结阶段是市场调查的最后阶段，主要任务是撰写市场调查报告，总结市场调查工作，评估市场调查结果。市场调查报告是市场调查研究成果的集中体现，是对市场调查工作最集中的总结，而撰写市场调查报告是市场调查的重要环节，必须使调查报告在理论研究或实际工作中发挥重要作用。另外，还应对市场调查工作的经验教训加以总结。评估调查结果主要是从学术成果和应用成果两方面进行，目的是总结市场调查所取得的成果价值。认真做好总结工作，对于提高市场调查研究的能力和水平，有很重要的作用。

在市场调查的实际工作中，市场调查的各阶段是相互联系、有机结合的完整过程。

四 设计调查问卷

（一）调查问卷的设计原则

问卷设计得好坏很大程度上又与设计原则有关。其主要的设计原则包括以下六项。

1．合理性

合理性指的是问卷必须与调查主题紧密相关。违背了这样一点，再漂亮或精美的问卷都是无益的。而所谓问卷体现调查主题其实质是在问卷设计之初要找出"与调查主题相关的要素"。

2．普遍性

普遍性，即问题的设置是否具有普遍意义。应该说，这是问卷设计的一个基本要求。如果我们仍然能够在问卷中发现带有一定常识性的错误，那么这一错误不仅不利于调查成果的整理分析，而且会使调查委托方怀疑调查者的专业水平。

3．逻辑性

问卷的设计要有整体感，这种整体感即问题与问题之间要具有逻辑性，独立的问题本身也不能出现逻辑上的谬误。问题设置得紧密相关，能够使调查者获得比较完整的信息。调查对象也会感到问题集中、提问有章法。相反，假如问题是发散的、带有意识流痕迹的，问卷就会给人以随意性的感觉。那么，将市场调查作为经营决策依据的企业就会对调查失去信心。

4．明确性

所谓明确性，事实上是指问题设置的规范性。这一原则具体是指命题是否准确，提问是否清晰明确、便于回答；被访者是否能够对问题做出明确的回答等。

5．非诱导性

不成功的记者经常会在采访中使用诱导性的问题。这种提问方式如果不是刻意地要得出某种结论而甘愿放弃客观性的原则，就是彻头彻尾的职业素质的缺乏。在问卷调查中，因为有充足的时间做提前准备，这种错误会大大地减少。这一原则之所以成为必要，是因为高度竞争的市场对调查业的发展提出了更高的要求。

6．便于整理、分析

成功的问卷设计除考虑到紧密结合调查主题与方便信息收集外，还要考虑到调查结果应容易得出并有说服力。这就需要考虑到问卷在调查后的整理与分析工作。

（二）问卷的一般结构

问卷一般由卷首语、问题与回答方式、编码和其他资料四个部分组成。

（1）卷首语。卷首语是问卷调查的自我介绍信。卷首语的内容应该包括：调查的目的、意义和主要内容，选择被调查者的途径和方法，被调查者的希望和要求，填写问卷的说明，回复问卷的方式和时间，调查的匿名和保密原则，以及调查者的名称等。为了能引起被调查者的重视和兴趣，争取他们的合作和支持，卷首语的语气要谦虚、诚恳、平易近人，文字要简明、通俗、有可读性。卷首语一般放在问卷第一页的上面，也可单独作为一封信放在问卷的前面。

（2）问题和回答方式。问题和回答方式是问卷的主要组成部分，包括调查询问的问题、回答问题的方式以及对回答方式的指导和说明等。

（3）编码。编码就是把问卷中询问的问题和被调查者的回答，全部转变为A，B，C…或a，b，c…等代号和数字。

（4）其他资料。其他资料包括问卷名称、被访问者的地址或单位（可以是编号）、访问员的姓名、访问开始的时间和结束的时间、访问完成情况、审核员的姓名和审核意见等。

有的自填式问卷还有一个结束语。结束语可以是简短的几句话，对被调查者的合作表示真诚的感谢；也可稍长一点，顺便征询一下对问卷设计和问卷调查的看法。

（三）调查问卷设计的步骤

问卷设计是由一系列相关的工作过程构成的。为使问卷具有科学性、规范性和可行性，一般有以下七个步骤：

（1）确定调查目的、调查对象。确定为什么要调查，通过这次调研创业者想获得什么样的信息，这些信息从哪里获得，调查对象有哪些特征。

（2）确定数据收集方法。获得调查数据可以有多种方法，包括人员访问、电话调查、邮寄调查和自我管理访问等。每一种方法对问卷设计都有影响。

（3）确定问题提问形式。问题类型有开放式问题、封闭式问题、量表应答式问题等。

（4）提问和答案的设计。一旦确定了提问类型，下一步就是设计问题和答案选项。设计问题和答案时要遵循多方面要求，诸如要定义清楚所讨论的主题，用词要清楚、简单、通俗易懂，避免对应答者产生诱导，要考虑到调查对象回答问题的能力，避免一问多答，避免所提出的问题与答案不一致等。

（5）优化问卷编排。在系统阐述问题后，下一步就是将其排序并形成编排的问卷。同样的问题，安排合理有利于有效获得信息。这里有一些经验可以借鉴：问题的编排应具有逻辑性，符合人们的思维习惯；问题的编排应先易后难，有利于调查对象把问卷做完；敏感性问题、开放性问题和背景问题置于最后。

（6）预调查并修改。将编排好的问卷用于小规模的调查，及时发现问卷设计中存在的问题并加以修改，避免将来大规模的返工，以免浪费时间、精力和金钱。

（7）准备好最后的问卷。将预调查后删除、修改后的问卷进行整理，编制出付诸实施的问卷，将问卷印刷出来，准备实施调研。

五 调查问卷分析

（一）调查数据的整理

在分析调查问卷之前，先对调查数据进行整理。首先要对调查获取的信息进行检验，剔除无效信息，然后对信息进行分类和统计。

1. 数据有效性鉴别

调查数据整理的第一项工作是对调查所获得的信息进行有效性鉴

别。具体来说，要通过适当的鉴别程序、鉴别方法和鉴别标准来进行。例如，检查是否有字迹不清的问卷和没按规定填写的问卷等。实际上，一般只要具备无效问卷的一项特征，该问卷就应当被视为无效问卷了。

2．计数统计

调查数据整理的第二项工作就是计数统计。计数统计是在数据有效性鉴别的基础上，根据问卷设计将问卷结果进行分类统计数量，再进行相应的百分比计算和平均数计算。有些情况下，也可以用图形的方式来显示统计结果。

3．非数量化信息的整理

对非标准化的调查，同样也需要对调查获得的信息进行整理，其基本思路也是首先对信息进行分类整理，然后提炼出有价值的信息。例如，针对某种新服务模式的调查，可能会出现赞同、不赞同和建议三种观点，在信息整理的时候就需要提炼出这三种观点的依据，为后面的分析奠定基础。对于建议意见，则要列出被调查者所提出的各种措施，对相似措施可以加以合并。

（二）调查数据的研究分析

调查数据的研究分析就是利用整理后的数据进行相关性分析和预测，得出各种有价值的数据或观点。调查数据的研究分析一般包括相关性分析、预测性分析和市场调查结论分析。

1．相关性分析

所谓相关性分析，就是利用调查获得的信息来探究被调查者的各种特征之间是否存在关联。常见的关联有因果关系、正（负）相关关系、指数关系等。相关性分析的基本方法有对比法和图示法两种。

（1）对比法。对比法是依据被调查者的某一基本信息，将调查对象分成两部分或多部分，然后比较这些部分在回答事实性问题或态度性问题中的差异，从而推断出该信息与所研究的事实或观点之间是否存在相关性。例如，曾经有一个创业团队在他们的调查数据中发现一个人的学历与上网娱乐之间存在相关性。该调查首先是将调查对象按学历划成高中以上、高中及以下两个群体，结果发现高中及以下学历群体喜欢以上网为娱乐方式的人数比例要显著低于高中以上学历人群。

（2）图示法。图示法是在通过对比发现差异的基础上，进一步研究差异中所体现的规律，给出两个要素之间更明确的相关关系。因此，图示法一般要求两个要素有相对应的系列数据，以判断两者之间的关系变化趋势。图示法一般需要运用 Excel、SPSS、Stata 等软件操作。

2．预测性分析

（1）以样本预测总体。以样本预测总体是市场调研预测中最基本的思路和方法，也是很多其他预测方法的基础。对于目标调查者数量庞大的项目，逐个调查不但存在成本高、操作困难的问题，而且从某种意义上来说也不必要，这时就可以通过对其中某一部分调查对象的分析来推断总体情况。在了解某一产品的市场需求量或者目前的市场保有量的过程中，以样本预测总体是最常用的方法。

（2）回归预测。回归预测是利用需要预测的数据与其他要素数值之间的相关关系进行预测的方法。该方法需要采用适当的数学模型计算出各要素的较为精确的相关关系。以某一饮料的销售量预测为例，通过调查发现，这种饮料每个月的销售量与其辐射范围内的人口数量、人均收入、广告费用等存在相关关系。在获得该饮料 20 个月的销售量和广告费之后，就可以通过适当的数学模型计算出它们的关系。

（3）时间序列法。时间序列法是利用某些调研指标与时间的关联关系，在已知该指标历史数据的情况下，根据其历史数据随时间的变化趋势来预测该指标将来值的方法。依据预测指标的具体特点和历史数据的变化情况，可以选择简单平均法、移动平均法、指数平滑法或趋势延伸法等进行预测。

3. 市场调查结论分析

在前面所介绍的计划、调查、分析、预测的基础上，甚至是在形成一定的结论和观点的基础上，还需要结合调研目的提出相应的解决问题的对策和建议，或者直接做出相应决策。在形成对策和建议之前，还有一项基本工作，就是对整个调查过程和调查结果进行总体评价，判断调研结果是否足以支撑相应决策，如果信息数量不足或者有效性不够，可能还需要进行一些补充调研。对于创业项目来说，市场调研至少要在企业规模、产品价格、销售渠道、促销突破口、创业项目财务可行性等方面给出相应的对策和建议。

读书笔记

第三节　产品开发与设计

一、产品创新

（一）产品创新的含义

一家企业要在激烈的市场竞争中获取一席之地，就必须不断进行产品开发和产品创新。创新已经成为企业竞争优势的源泉。产品创新，既包括企业提供某种新产品或新服务，也包括企业生产和传输产品或服务的新形式。

（二）产品创新的类型

根据创新对原消费模式的影响，产品创新可分为以下几种。

1. 连续创新

连续创新模式下的创新产品同原有产品相比，只有细微差异，对原消费模式的影响也十分有限。消费者购买新产品后，可以按原来的方式使用并满足同样的需求。

2. 非连续创新

非连续创新是指引进和使用新技术、新原理的创新。非连续创新是创新的另一个极端，要求消费者必须重新学习和认识创新产品，彻底改进原有的消费模式。例如，汽车、电子计算机、电视机等都是 20 世纪典型的非连续创新。

3. 动态连续创新

动态连续创新是指介于连续创新和非连续创新之间的创新。其要求对原有的消费模式加以改变，但不是彻底打破。例如，洗衣机、微波炉、VCD 等产品就属于动态连续创新。

（三）产品创新的基本模式

与企业产品创新密切相关的主要因素是消费者的需求、市场竞争态势以及科学技术发展水平。据此，现代企业产品创新的主要模式包括消费者驱动模式、技术驱动模式和竞争驱动模式。

1．产品创新的消费者驱动模式

从事创新工作的人都有一个深刻的体会，即市场需求是产品创新之母。因此，企业在开发新产品之前，应该以市场需求为基础，确定创新的课题，发掘新产品，这是企业经营是否以市场为导向的一个根本体现。产品创新的消费者驱动模式是指新产品设想来源于市场的需求，所形成的概念、样品等再经消费者鉴别和筛选，最终开发出受市场欢迎的新产品的模式。这是一种最普遍的产品创新模式。在这种模式中，市场既是起点又是终点，技术开发和工艺开发都围绕着满足消费者需求而展开。由于这种创新的目标明确，创新的过程清晰，因此风险较小，应用面极广。当然，来自市场的创意一般只是改进型创意和完善型创意，创新的程度多为适应，首创较为少见。消费者驱动模式所创造出来的新产品是需求拉动型新产品。

2．产品创新的技术驱动模式

技术创新是产品创新的基础，即使新产品的设想来源于市场需求，要把设想变为现实，把概念转化为新产品都必须以技术的某种形式的创新为支撑。可以说，没有技术创新就不可能出现产品创新。如果产品创新过程起源于某种技术变革，那么这种创新就属于技术驱动的创新模式。产品创新的技术驱动模式是指创新设想来源于新技术和试验室，通过筛选评价尤其是商业前景的分析后开发出具有先驱性的新产品的创新模式。由这种模式创造出来的新产品一般是首创，投放市场的时机总是选择率先进入。技术进步是人类社会发展的基本动力，技术驱动模式也是产品创新的最基础的模式。由该模式创造出来的新产品属于技术推动型新产品，其开发风险较大，开发中可能遇到的困难最多，但一旦成功，所获取的收益也最大。这里所说的技术主要指科学技术，同时也包括生产技术、营销技术等。不同技术的开发难度不同，如果是科学技术驱动，必然涉及产品的原理、结构的改变，开发困难不仅在于技术和生产方面的问题，而且涉及创造市场需求的问题。因此，运用技术驱动模式的关键，是要在技术进步与市场需求之间建立起沟通的桥梁，要通过新产品去发掘潜在的市场需求，去创造新的市场需求。

3．产品创新的竞争驱动模式

产品创新是企业进行市场竞争的主要手段之一。运用产品创新参与竞争有两种思路：一是主动出击，即通过主动创造新产品来夺取市场份额，以取得期望的发展水平，动用产品开发的消费者驱动模式和技术驱动模式都属于主动出击；二是被动适应，即为了不被竞争对手挤出现有的市场而开发新产品。这里所讲的产品创新的竞争驱动模式就是一种被动适应的开发模式,但有时也是极为奏效的创新模式。产品创新的竞争驱动模式是指创新设想来源于竞争对手,通过对竞争对手的新产品进行模仿或改进而开发出具有竞争力的新产品的模式,这也是一种常见的新产品开发模式。从内容上看,竞争驱动模式并无特殊之处,无非是创意来源不同。它要求把竞争对手作为学习的楷模,强调"知己知彼,百战不殆"。日本人在运用这一模式方面堪称绝妙之至,电视机、照相机、电冰箱等许多现代科技产品都起源于美国和欧洲,但完善于日本,并为日本的经济腾飞做出了巨大贡献。

二 产品开发

(一)产品开发的含义

产品开发是指个人、科研机构、企业、学校、金融机构等创造性研制新产品或者改良原有产品的过程。产品开发的方法有发明、组合、减除、技术革新、商业模式创新或改革等。例如,电灯的发明、汽车设计的更新换代、饮食方式的创新、洗发水增加去头屑功能、变频空调等。另外,美国次贷产品,也是种金融产品的开发,即使是失败的,仍属于产品开发的范畴。

(二)产品开发的基本流程

产品开发的基本流程包括以下六个阶段:

(1)计划。计划经常被作为"零阶段"。这是因为它先于项目的达成和实际产品开发过程的启动。这一阶段始于公司策略,包括对技术开发和市场目标的评估。计划阶段的成果是对项目任务的陈述,即定义产品的目标市场、商业目标、关键假设和限制条件。

(2)概念开发。概念开发阶段的主要任务是识别目标市场的需要,产生并评估可替代的产品概念。概念是指产品形状、功能和特性的描述,通常附有一套专业名词、竞争产品分析和项目的经济分析。

(3)系统水平设计。系统水平设计阶段包括产品结构的定义以及产品子系统和部件的划分。生产系统的最终装配计划也通常在此阶段定义。该阶段的产出通常是产品的几何设计、每一个产品子系统的功能专门化,以及最终装配过程的基本流程图。

(4)细节设计。细节设计阶段包括产品的所有非标准部件与从供应商处购买的标准部件的尺寸、材料和公差的完整细目。该阶段的产出是产品的控制文档,即描述每一部件的几何形状和制造工具的图纸和计算机文件、购买部件的细目,以及产品制造和装配的流程计划。

(5)测试和改进。测试和改进阶段包括产品的多个生产前版本的构建和评估。早期α原型通常由生产指向型部件构成，即那些和产品的生产版本有相同几何形状和材料内质，但又不必在生产的实际流程中制造的部件。要对α原型进行测试以决定产品是否如设计的那样工作以及产品是否能满足主要顾客的需要。后期β原型通常由目标生产流程提供的部件构成，但不必用目标最终装配流程来装配。通常要对β原型进行广泛的内部评估，消费者也会在他们自己的使用环境下对它进行典型测试。β原型的目的通常是回答绩效和可靠性问题，从而识别最终产品的必要性变化。

（6）产品推出。在产品推出阶段，应小规模生产产品并推入市场进行试用。试用的目的是培训工人和解决在生产流程中遗留的问题。有时把在此阶段生产出的物品提供给有偏好的顾客，仔细对其进行评估，以识别出一些遗留的缺陷。从产品推出到连续生产的转变通常是逐渐进行的。

三 产品设计

（一）产品设计的含义

产品设计是一个创造性的综合信息处理过程，通过多种元素（如线条、符号、数字、色彩等）的组合把产品的形状以平面或立体的形式展现出来。它是将人的某种目的或需要转换为一个具体的物品或工具的过程，这个过程是把一种计划、规划设想、问题解决的方法通过具体的操作，以理想的形式表达出来。

由于产品设计阶段要全面确定整个产品策略、外观、结构、功能，从而确定整个生产系统的布局，因而产品设计具有"牵一发而动全局"的重要意义。如果一个产品的设计缺乏生产成本意识，那么生产时将耗费大量费用来调整和更换设备、物料和劳动力；相反，好的产品设计，不仅表现在功能的优越，而且便于制造、生产成本低，从而使产品的综合竞争力得以增强。许多在市场竞争中占优势的企业都十分注意产品设计的细节，以便设计出造价低而又具有独特功能的产品。

在产品设计过程中，值得一提的一个概念是最简可行产品。所谓最简可行产品，是指在产品设计和开发当中只具备最基本功能的产品，而这些最基本的功能又能够为产品及其后续开发提供足够且有效的研究基础。该概念最早由弗兰克·罗宾逊提出，旨在解决产品开发，尤其是产品初次发布中的问题。在很多产业中，减少产品功能会让开发、测试和生产成本大幅降低，因此，将产品功能简化会让投入和产出的比例更加合理。但是，产品功能过少，可能导致以后投向市场失败而产品功能过于复杂又会导致收益率降低。因而，产品"最简"到底需要简化到什么程度，也是需要开发团队仔细斟酌和把握的。

（二）产品设计的流程

典型的产品设计过程包含概念开发和产品规划阶段、详细设计阶段、小规模生产阶段、增量生产阶段四个阶段。

1．概念开发和产品规划阶段

在概念开发与产品规划阶段，将有关市场机会、竞争力、技术可行性、生产需求的信息综合起来，确定新产品的设计方案框架。这包括新产品的概念设计、目标市场、期望性能的水平、投资需求与财务影响。在决定某一新产品是否开发之前，企业还可以通过小规模试验对概念、观点进行验证。试验包括样品制作和征求潜在顾客意见。

2．详细设计阶段

一旦产品设计方案通过，新产品项目便转入详细设计阶段。该阶段基本活动是产品原型的设计与构造以及商业生产中所使用工具与设备的开发。

详细设计阶段的核心是"设计—建立—测试"循环。所需的产品与过程都要从概念上定义，而且体现于产品原型中，接着应对产品的模拟使用进行测试。如果原型不能体现期望性能特征，工程师则应寻求设计改进以弥补这一差异，重复进行"设计—建立—测试"循环。详细设计阶段的结束以产品的最终设计达到规定的技术要求并签字认可作为标志。

3．小规模生产阶段

在小规模生产阶段，在生产设备上加工与测试的单个零件已装配在一起，并作为一个系统在工厂内接受测试。在小规模生产中，应生产一定数量的产品，也应当测试新的或改进的生产过程应付商业生产的能力。正是在产品开发过程中的这一时刻，整个系统（设计、详细设计、工具与设备、零部件、装配顺序、生产监理、操作工、技术员）组合在一起。

4．增量生产阶段

在增量生产阶段中，开始是在一个相对较低的数量水平上进行生产，当组织对自己的连续生产能力及市场销售产品能力的信心增强时，产量开始增加。

（三）产品设计的方法

1．组合设计

组合设计又称模块化设计，是将产品统一功能的单元设计成具有不同用途或不同性能的可以互换选用的模块式组件，以便更好地满足用户需要的一种设计方法。当前，模块式组件已广泛应用于各种产品设计，并从制造相同类型的产品发展到制造不同类型的产品。组合设计的核心是要设计一系列的模块式组件，为此要从功能单元上，对几个模块式组件应包含多少零件、组件和部件，以及在组合设计时每种模块式组件需要多少等进行研究。在面临竞争日益加剧、市场份额争夺异常激烈的情况下，仅仅生产一种产品的企业是很难生存的。因此，大多数制造厂家都生产很多品种的产品。这不仅对企业生产系统的适应能力提出新的要求，而且也会影响产品设计的方式。生产管理的任务之一，就是要寻求新的途径，使企业的系列产品能以最低的成本设计并生产出来。而组合设计则是解决这个问题的有效方法之一。

2. 计算机辅助设计

计算机辅助设计是运用计算机的能力来完成产品和工序的设计。其主要职能是设计计算和计算机制图。设计计算是指利用计算机进行机械设计时所进行的基于工程和科学规律的计算，以及在设计产品的内部结构时，为使某些性能参数或目标达到最优而应用优化技术所进行的计算。计算机制图则是通过图形处理系统来完成，在这一系统中，操作人员只需把所需图形的形状、尺寸和位置的命令输入计算机，计算机就可以自动完成图形设计。

3. 面向可制造与可装配的设计

面向可制造与可装配的设计，是指在产品设计阶段，设计师与制造工程师进行协商探讨，避免因传统的设计过程中"我设计，你制造"的方式而引起的各种生产和装配问题，以及因此产生的额外费用和最终产品交付使用的延误。

本章小结

市场调查也称市场调研，是指应用各种科学的调查方式、方法，收集、整理、分析市场资料，对市场状况进行反映或描述，以认识市场发展变化规律的过程。市场调查可以帮助创业者把握准确的信息，对创业项目进行可行性分析，使创业者了解行业资讯，做出科学的市场定位，并通过科学的决策，制订相应的营销计划。各种市场调查方式都具有一定的特点、规定，也各有适用的条件，常用的几种市场调查方式有市场普查、市场典型调查、市场重点调查、市场个案调查、市场抽样调查五种。市场调查的方法主要有观察法、实验法、焦点小组访谈法和问卷法等。市场调查的步骤大致分为市场调查的准备阶段、市场调查搜集资料阶段、市场调查研究阶段、市场调查总结阶段四个阶段。调查问卷的设计原则包括合理性、普遍性、逻辑性、明确性、非诱导性、便于整理、分析等。调查问卷一般由卷首语、问题与回答方式、编码和其他资料四个部分组成。产品创新，既包括企业提供某种新产品或新服务，也包括企业生产和传输产品或服务的新形式。现代企业产品创新的主要模式包括消费者驱动模式、技术驱动模式和竞争驱动模式。产品开发是指个人、科研机构、企业、学校、金融机构等创造性研制新产品或者改良原有产品的过程。产品设计是一个创造性的综合信息处理过程，通过多种元素（如线条、符号、数字、色彩等）的组合把产品的形状以平面或立体的形式展现出来。典型的产品设计过程包含四个阶段：概念开发和产品规划阶段、详细设计阶段、小规模生产阶段、增量生产阶段。

课后练习

1. 简述市场调查的类型。
2. 市场调查的基本方式有哪些？
3. 调查问卷的设计原则是什么？
4. 调查问卷设计的步骤是什么？
5. 产品开发的基本流程是什么？
6. 产品设计的方法有哪些？

第八章
创业资源与融资

知识目标

通过本章的学习，了解创业资源、创业融资的含义；掌握获取创业资源的获取方法，创业融资技巧。

能力目标

能充分利用自身周边的有效资源进行创业融资，并能避免融资诈骗。

第一节 创业资源

 创业资源的含义

创业的前提条件之一就是创业者拥有或者能够支配一定的资源。资源就是任何一个主体，在向社会提供产品或服务的过程中，所拥有或者能够支配的能够实现自己目标的各种要素以及要素组合。

概括地讲，创业资源是企业创立以及成长过程中所需要的各种生产要素和支撑条件。对于创业者而言，只要是对其创业项目和新创企业发展有所帮助的要素，都可归入创业资源的范畴。因此，在创业过程中，应当积极拓展创业资源的获取渠道。

对于创业者而言，巧妙运用创业资源比拥有创业资源更为重要，一个成功的创业者，善于在没有资源的时候发现资源，拥有资源的时候整合资源，从而点石成金，把资源用于企业运营。资源的有无和价值的高低决定了企业的竞争力，只有合理地利用人才、技术、管理等资源才可以让襁褓中的企业茁壮成长。

 创业资源的种类

创业资源包括有形资源和无形资源。对于一般的创业者来讲，有形资源和无形资源共同作用，形成创业产品和创业市场，并决定创业利润的水平以及创业资本的积累能力，进而影响创业企业成长发展的速度。创业过程中创业者应当了解创业资源的类型，把有形资源和无形资源有效地组合，形成产品或服务，才能创造出新的价值。

1. 有形资源

有形资源包括金融资源、实物资源和组织资源三大类。

（1）金融资源。金融资源是企业物质要素和非物质要素的货币体现，具体表现为已经发生的能用会计方式记录在账的，能以货币计量的各种经济资源，包括资金、债权和其他。

（2）实物资源。实物资源是企业从事生产经营活动所需要的一切生产资料。其构成状况可按在生产经营过程的作用划分为劳动对象和劳动手段。

（3）组织资源。组织资源是指为了实现既定的目标，按一定规则和程序而设置的多层次岗位及其相应人员隶属关系的权责角色结构。其包括企业的战略规划、员工开发、评价和报酬系统等。

2. 无形资源

无形资源主要包括社会资本、技术及专业人才三大类。

（1）社会资本。存在于人们的社会关系中，并建立在信任、互惠基础上的一种资源。创业中的社会资本，主要是指创业企业所面临的社会关系网络，即创业者与供应商、分销商、顾客、竞争对手以及其他组织（包括当地政府、社会团体等）之间的相互关系，即创业企业所面临的整个创业环境，其表现形式有社会网络、规范、信任、权威、行动的共识以及社会道德等方面。其外在的指标可以表现为声誉、人缘、口碑等。

（2）技术。基于实践和科学原理发展而成的、用于解决实际问题的知识、经验和技能的总和。在创业过程中，技术可以是创业者自身具备的某种专业技能，也可以是创业者从别人手中买来的技术专利，只要是有助于创业的技能，都是技术。

（3）专业人才。专业人才是指存在于劳动人口之中的，从事经济及社会活动，并能创造价值的人力资源，包括创业者、创业合伙人、职业经理人、专业技术人员、营销人员和财务人员等。有的创业者，本身有技术，懂管理，是专业人才的重要组成部分；有的创业者，只有资金，就需要聘请职业经理人对创业进行管理。创业过程中专业人才常常表现为创业团队，团队成员有的有资金，有的有技术，有的懂管理。

三 社会资本、资金、技术及专业人才在创业中的作用

（一）社会资本在创业中的作用

社会资本是基于人际和社会关系网络形成的资源。这种资源可以是人力资源的一部分，或者说是特殊的人力资源。"社会联系较多者创业的个人成本较低"是一个公认的事实。社会资本能使创业者有机会接触大量的外部资源，有助于通过网络关系降低潜在的风险，加强合作者之间的信任和信誉。根据斯坦福大学研究中心的一份调查显示：一个人赚的钱，12.5%来自知识，87.5%来自人际关系。

来自我国的调查数据显示，社会交往面广，交往对象趋于多样化，与成就较高的个体之间关系密切的创业者，更容易发现创新性更强的创

第八章 创业资源与融资

业机会。

（二）资金在创业中的作用

资金不仅是企业生产经营过程的起点，更是企业生存发展的基础。在企业的销售活动能够产生现金流之前，企业需要为购买和生产存货支付资金，需要进行广告宣传，需要支付员工薪酬，还可能需要对员工进行培训。另外，要实现规模经济效应，企业需要持续地进行资本投资；加上产品或服务的开发周期一般比较漫长，这就使得新创企业在生命早期即需要筹集资金。

大学生创业的最大困难之一就是缺乏资金。即便已建立若干年的企业，资金链断裂也是企业致命的威胁。据国外文献记载，破产倒闭的企业中有85%是盈利情况非常好的企业，这些企业的倒闭原因主要是资金链的断裂。正如一句企业界的经典名言所说：企业可能不会由于经营亏损而破产清算，却常常会因为资金断流而倒闭。资金对企业，尤其是初创企业来说有着至关重要的地位。

（三）技术在创业中的作用

有研究者指出，在创业初期，技术资源是最关键的创业资源之一。其原因有三个：一是创业技术是决定创业产品的市场竞争力和获利能力的根本因素；二是创业技术核心决定了所需创业资本的大小，对于在技术上非根本创新的创业企业来说，创业资本只要保持较小的规模便可维持企业的正常运营；三是从创业阶段来说，由于企业规模较小，因此，对管理及人才的需求度不像成长期那样高。创建企业是否掌握创业需要的"核心技术"或"根部技术"，是否拥有技术的所有权，决定着创业的成本，以及新创企业能否在市场中取得成功。尤其对依托高科技的创业企业而言更是如此。美国的微软公司和苹果公司，最初创业资本都不过几千美元，创业人员也只有几人。它们之所以走向成功，就是因为它们拥有独特的创业技术。所以，创业企业成功的关键首先是寻找成功的创业技术。

（四）专业人才在创业中的作用

曾经有人说过："刚创业时，最先录用的10个人将决定公司成败，而每一个人都是这家公司的十分之一。如果10个人中有3个人不是那么好，那你为什么要让你公司里30%的人不够好呢？小公司对于优秀人才的依赖要比大公司大得多。"

在创业的过程中，专业人才是创业的重要因素，由各种人才组成的创业团队对保证创业过程顺利进行具有重要作用。创新决定创业的生命力，而人才和意识决定创业的创新能力和水平，一个优秀的团队组合正是创业所必需的条件和动力。在创业初期，其他各类资源严重匮乏，相比而言，如何充分利用专业人才获取各项创业资源来开展创业活动是创业企业在创业之初的重点。新创企业必须合理开发与利用人力资源。新创企业要充分认识到企业人力资源管理的特点，根据企业的发展战略分析新创企业人员的供需状况，制订必要的措施，以确保在需要的时间和需要的岗位上获得各种需要的人才，实现人力资源的最佳配置。可以说，新创企业能否进行人力资源的合理开发与利用，以节约成本、提高效率，是企业能否顺利度过初创时期的关键。

四 创业资源的获取方法

一个优秀的创业者善于在创业的途中寻找创业资源。依赖创业初期的初始资源是无法让企业壮大的。而获取创业资源的途径有很多，按照获取方法可分为以下几类。

1. 资源内部的积累

资源的内部开发过程可以看作是一种内部资源积累的过程。因为外部市场并不能购买到创业者所需要的全部资源，所以创业企业必须通过使用内部资源而不断沉淀、积累，通过长期使用资源，企业能够不断学习并开发优越的资源。如在某些技术人员的培养上，其他企业尚无专门研究某项高新技术的人才，创业者只能通过企业内部培养的途径来获取这种人力资源。

2. 项目的吸引力

项目的吸引力决定了外部的投资及市场的需求，投资者主要是依据企业项目本身的吸引力，来决定是否提供企业快速发展过程中最迫切需要的资金资源、设备资源及技术资源。市场需求则决定了企业发展的前景，通过市场需求，企业可以累积资金资源和口碑资源。

3. 社会关系的协调

强大的社会关系可以争取到更好的销售渠道及销售机会。以我国目前的国情来看，在创业者创立企业的早期阶段，社会关系所带来的资金、技术、硬件设备可以保证企业的基本发展，降低企业亏损后的成本。企业进入快速发展模式后，社会关系的重心也会由亲朋好友转移到商业伙伴中来，这样的社会关系可以为企业发展和转型提供大量资金以及技术资源。

4. 最新信息的捕捉

如今，我们处在一个大数据信息爆炸的年代，知道的信息越多、越准、越早就意味着有更多的机会，从而提升企业在市场竞争中的竞争力。其中，政策信息、技术信息和市场信息尤为重要。捕捉信息的方法有很多，大多数创业者可以通过创业网站、国内外相关咨询平台及时收集信息资源。需要捕捉的信息也不能仅仅局限于自己的产品，相关的领域也要涉及。

五 创业资源的整合

所谓资源整合，就是指企业对不同来源、不同层次、不同结构、不同内容的资源进行识别与选择、汲取与配置、激活和有机融合，使其具有较强的柔性、条理性、系统性和价值性，并创造出新资源的一个复杂的动态过程。资源整合的唯一目的是使企业获得最大的经济利益。

许多创业者早期所能获取与利用的资源都相当匮乏，而优秀的创业者在创业过程中所体现出的卓越创业技能之一，就是创造性地整合、转换和利用资源，尤其是那种能够创造持续竞争优势的战略资源，并由此成功地开发创业机会、推进创业过程向前发展。

资源整合可以分为资源的战略整合和战术整合。在战略层面上，资源整合反映的是系统的思维方式，就是要通过组织和协调，把企业内部彼此相关却彼此分离的职能，把企业外部既有共同使命，又拥有独立经济利益的合作伙伴，整合成为一个客户服务系统，取得 1+1>2 的效果。在战术层面上，资源整合是对各项资源进行优化配置的行为，是根据企业的发展战略和市场需求对有关资源重新配置，以凸显企业的核心竞争力，并寻求资源配置与客户需求的最佳结合点。

整合、利用资源的途径一般有有效地利用自有资源、创造性地拼凑资源和发挥资源的杠杆效应三种。

（1）有效地利用自有资源。有效地利用自有资源主要是指在缺乏资源的情况下，创业者分多个阶段投入资源，并且在每个阶段或决策点投入最小的资源，因此也被称为步步为营法。步步为营法的主要策略是成本最小化，设法降低资源的使用量，降低管理成本。很多时候，步步为营不仅是一种做事最经济的方法，也是创业者在资源受限的情况下寻找实现企业理想目的和目标的途径，更是在有限资源的约束下获取满意收益的方法。

（2）创造性地拼凑资源。资源拼凑理论有 3 个核心概念，即"凑合利用""突破资源约束"和"即兴创作"。具体而言，"凑合利用"是利用手头资源来实现新的目的和开发新的机会，重在对资源的创新性利用；"突破资源约束"是指创业者拒不向资源、环境或者制度约束屈服，积极主动地突破资源传统利用方式的束缚，利用手头资源来实现创业目标，因而凸显了创业者在资源拼凑过程中表现出来的创新意识以及创造创业价值所必须的可持续创业能力；"即兴创作"与前面两个概念紧密相关，是指创业者在凑合利用手头资源、突破资源约束的过程中必须即兴发挥，创造性地使决策和行动同时进行。

（3）发挥资源的杠杆效应。资源的杠杆效应是指以最小的付出获取

最多的收获的现象,通常有以下表现形式:
1) 利用一种资源换取其他资源。
2) 创造性地利用别人认为无用的资源。
3) 能够比别人有更长的时间占有资源。
4) 借用他人或其他公司的资源来达到创业者自身的目的。
5) 用一种富余资源弥补一种稀缺资源,产生更高的附加值。

案例 牛根生的资源整合

蒙牛集团的创始人牛根生以前只是伊利的一个洗碗工,但他凭着自己的勤奋和聪明逐渐做到了伊利生产部门总经理的职位。

后来牛根生因为各种原因从伊利辞职了,他那个时候都40多岁了,去北京找工作,人家嫌弃他年纪大。没有办法他又回到呼和浩特,邀请原来伊利的几个同事,一起出来创业,人有了,但是没有奶源,没有工厂,没有品牌。

就在这时,牛根生开始了对资源的整合。他通过人脉关系打听到哈尔滨有一家乳制品公司,这家公司设备都是新的,但是生产的乳制品质量有问题,同时营销渠道也没有打通,所以产品一直滞销,牛根生马上找到这家公司的老板说:"你来帮我们生产,我们这边都是伊利技术高层,可以帮忙技术把关,牛奶的销售铺货我们也承包了。"这位老板一听,马上答应下来。这样他们几个一起出来创业的伙伴也有落脚的地方,解决了生存的问题。

在乳制品这个行业,没有品牌很难销售,因为品牌代表着安全可靠。牛根生想出了借势整合的办法,打出口号:"蒙牛甘居第二,向老大哥伊利学习。"牛根生恰到好处地运用了营销学上的"比附效应",也就是通过与竞争品牌的比较来确立自己的市场地位,借竞争者的势头,来衬托自己的品牌形象。此外,牛根生也不只是盯着伊利,而是把自己和内蒙古的几个知名品牌联系起来,说:"伊利、鄂尔多斯、宁城老窖、蒙牛为内蒙古喝彩!"因为前三个都是内蒙古驰名商标,把自己放在最后,给人感觉就是蒙牛是内蒙古的第四品牌。牛根生整合品牌资源,蒙牛没有花一分钱,但迅速成为知名的品牌。

没有奶源怎么解决,如果自己买牛养,没有那么多人员去照顾。牛根生深谙伊利"公司连基地,基地连农户"的经营模式,于是牛根生当仁不让地将这套模式搬到了蒙牛,并且做得更深刻、更彻底。在这里蒙牛整合了三方面的资源:农户、农村信用社和奶站。从信用社借钱给奶农,蒙牛担保,而且蒙牛承诺包销路。奶牛生产出来的奶由奶站接收。蒙牛定时把信用社的钱还了,把利润又给了奶农,趁机喊出一个口号:"一年养10头牛,过的日子比蒙牛的老板还牛。"

通过这样的资源整合,蒙牛创造了中国企业史无前例的1 947.31%的增长速度。

第二节 创业融资

一 创业融资的含义

从狭义上来看，一个企业在创业中资金筹集的过程和方式称之为融资。公司往往根据自身产品的市场前景、现有的资金资源以及公司未来发展的需要，通过客观的分析和冷静的决策后，向公司的投资者和债权人去筹集资金，安排资金的供应，以此保证公司正常运营及发展，以及管理公司的日常开销。公司筹备资金都按照一定的准则，采用自己公司特有的渠道和方式去进行。一般情况下，企业筹集资金主要出自企业发展扩大规模的需要、企业还债的需要和企业周转的需要三个目的。

从广义上来看，融资也称金融，也就是货币资金的融通，不仅包括资金的融入，也包括资金的运用，即包括狭义金融和投资两个方面。

创业融资是指创业企业根据自身发展的要求，结合生产经营、资金需求等现状，通过科学的分析和决策，借助企业内部或外部的资金来源渠道和方式，筹集生产经营和发展所需资金的行为和过程。

二 创业融资在创业管理中的地位和要求

1. 创业融资是创业管理的关键内容

创业管理是一个动态的、阶段性的管理，涵盖了机会识别、创业计划书撰写、获取创业资源和管理新创企业等阶段。创业融资是获取创业资源这一阶段中的一项重要内容。机会识别阶段需要创业者进行一定的调查和对机会风险的评估，也需要一定的资金支持；创业计划书的撰写阶段虽然不依赖于资金，但也需要资金支持，解决具体撰写过程中的基本资料、分析工具和用具的开支等问题；而管理新创企业阶段毫无疑问需要大量的资金投入；在获取创业资源阶段，就社会资源、资金资源、技术资源和人才资源的关系而言,资金资源是使技术转化为生产力创造经济价值的基础,也是形成和提升社会资源、获取人才资源的必要手段。因此,资金资源是确保创业资源有效发挥作用的重要条件。

综上所述,创业融资确保了资金资源的获取,为其他资源的有效整合和功效提升提供了有力的物质条件,也为创业管理各阶段工作的开展提供了物质保障,是创业管理的关键内容。

2. 创业融资在企业成长的不同阶段具有不同的侧重点和要求

创业融资通常不是一次性融资,是伴随着创业企业成长的多次融资,各阶段融资的侧重点和要求也不尽相同。创业融资的各阶段主要包括"种子期""创立期"和"扩张期"。种子期是指对创业企业的创意进行验证和可行性研究的阶段;创立期是指创业企业已成立并进入正式运营、初步形成一定的盈利能力的阶段;扩张期则是指创业企业销量开始增长、企业不断扩张规模的阶段。此时创业企业开始拥有稳定的现金流和稳定的收入,市场信誉已建立,企业处于良性发展中。

种子期创业者主要进行创意的可行性研究、技术开发和市场调研。因此,所需资金量不大,创业融资需求较低。但由于创业企业仍未真实存在,创业成功的不确定性较大,因此,创业融资风险较大,创业者很难取得资金拥有者的投资,更多的可能要来自自身拥有的资金。

创立期企业需要完成正式注册、购置设备、投入生产等一系列活动。资金需求量明显增加,创业融资需求大幅度增加。大幅增加的资金需求单靠创业者自己是难以承担的,需要大量外部资金。但此时的创业企业由于盈利能力和获取现金流能力不强,很难提供良好的信誉和资产担保,使得外部融资难度较大。

进入扩张期,创业企业具有了一定的资金实力,但由于实施大力开拓市场、不断推陈出新的迅速成长战略,创业企业仍存在较大的融资需求,融资的风险依然存在,只是相较于种子期而言略有下降。而当创业企业进入扩张期后期,由于企业自身资金实力提升,对资金的需求不再迫切,融资需求显著减少。同时,企业开始考虑上市等更为宽广的融资方式。

三 创业融资难的原因

1. 不确定性

从创业活动本身来看,面临非常大的不确定性。创业企业的不确定性比既有企业的不确定性要高得多,创业企业缺少应付环境不确定性的经验,尤其是大学生创业群体中,大多数初创企业还是以小微企业为主,尚未发展出以组织形式显现出来的组织竞争能力,创业企业没有可参考的经营情况。

2. 信息不对称

一般来说，创业者比投资者对市场、创业项目、自身能力、创新水平与市场前景更加了解，处于信息优势地位；而与创业者相比，投资者处于信息相对劣势地位，在某些情况下，银行惜贷也是为了逃避风险，而风险的根源就是信息不对称。

四 创业所需资金的测算

新创企业投入运营之后，很难立即带来收入，为了保证公司在启动阶段业务运转顺利，在公司经营达到收支平衡之前，创业者必须准备足够的资金以备支付各种费用。

（一）融资前需要权衡几个因素

1. 创业者的自由和独立的价值最珍贵

创业意味着自己做自己的主人，不需要按照别人的命令行事，这就是创业带给你的独立和自由。作为自负盈亏的独立经营者，创业者所做的每一个决定唯一要考虑的，仅仅是顾客和市场的需求，而不是别人的眼色。

2. 得到基金会削弱创业者的自主权

世界上没有免费的午餐。一旦某些基金贷款给你之后，创业者的经营决策就要受制于人：天使基金会用占用创业者企业股份的方式给创业者投资；银行会要求创业者按期给他们财务报表，还会有业务人员经常来企业"视察"。

（二）必须做好投资规划

1. 千万不要低估项目的潜伏期

再好的经营项目也不会马上就有利润收入。任何创业项目从启动到盈利，都需要一个潜伏期，这个潜伏期的长短，与行业和企业规模有关。企业也与人一样，有其生命周期，产业在不同的阶段，需要的资金也会有所不同。

2. 设计合理的资金组合有利于降低经营风险

在创业启动资金的组合上，创业指导专家建议有一个合理的资金组合比例。例如，可用的最高资金金额中有 1/3 是自有资金，外来资金最好不要超过 2/3 的份额。创业成败的案例表明：如果自有资金不足 1/3，创业者和银行的资金风险都会加大。

3. 尽量多地留好储备金

创业必须对从开业到盈利阶段的资金做足够的预算和储备，把资金看成是个人和外来资金各占 1/2 估算比较稳妥。因为这个时期的储备金究竟需要多少，实在是一个难以确定的数字，但是无可置疑的是，资金断流会导致创业失败。一般需要将企业没有收入的时间按三个月（或者更长）来计算，所以，储备金应不低于三个月的固定成本总和。

（三）创业资金的分类与测算

按照资金投入企业的时间可将资金分为投资资金和营运资金。

1. 投资资金

投资资金发生在企业开业之前，是企业在筹办期间发生各种支出所需要的资金。投资资金包括企业在筹建期间为取得原材料、库存商品等流动资产投入的流动资金；购建房屋建筑物、机器设备等固定资产，购买或研发专利权、商标权、版权等无形资产投入的非流动资金；以及在筹建期间发生的人员工资、办公费、培训费、差旅费、印刷费、注册登记费、营业执照费、市场调查费、咨询费和技术资料费等开办费用所需资金。

对创业启动资金进行估算需要丰富的企业管理经验，以及对市场行情的充分了解。为了较为准确地估算出自己的创业启动资金，需要分类列清单，从有形的商品（如场地、库存、设备和固定设施）到专业的服务（如翻修、广告和法律事务），越详细越好。然后，就可以开始逐项测算创业启动所需要支付的费用。投资资金估算表参见表 8-1。

表 8-1　投资资金估算表

序号	项目	数量	金额
1	房屋、建筑场地		
2	设备		
3	办公家具		
4	办公用品		
5	员工工资		
6	创业者工资		
7	市场调查费用		
8	房屋租金		
9	购买存货/原材料		
10	营销费用		
11	水电费、电话费		
12	保险费		
13	设备维护费		
14	员工培训费		
15	开办费		
……	……		
	合计		

2. 营运资金

营运资金是从企业开始经营之日起到企业能够做到资金收支平衡为止的期间内，企业发生各种支出所需要的资金，是投资者在开业后需要继续向企业追加投入的资金。企业从开始经营到能够做到资金收支平衡为止的期间叫营运前期，营运前期的资金投入一般主要是流动资金，既包括投资在流动资产上的资金，也包括用于日常开支的费用性支出所需资金。

营运资金的测算步骤如下：

第一步：测算新创企业营业收入。测算营业收入是制订财务计划、编制预计财务报表的基础，新创企业无既往销售业绩可供参照，只能依据市场调查、销售人员意见综合、专家咨询，甚至同类创业企业销售量等，预测月度、季度乃至年度的销售量，再根据定价估算出营业收入。创业者可以依据表8-2所列的项目进行营业收入的预测。

表8-2 营业收入预测

项目		1	2	3	4	5	6	……	合计
产品一	销售数量								
	平均单价								
	销售收入								
产品二	销售数量								
	平均单价								
	销售收入								
……	……								
合计	销售收入								

第二步：编制预计利润表。利润表也称损益表，是反映企业在一定会计期间（如月度、季度、半年度或年度）生产经营成果的会计报表。它全面揭示了企业在某一特定时期实现的各种收入，产生的各种费用、成本或支出，以及企业实现的利润或发生的亏损。利润表与企业的基本活动见表8-3。

表8-3 利润表与企业的基本活动

利润表项目	企业的基本活动
①营业收入	主要经营业务及其他业务收入
减：营业成本	主要经营业务及其他业务成本
营业税金及附加	主要经营活动费用
销售费用	经营活动费用
管理费用	经营活动费用
财务费用	筹资活动费用（债权人所得）
资产减值损失	各项资产产生的减值损失

第二节 创业融资

续表

利润表项目	企业的基本活动
加：公允价值变动收益	计入当期损益的资产或负债公允价值变动收益
②营业利润	全部经营活动利润
加：营业外收入	非经营活动收益
减：营业外支出	非经营活动损失
③利润总额	全部活动净利润
减：所得税费用	全部活动费用（政府所得）
④净利润	全部活动净利润（所有者所得）

利润表见表8-4。

表8-4 利润表

项目	1	2	3	4	5	6	……	n
收入								
成本								
管理费用								
销售费用								
财务费用								
利润总额								
所得税								
净利润								

第三步：编制预计资产负债表。资产负债表也称财务状况表，是反映企业在一定时期内全部资产、负债和所有者权益的财务报表，是企业经营活动的静态体现。资产负债表根据"资产＝负债＋所有者权益"这一会计方程式，依照一定的分类标准和要求编制而成，是会计上重要的财务报表，其更重要的功用在于确切反映了企业的营运状况和企业需要外部融资的数额，见表8-5。

表8-5 预计资产负债

项目	1	2	3	4	5	6	……	n
一、流动资产								
货币资金								
应收货款								
存款								
其他流动资产								
流动资产合计								
二、非流动资产								
固定资产								
无形资产								

续表

项目	1	2	3	4	5	6	……	n
非流动资产合计								
资产合计								
三、流动负债								
短期借款								
应付款项								
应缴税费								
其他应付款								
流动负债合计								
四、非流动负债								
长期借款								
其他非流动负债								
非流动负债合计								
负债合计								
五、所有者权益								
实收资本								
资本公积								
留存收益								
负债和所有者权益合计								
六、外部筹资额								

五 创业融资渠道

资金缺乏是大部分大学生创业者创业过程中面临的主要问题。而由于受融资信息、信用能力等多种因素的影响，相当多的大学生创业者的创业资金主要来源于"父母支持""朋友合股"等融资渠道。因此，认识与拓展大学生创业融资渠道是大学生创业活动中现实而且紧迫的要求。

六 创业融资的选择策略

（一）了解融资方式

"巧妇难为无米之炊"，对新创企业的大学生创业者而言，对融资方式的了解与认识比任何时候都更加紧迫。对大学生创业者而言，对融资方式的考察应着眼于债务融资与股权融资的比较、内部融资与外部融资的差异上。

1. 股权融资与债权融资

企业的全部资本，按属性不同可以分为股权资本和债权资本两种类型。这是由企业资本的所有权决定的。正确认识这两类资本的内容和属性，有利于安排它们之间的比例关系。

股权融资包括创业者自己出资、争取国家财政投资、与其他企业合资、吸引投资基金投资和公开向市场募集发行股票等。自己出资是股权融资的最初阶段，发行股票是股权融资的最高阶段。股权融资的特点在于引入资金无须还，不需要支付利息且不必按期还本，但需按企业的经营状况支付红利。当企业引入新股东，企业的股东构成和股权结构将会发生变化。

债权融资包括向政府、银行、亲友、民间借贷和向社会发行债券等。向亲友借贷是债权融资的最初阶段，发行债券是债权融资的最高阶段。债权融资的特点是融资企业必须根据借款协议按期归还本金并定期支付利息，一般不影响企业的股东及股权结构。

2. 内部融资和外部融资

企业应在充分利用了内部融资之后，再考虑外部融资问题。内部融资是指在企业内部通过留用利润而形成的资本来源。内部融资是在企业内部"自然地"形成的，因此被称为"自动化的资本来源"，一般无须花费筹资费用。对于新创企业而言，内部融资主要来源于创业者自己的积累。对于一个新创企业，启动阶段的利润一般都全部再投资到企业经营中去，创业者很少指望在初期岁月里得到回报。常见的内部融资来源可以是利润、存货抵押、资产出售，甚至延期的应付款等。

资金的另一个来源就是企业外部融资。外部融资是指企业在内部融资不能满足需要时，向企业外部融资而形成的资本来源。处于初创期的企业，内部融资的可能性是有限的。处于成长期的企业，内部融资往往难以满足需要。因此，企业就需要开展外部融资，需要花费融资费用。常见的外部融资来源有吸收投资者投入资金、亲友资金、银行借贷、政府资助、私募以及上市等，而对外部融资渠道的评估可以从资金可用的时间长短、资金成本以及公司控制权的丧失程度三个要素展开。

（二）把握风险投资的方法

1. 风险投资的一般过程

风险企业要成功获取风险资本，首先，要了解风险投资公司的基本运作程序。风险投资商往往会收到很多的项目建议书，而投资商经过严格审查、精细筛选，最终挑出个别的优秀项目进行投资，可谓百里挑一。虽然每一个风险投资公司都有自己的运作程序和制度，但总的来讲包括以下几个步骤：

（1）初审。风险投资家在拿到创业计划书后，往往只用很短的时间，走马观花地浏览一遍，以决定在这件事情上花时间是否值得。因此，创业计划书及计划本身给人的第一感觉特别重要，它们必须有吸引风险投资家的东西，才能使之花时间仔细研究。

（2）风险投资家之间的磋商。在大的风险投资公司，相关的人员会定期聚在一起，对通过初审的项目建议书进行讨论，决定是否需要进行面谈，或予以回绝。

（3）面谈。如果风险投资家对创业提出的项目感兴趣，他会与创业者接触，直接了解其背景、管理队伍和企业，这是整个过程中最重要的一次会面。如果进行得不好，交易便宣告失败。如果面谈成功，风险投资家会希望进一步了解更多的有关企业和市场的情况，或许他还会动员可能对这一项目感兴趣的其他风险投资家。

（4）责任审查。如果初次面谈较为成功，风险投资家接下来便开始对创业者的经营情况进行考察，以及尽可能多地对项目进行了解。他们通过审查程序对意向企业的技术、市场潜力和规模，以及管理队伍进行仔细的评估，这一程序包括与潜在的客户接触、向技术专家咨询并与管理队伍举行几轮会谈。它通常包括参观公司，与关键人员面谈、对仪器设备和供销渠道进行估价。它还可能包括与企业债权人、客户、相关人员以前的雇主进行交谈。这些人会帮助风险投资家做出关于创业者个人风险的评价。

（5）条款清单。审查阶段完成之后，如果风险投资家认为所申请的项目前景较好，那么便可开始进行投资形式和估价的谈判。通常创业者会得到一个条款清单，概括出谈判将要涉及的内容。整个谈判过程可能要持续几个月。因为创业者可能并不了解谈判的内容，他将付出多少，风险投资家希望获得多少股份，还有谁参与项目，对他以及现在的管理队伍会发生什么。对于创业者来讲，要花时间研究这些内容，尽可能将条款减少。

（6）签订合同。风险资本家力图使他们的投资回报与所承担的风险相适应。根据切实可行的计划，风险资本家对未来 3~5 年的投资价值进行分析。风险投资供求双方基于各自对企业价值的评估，通过讨价还价后，双方进入签订协议的阶段。双方签订代表创业者和风险投资家双方愿望和义务的合同。一旦最后协议签订完成，创业者便可以得到资金，以继续实现其经营计划中拟定的目标。

（7）投资生效后的监管。投资生效后，风险投资家便拥有了风险企业的股份，并在其董事会中占有席位。多数风险投资家在董事中扮演着咨询者的角色，主要就改善经营状况以获取更多利润提建议，帮助企业物色新的管理人员（经理），定期与创业者接触以跟踪了解经营的进展情况，定期审查会计师事务所提交的财务分析报告。由于风险投资家对其所投资的业务领域了如指掌，所以其建议会很有参考价值。为了加强对企业的控制，在合同中通常加有可以更换管理人员和接受合并、并购的条款。

2．与风险投资商打交道

创业者应该以职业的经营姿态去接触风险投资商。因为风险投资机构收到成百上千的项目经营计划书，往往会走出办公室，与其他投资公司一起工作，或者研究潜在的投资机会。因此，一开始就保持良好的关系是非常重要的。创业者应当联系所有潜在的风险投资商，向他们证实自己的企业正是其投资兴趣所在，然后递交计划书，附上言简意赅的相应材料。

由于风险投资商收到的投资计划数远远超过其投资能力，大量的计划书将被筛选出局。对受到推荐的计划书，他们会给予关注，并投入更多的时间和精力。因此，创业者花时间寻找能够并愿意将自己推荐给风险投资者的推荐人是非常值得的。一般来说，推荐者可能是组合投资公司的经理、会计师、律师、银行家和大学商学院教授。

在实施真正的接触时，创业者应该清楚一些基本的行为准则。如"六要六不要"。六要分别为：要对本企业和本企业的产品以及服务持肯定态度，并充满热情；要明了自己的交易底价，并在必要时果断离开；要牢记自己和创业投资者之间要建立的是一种长期合作伙伴关系；要只对自己可以接受的交易进行谈判；要了解创业投资者（谈判对象）的个人情况；要了解创业投资者以前投资过的项目及其目前投资组合的构成。六不要是指，不要逃避投资者所提的问题；回答创业投资者问题时，不要模棱两可；不要对创业投资者隐瞒重要问题；不要期望创业投资者对"是否投资"立即做出决定；在交易定价上，不要过于僵化死板（要有灵活性）；不要带律师参加谈判，以免在细节上过多纠缠。

七 创业融资技巧

创业者想要获得创业投资除需要有创业项目和企业家的素质外，还需要一定的融资技巧。

（一）心理准备

在与投资人正式讨论投资计划之前，创业者需做好四个方面的心理准备。

1．准备应对各种提问

一些小企业通常会认为自己对所从事的投资项目和内容非常清楚，

但是还要给予高度重视和充分准备，不仅要自己想，更重要的是让别人问。创业者可以请一些外界的专业顾问和敢于讲话的行家来模拟这种提问过程，从而使自己思得更全，想得更细，答得更好。

2. 准备应对投资人对管理的查验

也许创业者为自己多年来取得的成就而自豪，但是投资人依然会对其投资管理能力表示怀疑，并会询问：如何达到投资项目设想的目标。大多数人可能对此反应过敏，但是在面对投资人时，这样的怀疑却是会经常碰到的，这已构成了投资人对创业企业进行检验的一部分，因此创业者需要正确对待。

3. 准备放弃部分业务

在某些情况下，投资人可能会要求创业者放弃一部分原有的业务，以使其投资目标得以实现。放弃部分业务对那些业务分散的企业来说，既很现实又确有必要，在投入资本有限的情况下，企业只有集中资源才能在竞争中立于不败之地。

4. 准备做出妥协

从一开始创业者就应该明白，自己的目标和创业投资人的目标不可能完全相同。因此，在正式谈判之前，创业者要做的一项最重要的决策就是，为了满足投资人的要求，创业者自身能做出多大的妥协。一般来讲，由于创业投资人并不担心找不到投资项目，寄希望于投资人做出种种妥协是不大现实的，所以创业者做出一定的妥协也是确实有必要的。

（二）谈判技巧

（1）不要空泛地描述市场规模。企业初创者常犯的错误是对市场规模的描述太过空泛，或者没有依据地说自己将占有百分之几十的市场份额，这样并不能让人家相信你的企业可以做到那么大的规模。

（2）先吸引投资者的注意力。在商界有一个著名的"电梯间演讲"理论，也许你会在公共场合偶然遇到一位投资者，也许投资者根本不想看长长的商业计划企业书，你只有几十秒钟的时间吸引投资者的注意力。当他的兴趣被你激发起来，问起你公司的经营队伍、技术、市场份额、竞争对手、金融情况等问题时，你已经准备好了简洁的答案。

（3）强调竞争对手。由于大学生缺乏相关经验，在融资的过程中为了强调企业的独特性和独占优势，故意不提著名的竞争对手，或者强调竞争对手很少或者很弱。事实上，有成功的竞争对手存在说明产品的市场潜力，而且对于创业投资公司来说，有强势同行正好是将来被收购套现的潜在机会。

（4）注重市场而不是技术水平。许多新兴企业，尤其是在大学生创办的企业中，由于其专业背景和工作经历，他们对技术的高、精、尖十分感兴趣，但投资人关注的是你的技术或者产品的盈利能力，你的产品必须是市场所需要的。

案例 电梯演讲

麦肯锡公司曾经得到过一次沉痛的教训：该公司曾经为一家重要的大客户做咨询。咨询结束的时候，麦肯锡的项目负责人在电梯间里遇见了对方的董事长，该董事长问麦肯锡的项目负责人："你能不能说一下现在的结果呢？"由于该项目负责人没有准备，而且即使有准备，也无法在电梯从 30 层到 1 层的 30 秒钟内把结果说清楚。最终，麦肯锡失去了这一重要客户。从此，麦肯锡要求公司员工凡事要在最短的时间内把结果表达清楚，凡事要直奔主题、直奔结果。麦肯锡认为，一般情况下人们最多记得住一二三，记不住四五六，所以凡事要归纳在 3 条以内。这就是如今在商界流传甚广的"30 秒钟电梯理论"或称"电梯演讲"。

八 融资诈骗

大学生在创业融资时，要小心融资诈骗。常见融资诈骗手段如下所述。

1．投资诈骗

投资诈骗是指以投资为名，要融资企业交纳各种考察费、立项费及保证金等。正规投资公司都有自己的管理费用，当他们决定投资一家公司或将一家公司纳入考察范围时，会自行支付差旅费、管理费及聘请第三方机构进行尽职调查等费用。巧立名目收费的企业往往不是正规投资公司。

2．勾结诈骗

勾结诈骗即投资公司本身并不收取任何费用，但是在考察投资过程中会表示："项目还是比较好的，但是需要包装、策划，要找指定的中介机构做商业计划书，或者必须找某某会计师事务所、某某评估机构进行财务处理及评估。"企业向这些中介机构"交钱"之后，中介机构会与投资公司分成，之后投资公司却可能以种种理由，使投资计划不了了之。

3．收保证金

收保证金是指利用国家金融政策，以提供大额存款、银行保函等帮助企业贷款的方式，要求企业提交订金。

假设投资公司提供的协议上一般会规定，《银行保函》开出并由项目方银行核保后，项目方必须一次性付清所有手续费，并要求一周，或最多两周内项目方银行必须放贷，如不能放贷则不负任何责任。但事实上，大额存单、有价证券抵押贷款的陷阱利用的就是时间差，即出资方给融资方的有效时间内，银行上级部门的核准手续根本办不下来，这样，出资方就堂而皇之地"吃掉"融资方先期交付的保证金。

在当前我国产权投资领域缺少相应法律监管的情况下，上述行骗手段有的能够诉诸法律，有的打的是法律的"擦边球"，企业追索困难。所以有意进行融资的企业，在一开始就要有所警惕。

九 融资涉及的法律问题

融资涉及的法律问题主要有以下八个方面：

（1）融资人的法律主体地位。根据法律规定，作为企业的承包人只有承包经营的权利，无权处理企业投融资之类的重大事项。

（2）投资人的法律主体地位。根据法律的规定，代表处不得进行任何与经营有关的商业活动。因此，代表处无权签订任何关于投融资方面的合同。另外，我国法律规定，某些矿产资源的开发是禁止外商投资的。

（3）投融资项目要符合中央政府和地方政府的产业政策。在我国现有政策环境下，许多投资领域是不允许外资企业甚至民营企业涉足的。

（4）融资方式的选择。融资的方式有债权融资、股权融资、优先股融资、租赁融资等，各种融资方式对双方的权利和义务的分配也有很大的不同，对企业经营的影响重大。

（5）回报的形式和方式的选择。例如，债权融资中本金的还款计划、利息计算、担保形式等需要在借款合同中重点约定。如果投资人投入资金或者其他的资产从而获得投资项目公司的股权，则需要重点安排股权的比例、分红的比例和时间等。相对来说，投资人更加关心投资回报方面的问题。

（6）可行性研究报告、商业计划书、投资建议书的撰写。上述三个文件名称不同，内容大同小异，包括融资项目各方面的情况介绍。这些文件的撰写要求真实、准确，同时还需要法律上的依据，例如，关于项目的环境保护要求必须实事求是地申明。否则，如果项目环保措施没有达到国家或者地方法律法规的要求，被环境保护部门下令禁止继续运营，其损失无法估量。

（7）尽职调查中可能涉及的问题。律师进行的尽职调查是对融资人和投融资项目的有关法律状况进行全面的了解，根据了解的情况向投资人出具尽职调查报告。

（8）股权安排。股权安排是投资人和融资人就项目达成一致后，双方在即将成立的企业中的权利分配的博弈。由于法律没有十分有力的救济措施，公司治理中普遍存在大股东控制公司，侵害公司和小股东的利益情况。对股权进行周到详细的安排是融资人和投资人需要慎重考虑的事项。

以上八个方面是投融资过程中可能出现的法律风险，当然其他的法律风险也可能存在，例如，资金是否严格按照合同的规定到位、担保形式的选择等，这些都可能影响项目的正常进行。

本章小结

创业的前提条件之一就是创业者拥有或者能够支配一定的资源。创业资源是企业创立以及成长过程中所需要的各种生产要素和支撑条件。创业资源包括有形资源和无形资源。有形资源包括金融资源、实物资源和组织资源三大类。无形资源主要包括社会资本、技术及专业人才三大类。获取创业资源的途径有很多，按照获取方法可分为资源内部的积累、项目的吸引力、社会关系的协调、最新信息的捕捉几类。所谓资源整合，就是指企业对不同来源、不同层次、不同结构、不同内容的资源进行识别与选择、汲取与配置、激活和有机融合，使其具有较强的柔性、条理性、系统性和价值性，并创造出新的资源的一个复杂的动态过程。资源整合的唯一目的是使企业获得最大的经济利益。创业融资是指创业企业根据自身发展的要求，结合生产经营、资金需求等现状，通过科学的分析和决策，借助企业内部或外部的资金来源渠道和方式，筹集生产经营和发展所需资金的行为和过程。大学生创业融资的渠道主要有个人资金、亲友资金、商业贷款、政府资助、天使投资、风险投资、租赁、创业板上市融资等。常见融资诈骗手段有投资诈骗、勾结诈骗、收保证金等。

课后练习

1. 简述创业资源的种类。
2. 资金在创业中有什么作用?
3. 创业资源的获取方法有哪些?
4. 创业融资难的原因有哪些?
5. 简述融资涉及的法律问题。

读书笔记

第九章
创业计划

知识目标

通过本章的学习，了解创业计划的类型及作用；掌握编制创业计划书的方法和原则。

能力目标

能编写具有吸引力的创业计划书。

第九章 创业计划

第一节 创业计划的类型及作用

 一　创业计划的类型

根据不同的分类标准，创业计划可分为以下几类。

（一）按照创业计划的内容分

1. 综合创业计划

综合创业计划是全面实现创业战略的创业计划。如创业者计划开发销售一种新产品，那么这份创业计划就需要涵盖产品的开发、生产、销售等各个方面的情况，其内容非常具体而烦琐，是一份典型的综合创业计划。综合创业计划是让投资者、应聘的关键员工等了解创业计划，激发他们的兴趣，让他们也投入到创业活动中，进而促进创业的成功。

2. 专项创业计划

专项创业计划是创业中的某一项目的专门计划，如创业融资计划、产品开发计划、市场开拓计划等，其中最重要的是创业融资计划，因为资金是能确保其他项目顺利开始的基石。专项创业计划是为某一项目的发展定下比较具体的方向，以使创业项目中的相关员工了解该项目的发展规划。

（二）按照创业计划的目标分

1. 吸引风险投资的创业计划

吸引风险投资的创业计划主要面向风险投资者，目的是向风险投资者募集资金。风险投资者评估投资项目首要的资料就是创业计划，一份简练而有力的创业计划能让风险投资者对投资项目的运作和效果心中有数。这一类型的创业计划在撰写过程中要注意"以风险投资者的需要为出发点"，要说明该项目拥有"足够大的市场容量和较强的市场盈利能力"，以此来吸引投资。

2. 吸引创业伙伴的创业计划

吸引创业伙伴的创业计划是为了吸引创业团队的新成员以及有特定意义的关键员工。创业初期，无论是从身边的亲朋好友中寻找创业伙伴还是从不熟悉的人群中寻找创业伙伴，一份结构清晰、前景良好的创业计划是吸引创业伙伴最有力的武器。因此，这一类的创业计划需要阐明"企业的商业模式"和"未来的发展规划"，更要对创业伙伴的利益分配和权限进行清晰的说明。

3. 获取政府支持的创业计划

政府部门所制定的各项政策对创业活动的成败具有重要的影响。只有在政府政策允许和鼓励的条件下，新企业才能获得更多的国内外人才、贷款、投资、各种服务及优惠等。获取政府支持创业的计划应当强调"新企业的项目投资可行性"，尤其要着重关注"新企业的社会收益和社会成本"。只有这样才能得到政府的关注进而获得支持。

二、创业计划的作用

创业计划又称"商业计划"，简而言之，就是创业打算如何付诸实施。将创业计划显性地形成文字的材料，就是创业计划书。创业计划书不仅是团队内部思想的沉淀，而且是与投资人沟通的主要载体。创业计划有如下三方面的作用。

（一）创业计划是创业者把握企业发展的总纲领

创业者应该首先确立明确的目标，包括经营策略与步骤、市场调查与分析、企业管理与前景展望等。为了使创业行动有章可依，创业计划应运而生。创业计划的写作过程，也是一个不断调整思路与策略的过程。在这一过程中，创业者或者改变销售策略，或者更新经营思路，或者认识到某一方面的错误与不足，甚至改变了总目标下的某一分支，这都有利于企业良性发展。总之，对创业者来说，创业计划无异于总纲领和总路线。

（二）创业计划是帮助创业者凝聚人心的重要依据

一份完美的创业计划可以增强创业者的自信，使创业者明显感到对经营更有把握。因为创业计划提供了企业全部的现状和未来发展的方向，也为企业提供了良好的效益评价体系和管理监控指标。创业计划使得创业者在创业实践中有章可循。

创业计划通过描绘新创企业的发展前景和成长潜力，使管理层和员工对企业及个人的未来充满信心，并明确要从事什么项目和活动，从而使大家了解将要充当什么角色，完成什么工作，以及自己是否可以胜任这些工作。因此，创业计划对于创业者吸引所需要的人力资源具有重要作用。

（三）创业计划是投资者决定是否投资的重要参考

从融资角度来看，创业计划通常被喻为"敲门砖"。一份详细的创业计划，往往包含了投资者所需要的信息：该企业的实现业绩和发展远景，市场竞争力和优势、劣势，企业资金需求现状和偿还能力，以及创业者及其团队的能力和阵容等。这些都是投资者关心的重点，是他们衡量企业实力和潜力的依据，并以此作为是否对企业投资的重要参考。即便创业者无意寻求外部融资，仍需要一份有侧重点的创业计划，这样可以避免创业初期的散乱局面，减缓创业者的茫然情绪。

第二节 创业计划书的编制

第二节 创业计划书的编制

一 创业计划书的含义

创业计划书（以下简称计划书）就是把创业构想用书面语言表达出来的一种文字形式。创业计划书也是包含整个项目产生的过程、决策依据、实现路径、存在问题以及问题的解决途径、财务分析和预测、风险预估和对策、加盟和退出条件等一系列内容的说明文件。创业计划书是一份全方位的商业计划，其主要用途是递交给投资者，以便他们能对企业或项目做出评判，从而使企业获得融资。

二 创业计划书的基本结构

创业计划书通常没有固定的格式，它包括创业者的创业目的、对创业企业和环境的描述、创业团队的组成、创业项目的风险和回报分析等重要内容。创业计划书可以为潜在的投资者描绘一个创业企业完整的蓝图，并帮助创业者进一步深化对创业企业经营的思考。

创业计划书的格式与内容主要包括以下几个方面。

1．标题页

含有一个合适标题页的创业计划，往往会给人留下良好的第一印象，显示出创业者对计划的重视。

2．目录

计划的目的是征求公司所有者的建议，并寻求资金支持。把计划含有的若干部分以目录的形式体现，易于检索。如果计划需要保密，可在目录的末尾显著位置写明保密声明。

3．创意纲要

创意纲要是对计划书的高度概括，通常是在创业计划书完成后编写此部分，这部分内容的主要作用是引起投资者或读者的兴趣。这一部分

读书笔记

不需要展开，只要建立一个结构框架，1～2页篇幅即可。

4. 执行概要

执行概要的作用是向读者提供公司的概览。概要应力求简明扼要，篇幅最好不要超过一页，主要说明以下内容：企业的表述，说明企业的类型（零售业、批发业、服务性、生产性），介绍企业提供什么样的产品或服务，企业的远景目标；所涉及的主要方面，写出直接参与企业的所有者、主管人或者经理的全名；公司的目的；要做的事情同现存的有哪些不同，为什么会成功；项目所需资金以及预计从何处获取。

5. 业务概览

业务概览的主要目的是说明有关该项目想法的缘由，以便读者判断这个想法的新颖程度；描述所确定的短期、中期和长期目标以及准备实现这些目标的期限；说明将要采取何种所有制结构，是私营公司还是合作公司等形式；介绍企业主要管理人员以及他们的背景材料，这样会使读者对企业的成功更有信心；说明在研究企业的过程中发现的那些最关键的因素，因为这些因素是在权衡了企业的长处与短处以及所面临的机遇和挑战之后得出来的。

在概览的最后一部分提出影响企业经营发展的关键因素，将这些因素写进计划就会向人显示，管理者对公司的事务进行了深入考虑，不但找到了公司事务中有哪些因素是最关键的，而且还制订了处理这些因素的策略。

6. 经营计划

经营计划主要是介绍企业如何经营。不同行业对经营性计划有不同的要求：

（1）零售业。可以说明所选择的供货商、进货控制政策，同时交代对供货商和客户的信贷条件，还可以说明为了实现最佳的销售额对销售商店的布局所做的考虑。

（2）服务业。要考虑如何安排各项工作的时间以及出现比预定的业务量更多的情况时将采取的措施。

（3）生产业。可以确定工厂的位置以及生产过程的每个细节。

无论公司属于何种行业，都必须说明需要多少人和多少资金来实现哪些日常业务。

例如，需要的员工人数，对他们的资格和经历的要求，他们将从事的工作，所需的会计师等。

7. 销售计划

在销售计划里除要向读者说明公司存在的原因、将来可能出现的竞争外，还需要提供以下几个方面的信息。

（1）确定目标市场，希望参与企业并与企业订立长期合同的客户的详细情况，促销及广告战略——表明本企业将在什么时候采取什么样的措施。

（2）有关现有市场的范围、人数、销售额以及市场性质、形势的详细情况。

（3）对市场的调查与分析结果。

（4）对竞争对手情况的分析，包括有哪些竞争对手，竞争对手经营了多长时间，其市场占有率和产品内容。

（5）说明具备哪些竞争优势——为什么你和你的公司是最好的及如何利用这些优势。

（6）有关获得销售方式的详细情况。

（7）将提供哪些产品和服务。

（8）公司业务的周期性和季节性——这将揭示各种趋势和季节因素对公司业务的影响。

（9）公司的选址、费用情况以及选址的原因，这一条对零售业公司尤为重要。

（10）举例说明价格政策。

（11）未来的市场走势及机遇。

8. 财务计划

财务计划内容包括以下几个方面：

（1）所需固定资金、固定资产的详细情况。

（2）所需流动资金及计算资金数额的方法。

（3）向公司投入的经费。

（4）其他资金来源。

（5）资金周转预测。

（6）盈亏预测。

创业者应在创业计划中对以上内容做出评价，指出积极的方面，列出资金需求的证据，通过资金周转的情况分析证明自己有能力满足未来借款的偿还要求。另外，还应对企业的经营做收支平衡分析，这样可以证明已经考虑到了可能发生的最坏情况，能做出满足短期资金需求的计划。同本行业的平均水平进行比较，也可提高数据的可信度。在什么时候以何种方式对公司的财务情况进行监测和评价，所应付出的税金也应在财务计划里进行说明。

9. 法律要求

将国家、地方的有关法规要求以及对许可证、注册和特别资格要求的相关文件的复印件附在计划后面。

10. 附录

计划里除以上主要内容外，还应有支持上述信息的资料。如管理层简历、销售手册、产品图纸等，或将其他可作为附录的参考资料列在后面，如有关经历、技能、简历及资格证书的复印件；意向书；保险报价；国家、地区有关本行业的政策法规；有关供货商的协议和条件；有关银行或其他渠道出具的贷款证明的信件；调查问卷的复印件以及调查结果。

信息的准确性和计划内容的简洁性是制订企业计划时需考虑的两个重要因素。企业计划的行文应当语言平实，避免使用过多的专业术语。在制订计划时，专业杂志、文献、图书和有关机构新闻的发布都可以提供本行业的最新情况，使计划准确、可信。

创业计划书的基本特征

面对同样的创业机会，不同的创业者制订的创业计划也不一样，但是成功的创业计划书却有一些相同的特征。

1．清晰的结构

要想投资者能够在计划书中找到他们所关注问题的答案，很容易找到他们特别感兴趣的话题，这就要求创业计划书必须有一个清晰的结构，使读者能够灵活地选择他们想要阅读的部分。说服投资者不仅仅是靠分析和数据的多少，还靠论点和基本论据的组织结构。因此，对任何能使投资者感兴趣的话题，都应该进行充分而准确的论证。一般情况下，创业计划书大约为 20 页。

2．以客观性说理

一方面，在讲述创意时应该尽量使自己的语气比较客观，使投资者有机会仔细地权衡论据是否有说服力。如果一份计划书写得像是一份煽情的广告，那么它很可能会激怒而不是吸引投资者，结果导致投资者产生怀疑甚至拒绝接受。另一方面，应当尽自己所能，提供最准确的数据。如果提到弱点或不足，那么一定要同时指出弥补的方法或措施。这并不是说创业者应当隐瞒重大的弱点或不足，而是说在制订计划的时候，就应当设计弥补这些不足的方案，并在计划中清楚地表达出来。

3．让外行也能读懂

一些创业者试图用丰富的技术细节、精心制作的蓝图，以及详细的分析给投资者留下深刻的印象。但他们错了，只有极少数情况下，会有技术专家详细地评估这些数据。大多数情况下，简单的说明、草图和照片就足够了。如果计划书中必须包括产品的技术细节和生产流程，应当把它们放到附录中去。

4．前后写作风格一致

一般情况下，创业计划书会由几个人合作完成。最后，必须对这项工作进行整合，以避免整个计划书风格不一、分析的深度不同。

考虑到这个因素，计划书最好由一个人负责，由最后定稿的编辑做修改。

案例 创业计划书的重要性

郭涛原毕业于某名牌大学，经过多年的业余研究，他在室内环境污染治理方面取得了一项重要突破，这项技术如果得到应用，前景非常广阔。

于是郭涛便辞去原来的工作，准备自己创业。但由于多年的积蓄都用在了室内环境污染治理的研究上，在七拼八凑注册了一家公司后，已经无力招聘员工、购买试验材料了。

无奈之下，郭涛想到了风险投资基金，希望用通过引入合作伙伴的方式解决困境。为此，他多次与风险投资机构或个人投资者接洽商谈，虽然郭涛反复强调他的技术多么先进，应用前景多么广阔，并保证投资他的公司回报绝对低不了，却总是难以令对方相信。

而且郭涛也没有办法提供投资人问到的许多数据，如市场需求量具体有多少，一年可以有多大的销售量，投资后年回报率有多高，等等。就连招聘一些技术骨干也比较困难，这些人也总是对公司的前景缺乏信心。

这时，郭涛的一位做管理咨询的朋友一句话点醒了他："你的那些技术有几个投资者搞得懂？你连一份像样的创业计划书都没有，怎么让别人相信你？投资者凭什么相信你？"

于是，在向相关专家咨询后，郭涛又查阅了大量的资料。然后静下心来，从公司的经营宗旨、战略目标出发，对公司的技术、产品、市场销售、资金需求、财务指标、投资收益、投资者的退出等方面进行了分析和论证，当然在这个过程中，他还进行了一些市场方面的调查。

一个月后，郭涛就拿出了一份创业计划书初稿，经过几位相关专家的指点，郭涛再次对其进行了修改和完善。凭着这份创业计划书，郭涛不久就与一家风险投资公司达成了投资协议，有了风险投资的支持，员工招聘问题也迎刃而解。现在，郭涛的公司经营得红红火火，年销售利润已达到500万元。

回想往事，郭涛感慨地说："创业计划书的编制与我搞的环境污染治理材料要求差不多，绝不是随便写一篇文章的事。编制计划书的过程就是我不断理清自己思路的过程。只有企业家自己思路清楚了，才有可能让投资人、员工相信你。"

四 创业计划书撰写的关键步骤

1. 创业构想的探讨

在开展创业计划撰写之前，需要对创业构想进行思考。

（1）明确想干什么。界定创业构想，是深思熟虑的过程，是一个需要思考和时间的过程。只有对创业构想有了本质、全面的理解之后，才能准确地界定自己的事业。

（2）要明确怎么干。从所有的资源和自身具备的素质入手，一步一步思考和讨论创业能否进展下去，在这个过程中可能会遇到什么问题以及如何解决这些问题。

（3）要明确如何干得更好。

2．分析创业可能遇到的问题和困难

研讨创业构想的过程也是一个分析问题和困难的过程。在创业构想的初期，创业者往往更多地思考创业过程的优势或者好的一方面，这与创业者不具备创业实践经验有关。而实际上，创业的过程是一个复杂艰辛的过程，在创业的过程中，可能会遇到各种各样的问题和困难，如资金问题、行业问题、团队问题、管理问题、产品问题、销售问题等，创业者要把这些可能会遇到的问题事先理清楚，并尽可能想好对策。

3．凝练创业计划的执行概要

前文已阐述，执行概要主要为了吸引创业战略伙伴或投资者的注意。执行概要应涵盖计划的要点，简明扼要，条理清晰。创业者的创业背景、创业思路、发展目标及竞争优势等内容在这部分都应一一体现，以便读者能在最短的时间内评审计划并做出判断。

4．把创业构想变成文字方案

创业计划书的成功撰写不是一蹴而就的事情，创业者需要做大量的前期准备工作，并在写作过程中遵循一定的写作步骤与写作原则。

首先，成功的创业计划应有周详的前期准备与启动计划。由于创业计划涉及的内容较多，编制之前必须进行充分准备、周密安排。第一，通过文案调查或实地调查的方式，准备关于创业企业所在行业的发展趋势、同类企业组织机构状况、行业内同类企业报表等方面的资料；第二，确定计划的目的和宗旨；第三，组成专门的工作小组，制订创业计划的编写计划，确定创业计划的种类与总体框架，制订创业计划编写的日程安排与人员分工。

在前期准备完成后，接下来是创业计划初步草拟阶段。主要是全面编写创业计划的各部分，包括对创业项目、创业企业、市场竞争、营销计划、组织与管理、技术与工艺、财务计划、融资方案以及创业风险等内容进行分析，初步形成较为完整的创业计划方案。

在完成创业计划书的草拟后，创业者应广泛征询各方面的意见，进一步补充、修改和完善草拟的创业计划，即创业计划书的完善阶段。编制创业计划的目的之一是向合作伙伴、创业投资者等各方人士展示有关创业项目的良好机遇和前景，为创业融资、宣传提供依据。所以，在这一阶段要检查创业计划是否完整、务实、可操作，是否突出了创业项目的独特优势及竞争力，包括创业项目的市场容量和盈利能力。创业项目在技术、管理、生产、研究开发和营销等方面的独特性。创业者及其管理团队成功实施创业项目的能力和信心等。力求引起投资者的兴趣，并使之领会创业计划的内容，支持创业项目。

创业计划书撰写的最后阶段为定稿阶段，创业者在这一阶段定稿并印制成创业计划的正式文本。

受创业计划书的专业性因素影响，撰写优秀的创业计划书对于大部分的大学生创业团队而言存在一定的难度。因此，大学生创业团队经常会考虑聘用一个外部专业人士来准备商业计划书，以便可以专心从事融资和企业创建工作。但聘请外部专业人士并不是好主意，大学生创业者或创业团队应该亲自书写整个计划书。一方面，在制订并撰写商业计划书的过程中，可以检验不同的战略和战术所产生的后果及创建企业对人员和财务的要求；另一方面，商业计划书有一个很重要的作用是使创业团队处于同一个发展阶段，统一创业思路与行动纲领。由于创业计划书涉及的内容很多，大学生创业者应积极按照创业计划书撰写的基本步骤，做好计划工作，使写作过程有条不紊地进行，团队内部成员各负其责，最后由组长统一协调定稿，以免零散、不连贯及文风相异。

五、编制创业计划书的基本原则

一份完美的创业计划书不但会增强创业者自己的信心，也会增强风险投资家、合作伙伴、员工、供应商、分销商对创业者的信心。而这些信心，正是企业走向创业成功的基础。一份好的创业计划书必须呈现竞争优势与投资者的利益，同时也要具体可行，并提出尽可能多的客观数据来加以佐证。在写作过程中应该遵守以下原则。

（一）开门见山，突出主题

创业计划书的目的是获取资源，创业计划者应该避免与主题无关的内容，要开门见山直入主题，不要浪费时间和精力来写一些与主题无关、对读者来说毫无意义的内容。另外，编制创业计划书还要考虑阅读对象的因素。目标读者不同，他们对创业计划书的要求和兴趣不一样，创业计划书的内容和侧重点也应该不同。

（二）简明扼要，通俗易懂

创业者必须认识到，创业计划书不是文学作品，也不是学术论文，飞扬的文采、深奥的专业术语不仅不能打动目标读者，反而不利于他们阅读和理解计划书。因此，创业计划书的语言应该简单明了，尽量避免专业术语，只求能够表达清楚自己的观点，不要过分渲染。

（三）结构完整，内容规范

创业计划书是一种很正式的规范性文件，在结构和内容上都有要求。创业者在撰写创业计划书时，最好有一份优秀的创业计划书作为模板进行参考。一方面，在结构上必须完整，创业计划书的各个部分都应该论述到；另一方面，在内容的表达上要做到规范化、科学化，财务分析最好采用图表描述，形象直观。

（四）观点客观，预测合理

创业计划书中的所有内容都应该实事求是，力求通过科学的分析和实地调查来表达观点和看法，尤其是市场分析、财务分析等部分不应该夸大吹嘘。对于市场占有率、销售收入、利润率等指标的预测要做到科学合理，数字尽量准确，最好不要做粗略估计。

（五）展现优势，注意保密

为了获得读者的支持，创业计划还应该尽量展现自身的优势，如先进的技术、良好的商业模式、高素质的创业团队等。但是，创业者还应该注意保护自己，对一些技术和商业机密进行保护是合理必要的。在实际操作中，通常会在创业计划书中加一条保密条款来保护自己的利益。

（六）目标明确，风险可控

初创业者不能涉及过多的业务领域，创业计划书不但要目标明确，而且要把如何区分目标市场的情况描述清楚。创业不可能没有风险，创业计划中涉及的关键风险是投资者、银行家以及其他投资者最敏感、最关注的部分。在创业计划中，一定要对可能出现的风险有充分的估计，同时，要将如何应对和管理这些风险阐述清楚，让投资者感受到这些风险是可控的。

创业计划书的完善

创业计划书有很多形式，如 PPT 格式和 Word 文件格式。基于两者的不同特点，一般同时提供两种版本：一种是完整版本（Word 格式），另一种是摘要式版本（PPT 格式）。

在创业计划书编制完成之后，创业企业还应对计划书进行检查和完善，以确保计划书能准确回答投资者的疑问，增强投资者对本企业的信心。通常，可以从以下几个方面对计划书加以检查和完善：

（1）创业计划书是否显示出创业者具有管理公司的经验。如果创业者缺乏能力去管理公司，那么一定要明确地说明，公司已经雇了一位经营大师来管理公司。

（2）创业计划书是否显示了企业有能力偿还借款。要保证给预期的投资者提供一份完整的财务比率分析。

（3）创业计划书是否显示出企业已进行过完整的市场分析。要让投资者坚信计划书中阐明的产品需求量是确实的。

（4）创业计划书是否容易被投资者所领会。创业计划书应该备有索引和目录，以便投资者可容易地查阅各个章节。此外，还应保证目录中的信息流是有逻辑的和现实的。

（5）创业计划书是否在文法上全部正确。如果不能保证，那么最好请人帮忙检查。计划书的拼写错误和排印错误很可能会使企业丧失机会。

（6）创业计划书能否打消投资者对产品、服务的疑虑。如果需要，企业可以准备一件产品模型。

本章小结

创业计划是一份对新建企业的内部环境、外部环境以及企业的战略做出详细描述的书面文件。创业计划书是包含整个项目产生的过程、决策依据、实现路径、存在问题以及问题的解决途径、财务分析和预测、风险预估和对策、加盟和退出条件等一系列内容的说明文件。创业计划的格式与内容主要包括标题页、目录、创意纲要、执行概要、业务概览、经营计划、销售计划、财务计划、法律要求、附录几个方面。编制创业计划书的基本原则包括开门见山，突出主题；简明扼要，通俗易懂；结构完整，内容规范；观点客观，预测合理；展现优势，注意保密；目标明确，风险可控。

课后练习

1. 创业计划的作用是什么?
2. 创业计划书的基本结构包括哪些内容?
3. 编制创业计划书的基本原则是什么?
4. 创业计划书的完善有哪几个方面?

读书笔记

第十章
新企业的创办与管理

知识目标

通过本章的学习,了解新企业的组织形式,大学生创业优惠政策,企业成长的概念;熟悉成长期企业运作的原则;掌握新企业注册登记的方法,新企业组织管理、营销管理、财务管理、产品管理的方法。

能力目标

能为新创办的企业进行注册登记,并采取有效的管理办法对公司进行管理,使其发展壮大。

第十章 新企业的创办与管理

第一节 新企业组织形式与选择

 企业的组织形式

企业的组织形式反映企业的性质、地位和作用,表明一个企业的财产构成、内部关系以及与外部经济组织之间的联系方式。目前,我国常见的企业组织形式有个人独资企业、合伙制企业和公司制企业(有限责任公司、股份有限公司)三大类别。

(一)个人独资企业

个人独资企业,即为个人出资经营、归个人所有和控制、由个人承担经营风险和享有全部经营收益的企业。以独资经营方式经营的独资企业有无限的经济责任,破产时借方可以扣留业主的个人财产。

1. 个人独资企业的特点

个人独资是最常见的企业组织形式,它具有以下特点:

(1)只有一个出资者。

(2)出资人对企业债务承担无限责任。在个人独资企业中,出资人直接拥有企业的全部资产并直接负责企业的全部负债,也就是说出资人承担无限责任。

(3)独资企业不作为企业所得税的纳税主体。一般来说,个人独资企业并不作为企业所得税的纳税主体,其收益纳入所有者的其他收益一并计算缴纳个人所得税。

2. 个人独资企业的优缺点

个人独资企业是企业制度序列中最初始和最古典的形态,也是民营企业中最常见的形式之一。许多的大企业、大集团,当初在创业的时候都是以个人独资企业的身份开始的。之所以会这样,是鉴于个人独资企业有以下优点:

(1)保密性强。个人独资企业由创业者经营管理,和企业相关的商业保密信息由创业者一人掌管,杜绝了核心技术机密的泄露,保证了企业在市场经济中的竞争优势。很多以配方为核心竞争力的企业都是个人独资企业,至少是从个人独资企业起步的,例如,"老干妈""俏江南"这些是我们熟知的品牌。

(2)灵活性强。创业者以个人或一个家庭为单位,无资本数量限制,而且企业的创立、转让、倒闭等行为只需创业者向政府以及相关部门登记申请即可,没有其他手续,故而免掉了很多程序,节约了时间和成本。个人独资企业不受外来限制,创业者对企业的经营有很大的自由,创业者可以灵活地调整企业的经营模式,方便快捷地解决难题,快速地适应市场。

(3)缴纳税金少。相比较法人企业,个人独资企业只需缴纳个人所得税,无双重课税。企业经营发展所赢得的利润归个人所有,无须与别人共享,企业的经济负担较小。

虽然个人独资企业有以上的优点,但它也有比较明显的缺点,具体如下:

(1)如果企业规模较小则难以筹集大量资金。创业者个人的资金终归有限,当企业还处于发展初期、规模较小的时候,借贷款难度也较大。因此,个人独资企业反过来也限制了企业的发展。

(2)高风险成为创业者的软约束。创业者以个人财产对企业承担无限责任,在硬化了企业预算约束的同时,也带来了创业者承担风险过大的问题,从而限制了创业者向风险较大的部门或领域进行投资的活动,对新兴产业的形成和发展极为不利。

(3)企业经营的连续性得不到保障。企业所有权和经营权高度统一的产权结构,虽然使企业拥有充分地自主权,但也意味着企业是创业者个人的企业,创业者的健康、学识、能力以及其所受的各种影响,都可能关乎企业的存亡。

由于个人独资企业创设条件简单,易于组建,所以大多数的小企业按个人独资企业组织设立。

(二)合伙制企业

合伙制企业是指由两人或两人以上按照协议投资,共同经营、共负盈亏的企业。合伙制企业财产由全体合伙人共有,共同经营,合伙人对企业债务承担连带无限清偿责任。

1. 合伙制企业的特点

(1)有两个以上所有者(出资者);

(2)合伙人对企业债务承担连带无限责任,包括对其他无限责任合伙人集体采取的行为负无限责任;

(3)合伙人通常按照他们对合伙企业的出资比例分享利润或分担亏损;

（4）合伙企业一般不缴纳企业所得税，其收益直接分配给合伙人。

2. 合伙制企业的优点和缺点

（1）合伙制企业的优点：

1）资金来源较广。与个人独资企业相比较，合伙企业可以从众多的合伙人处筹集资本，合伙人共同偿还债务，减少了银行贷款的风险，使企业的筹资能力有所提高。

2）管理能力较高。合伙制企业的合伙人都具有企业决策权，可以集思广益，突破个人独资企业只有创业者一人的局限性，从而提高了企业在市场的竞争力。

3）保障小股东利益。在企业管理和决策时，小股东和大股东有相同的地位，小股东也可以参与进来，这样大大地保证了小股东的利益。

（2）合伙制企业的缺点：

1）风险高。合伙制企业和个人独资企业一样，合伙人在企业倒闭还债时，个人的家庭财产也面临威胁。

2）灵活性差。合伙人的产权不可以自由出售或转让，必须经过其他合伙人的同意才可以实施。每位合伙人都要对一定比例的净利润缴纳所得税，无论他们是否获得这部分利益。由于每一位合伙人都有决策权，每一件事情都要协商才能决策，灵活性不高，如果合伙人之间有分歧矛盾，会直接影响到企业的发展。

（三）有限责任公司

有限责任公司是在我国境内依法设立的，股东以其认缴的出资额为限对公司承担责任，公司以其全部资产为限对公司的债务承担责任的企业法人。

1. 有限责任公司的特点

（1）有1～50个出资者，需要说明的是一人有限责任公司是在2005年10月27日第十届全国人大第十八次会议上通过的《公司法》中新加入的。

（2）股东出资须达到法定资本最低限额。一人有限责任公司注册资本的最低限额为10万元人民币，而一般有限责任公司注册资本的最低限额为3万元人民币。

（3）有限责任公司不能公开募集股份，不能发行股票。

（4）股东对公司的债务承担有限责任，倘若公司破产清算，股东的损失以其对公司的投资额为限。

2. 有限责任公司的优点和缺点

（1）有限责任公司的优点如下：

1）公司便于治理。由于有限责任公司产权主体多元化，每一位投资者都会按照一定的份额来享受权利、履行义务。所以，每一位投资者都有提高治理公司能力的要求，重视制定公司章程，争取让公司的决策管理实现最优，并且通过成立股东大会、董事会、监事会，来参与到公司运行的每一个环节，提高了公司的生产效率，保证了公司发展途中的公开化、透明化。

2）延续性强。具有所有权的董事由股东会选举和罢免，具有经营权的经理由董事会聘任和辞退，所以即使某些股东出让股份也不影响公司的延续，公司可以实现长远发展。

3）投资风险有限。和个人独资企业及合伙企业不同，有限责任公司的股东以投资额为限承担有限责任，出资额以外的财产不受债权影响。

（2）有限责任公司的缺点如下：

1）税收繁重。有限责任公司承担双重税收，不仅要上缴净利润的所得税，而且股东还要缴纳股息的所得税，公司财产负担较重。

2）企业规模受限。由于有限责任公司自身的限制，企业不能公开发行股票，导致企业规模受限。

（四）股份有限公司

股份有限公司是依法设立，其全部股本分为等额股份，股东以其所持股份为限对公司承担责任，公司以其全部资产对公司的债务承担责任的企业法人。股份有限公司是与其所有者即股东相对独立的法人，对公司债务承担有限责任。

1. 股份有限公司的特点

在现代企业的各种组织形式中，股份有限公司在企业组织形式中占据主导地位。股份有限公司和以上三种组织形式相比具有以下特点：

（1）有限责任。这一点与有限责任公司相同，股东对股份有限公司的债务承担有限责任，倘若公司破产清算，股东的损失以其对公司的投资额为限。而对独资企业和合伙企业，其所有者可能损失更多，甚至损失个人的全部财产。

（2）永续存在。股份有限公司的法人地位不受某些股东死亡或转让股份的影响。因此，其寿命较之独资企业或合伙企业更有保障。

（3）可转让性。股份有限公司的股份转让比独资企业和合伙企业的权益转让更为容易。

（4）易于筹资。从筹集资本的角度看，股份有限公司是最有效的企业组织形式。由于其永续存在以及举债和增股的空间大，股份有限公司具有更大的筹资能力和弹性。

（5）对公司的收益重复纳税。作为一种企业组织形式，股份有限公司也有不足，最大的缺点是对公司的收益重复纳税：公司的收益先要缴纳公司所得税；税后收益以现金股利分配给股东后，股东还要缴纳个人所得税。

2. 股份有限公司的优点和缺点

（1）股份有限公司的优点：

1）资本集中快捷。股份制有限公司可以面向大众发售股票债券，吸收社会上的闲散资金，以最快、最便捷的方式收取资金。

2）股份流动性强。股份有限公司的股票易于转让，公司可以通过资本运作、优化资源配置、提高企业自身价值，加快公司产权的流动与重组。

3）公开化。股份制有限公司必须坚持公开性原则，公开企业所有相关信息，便于社会的监督及检查，促进了公司向透明化发展，杜绝了腐败现象，有利于公司的市场竞争，保证了公司的经营效率。

（2）股份有限公司的缺点：受到来自各方面的限制较多，如法律限制和社会限制，而且设立手续复杂，组建经费较高，风险较大。

企业组织形式的选择

创业伊始，创业者不但需要了解我国现有的企业组织形式有哪些，更应当了解每一种组织形式的优劣，从而选择一种最合适的企业组织形式。通常，选择组织形式需要考虑以下五个因素。

1. 拟投资的行业

对于一些特殊的行业，法律规定只能采用特殊的组织形式，如律师事务所只能采用合伙形式而不能采用公司形式。对于银行、保险等行业，只能采用公司制。因此，根据拟投资的行业选择企业的组织形式是首要考虑的因素。对于法律强制规定了的行业，只能按照法律的要求选择组织形式。近来非常热门的私募股权基金，法律只允许选择公司制和合伙制，越来越多的私募股权基金选择了有限合伙制的组织形式。

2. 创业者的风险承担能力

创业者自身的风险承担能力是创业者必须考虑的因素之一，企业组织形式与创业者日后承担的风险息息相关。公司制企业股东仅以出资额为限承担责任，普通合伙制企业投资人、个人独资企业投资人都要承担无限责任。选择后两种企业组织形式，创业者要承担较大风险。

3. 税务因素

由于不同的企业组织形式所缴纳的税不同，因此，选择企业组织形式必须考虑税务问题。根据我国税法规定，个人独资企业和合伙企业的生产经营所得计征个人所得税，公司制企业既要缴纳企业所得税，又要在向股东分配利润时为股东代扣代缴个人所得税。因此，从税负筹划的角度，选择个人独资企业和合伙企业税负更低。

4．未来融资需要

如果创业者资金充足，拟投资的事业资金需求也不大，则采用合伙制和有限责任公司制均可，如果日后发展业务所需资金规模非常大，建议采取股份有限公司组织形式。

5．关于经营期限的考虑

对于个人独资企业，一旦投资人死亡且无继承人或者继承人决定放弃继承，则企业必须解散。合伙企业由合伙人组成，一旦合伙人死亡，除非不断吸收新的合伙人，否则合伙企业寿命也是有限的。因此，合伙企业和个人独资企业经营期限都不会很长，很难持续发展下去。但公司制企业则不同，除出现法定解散事由或股东决议解散外，原则上公司制企业可以永远存在。

当然，除上述因素外，还可以从投资权益的自由流通和经营管理需要等多个方面就企业组织形式的优劣进行分析比较，进而选择最合适的组织形式。

第二节　新企业的选址与注册登记

 新企业的选址

创业者开始走上真正的创业之路，并需要成立一家企业，那么有一个真正属于自己的正规的办公场所就显得十分重要。新企业的选址对于新企业的生存有时起着非常关键的作用。创业者在进行新企业的选址时需要考虑一些具体的因素，遵循一定的规范流程，在开展具体选址调查时要符合客观、科学、全面等要求。

（一）新企业选址需要考虑的因素

经济、技术、政治、社会文化、自然等方面的因素均会影响新企业选址的决策过程。

1. 经济因素

一般来说，新企业设立在关联企业和关联机构相对集中的地区就会相对容易获得成功。这是因为如果相互关联的企业集中在某一地区选址，该区域内的企业将产生一种既竞争又合作的关系，这种关系将推动该地区经济竞争力的发展，共同实现区域繁荣。

2. 技术因素

由于新技术对于高科技新企业的成功起着关键作用，因此相当多的高科技企业在创业选址时，将企业建在技术研发中心附近或新技术信息传递比较迅速的地区，以在第一时间掌握技术的变化趋势，规避技术进步的不确定性带来的风险。例如，美国的硅谷、我国的中关村等都是根据技术因素选址的典型代表。

3. 政治因素

政治因素是指影响企业经营的各种政治要素，包括政局、政策等。

政局即政治局面或政治局势，是指创业企业所处的国家或地区的政治状况。一个国家或地区的政局稳定与否会给企业，特别是创业企业的生产和营销活动带来重大影响。稳定的政局会给企业带来良好的生产和营销环境；相反，政局不稳定，社会矛盾尖锐，社会秩序混乱，不仅会影响经济发展和民众的购买力，而且对企业的营销心理也有重大的影响。因此，创业者在创业前要对影响企业经营的政局环境进行详细分析。

各个国家在不同时期，根据不同需要颁布各种不同政策，制定各种经济发展方针，这些政策对创业企业的活动有着重要影响。政策是国家或执政党为实现一定历史时期的路线和任务而规定的行动准则。国家政策是企业经营必须遵守的准则，企业制订的经营战略和目标必须适应国家政策，创业者应对各种相关政策有充分的了解，并能对它们的变化趋势做出正确的判断，充分利用政策带来的机会来选择有利的地理位置。

4．社会文化因素

不同地域的社会习俗、文化价值观、生活态度等方面差别很大，社会对安全、健康、营养及环境的关注程度也不尽相同，因此，新企业在选址时，如果不考虑上述因素，其所提供的产品或服务就很有可能不被其所在地的市场接受。

5．自然因素

在新企业选址时，创业者还必须考虑气候变化、地质状况、水资源可利用性等自然因素，这些因素可能影响企业日常生产经营调度、原材料供给、安全生产等方面。

（二）新企业选址的步骤

一个企业经营项目，若选错了地址，小则影响生意兴隆，大则可能导致"关门大吉"。创业选址工作，对于一些缺乏经验的创业者来说，是创业者需要面对的一个难题，对于大学生更是如此，新企业选址的具体步骤如下。

1．分析客户群体，选择黄金场地

每个行业都有自己的对应的消费人群，不同的行业需要不同的区位场地，所以在选择场地时，首先就要正确分析客户群体，判断所选场地是否靠近你的客户群体。例如，要开一个小商品零售店，就应该选择在人群密集区域；如果打算开一个有情调的茶吧，那么选址则要在幽静的场地。总之，企业的环境一定要与客户群体相适应，选择有针对性的黄金场地。

2．考虑租金承受力，做好成本考量

初次创业者一般还没有能力拥有一个场地，这时创业者就要考虑租房。开业初期，需要资金的地方很多，还需要一定的储备资金，所以在选择地点时企业的租金也至关重要，租金的高低与以下两个方面息息相关：

（1）办公场所面积。需要考虑清楚自己要用到多大面积的办公场地。如果准备开一个微型公司，潜在客户也不需要来访，那就找一个小办公室。如果公司业务网较大，那就需要足够大的面积，能容纳员工，且拥有多种功能。

(2)房屋情况。办公场地的结构、装修等情况也是需要着重考虑的因素。一般来说，新企业的老板们倾向于选择水电安装、房屋装修到位的办公室，这样直接入驻，就能开展工作了。

3. 留意交通情况，方便客户驻留

交通是否顺畅已经成了企业最关心的因素之一。交通甚至会改变城市人口的经济行为、居住选择、空间概念。例如，商店附近的交通状况会在很大程度上影响商店的经营状况，尤其是住宅区，上班与下班的高峰时间，街道两旁的行人、车辆，可呈现明显的差距，因此，创业者一般在商店选址时都会考虑交通路线问题。很多消费者通常会在下班回家的途中进行消费，因此并不是主干道的旁边才算是开设商店的黄金位置，由主干道延伸出的巷弄内，也有许多适合开店的地点。而一般评估巷道内的"黄金店面"，多可用漏斗理论，即同一个街口，如果有数家商店，那么位于主干道转进巷道的第一家商店，会像漏斗一样，最先吸引消费者入店。

4. 考察周边环境，促进良性循环

有了备选地点之后，要考察周边的环境，包括社会环境和自然环境。这个时候要从两个角度来考量，一个是获利的角度：有什么迹象显示你中意的地点可以给你创造佳绩？另一个就是从客户的角度：如果是你，你会不会到这儿来逛街？逛到这儿的时候会不会进来看看？即便是黄金地段也有冷清的店铺，二级商圈里也有热门的区位。

（三）新企业选址的策略

1. 生产性质的新企业选址

生产性质的新企业在选址时要考虑周边地区具备的生产条件：交通方便，便于原料运进和产品运出；生产用电要充足，生产用水要保证；生产所使用的原料基地要尽量距离企业地址不远；所使用的劳动力资源要尽量就地解决；当地税收是否有优惠政策等。如果是一些可能对环境造成影响的生产项目，还须考虑环保问题。

2. 商业性质的新企业选址

商业性质的新企业在选址时应考虑创业地点的实际情况、客流量、店铺租金等方面，如在城市，若干个商业圈往往可以带动圈内商业的规模效应，新企业选择建立在商业圈内会较易经营，但与繁华商业圈寸土寸金的消费能力相应，其店铺租金或转让费也十分昂贵，往往会让创业者捉襟见肘，使新企业很难在商业圈内得到一席之地。为此，创业者可以在商业圈内利用联合经营、委托代销等方式或者在商业圈边缘选址，转向"次商圈"，将因此而节约下来的资金用于货品升级、提升服务等。

3. 服务性质的新企业选址

服务性质的新企业在选址时要根据具体的经营对象灵活选址，但对

第二节　新企业的选址与注册登记

客流量要求较高。"天下熙熙，皆为利来；天下攘攘，皆为利往"，因而，可以说客流在一定意义上就等于财流。在车水马龙、人流量大的地段经营，服务性质的新企业成功的概率往往比在人迹罕至的地段要高得多，但也应结合企业的目标消费群体的特点。

与竞争对手的相对位置是影响服务企业选址的一个非常重要的因素。服务业企业在进行设施选址时不仅必须考虑竞争者的现有位置，还需估计他们对新选址的反应。在有些情况下，选址时应该避开竞争对手，但对于商店、小吃店等，在竞争者附近设址有更多的好处。在这种情况下，可能会有一种"聚集效应"。

案例　选址的重要性

经营一个小休闲吧一年多的时间，从当初的惨淡维持到目前的渐有起色，业主马女士说，开店选地址是非常重要的，不能只凭自己的主观判断和房东的热情推荐，否则经营得再好，也受先天不足的制约。

马女士很早就有自己创业的想法，经过自己的考察和朋友的建议后，她选择开一个小型休闲吧。很多人在娱乐方面比较喜欢打扑克，马女士看好这个市场。考虑到一些繁华地带已经有了很多著名品牌的连锁咖啡店，马女士就决定从次一级的地段入手，黄河路沿线成了她的首选。看了好几个地方，租金都太贵，后来一个大约 60 平方米的小店面吸引了她。

这个地方原先开过饭店，包间的格局基本已经定了，房东租得很便宜，每个月只要 2 000 元。但有一个缺点就是不临街，而是在黄河路的侧面上。装修的花费不高，租下来 10 天左右就开业了。收入的主要来源就是饮料和小吃等，马女士预计有一半的上座率，每天翻两番，每天营业收入可以达到 1 000 元。咖啡、小吃的成本很低，初期只请了一个服务员，工资 2 000元。这种小吧只在客人刚来的时候忙一点，太忙了自己就顶一阵。这样每月的营业额能达到 3 万元。

但实际情况并不是马女士估计的那样，地段不醒目，客人来得零零落落，周围几个没有固定职业的邻居倒是常来。因为没设最低消费，他们只要一壶 20 元的茶水，几个人就能坐上一天。烟抽得很大，小店面积还小，也影响了别的客人。

马女士想了几种办法来增加人气，联系几位常玩的朋友，让他们把客人往这儿带，发打折的会员卡等。一番努力之下，人来得渐渐多了，这时候地段又成为致命的影响因素，朋友让人来，电话里说了好几遍人家也不知道怎么走，发传单，标明小店的位置也费了很大周折。

现在，马女士的小休闲吧渐渐有了人气。她总结自己的创业经验表示，地段还是非常重要的，好地段可能会贵一点，但是绝对物有所值，同样一番努力，如果地段好一点，自己多付出的租金也早就挣回来了。

二 新企业的注册登记

（一）个人独资企业注册登记

1. 个人独资企业注册登记应提交文件材料目录

（1）投资人签署的《个人独资企业设立登记申请书》（表10-1）。

（2）投资人身份证明。

（3）企业住所证明。

（4）国家市场监督管理总局规定提交的其他文件。

（5）法律、行政法规规定须报经有关部门审批的业务的有关批准文件。

2. 说明

（1）申请人是指向登记机关提出设立登记申请的人。申请人是投资人的，应提交投资人的身份证明；申请人是投资人委托代理人的，应提交投资人的委托书和代理人的身份证明或资格证明。申请人也是领取执照人。

（2）申请人提交的文件、证明应当是原件，不能提交原件的，其复制件应当由登记机关核对。

（3）申请人应当使用钢笔、毛笔或签字笔认真填写表格或签字。

（4）投资人身份证明是指投资人的居民身份证或户籍证明。

（5）企业住所证明：投资人自有的住所，应当提交房管部门出具的产权证明；租用他人的场所，应当提交租赁协议和房管部门的产权证明。没有房管部门产权证明的，提交其他产权证明。企业住所在农村，没有房管部门颁发的产权证明的，可提交村委会出具的证明。

（6）申请书中"居所"是指投资人的现住址。申请人在填写申请书中"居所""企业住所"栏时，应填写所在市、县、乡（镇）及村、街道门牌号码。

（7）申请人在填写申请书中"出资方式"栏时，在选择项的序号上划"√"。

（8）申请人在填写申请书中"从业人员数"栏时，应填写企业拟聘用从业人员的数量。

表 10-1　个人独资企业设立登记申请书

一、投资人基本情况					
姓　　名		性　别		出生日期	照片粘贴处
文化程度		政治面貌		民　族	
居　　所				邮政编码	

续表

身份证号		联系电话	
申请前职业状况			
二、申请登记项目			
企业名称			
备用名称1			
备用名称2			
企业住所		邮政编码	
		联系电话	
经营范围及方式			
出资额	万元	从业人员数	人
出资方式（请在选择上打"√"）	1．以个人财产出资 2．以家庭共有财产作为个人出资 家庭成员签名		
投资者身份证粘贴处	投资人名字：		
	申请日期		

（二）合伙企业注册登记

1．登记依据

合伙企业的登记依据是《中华人民共和国合伙企业法》和《中华人民共和国合伙企业登记管理办法》。

2．登记条件（设立）

（1）有两个以上合伙人。合伙人为自然人的，应当具有完全民事行为能力。

（2）有书面合伙协议。

（3）有合伙人认缴或者实际缴付的出资。

（4）有合伙企业的名称和生产经营场所。

（5）法律、行政法规规定的其他条件。

3．登记程序

合伙企业的登记程序为：审查→受理→决定。

4. 登记期限

（1）材料不齐全、形式不合法的，5日内告知申请人需要补正的全部内容。

（2）材料齐全、形式合法，不需核实的，当场决定受理，做出准予登记决定，当场核发营业执照。

（3）需要核实的，自受理之日起15日内核实，并做出是否准予登记的决定，准予登记的，10日内核发营业执照。

5. 提交申请材料目录（设立）

（1）全体合伙人签署的《合伙企业设立登记申请书》。

（2）全体合伙人的主体资格证明或者自然人的身份证明。合伙人为自然人的，提交居民身份证复印件；合伙人是企业的，提交营业执照副本复印件；合伙人为事业法人的，提交事业法人登记证书复印件；合伙人为社团法人的，提交社团法人登记证复印件；合伙人为农民专业合作社的，提交农民专业合作社营业执照副本复印件；合伙人为民办非企业单位的，提交民办非企业单位证书复印件。

（3）全体合伙人指定的代表或者共同委托的代理人的委托书。

（4）全体合伙人签署的合伙协议。

（5）全体合伙人签署的对各合伙人认缴或者实际缴付出资的确认书。

（6）主要经营场所证明。某一合伙人以自有经营场所作为出资的，提交房管部门出具的产权证明；租用他人场所的，提交租赁协议和房管部门的产权证明。没有房管部门产权证明的，提交其他产权证明。经营场所在农村的，没有房管部门颁发的产权证明的，提交场所所在地村委会出具的证明。

（7）全体合伙人签署的委托执行事务合伙人的委托书；执行事务合伙人是法人或其他组织的，还应当提交其委派代表的委托书和身份证明复印件。

（8）合伙人以实物、知识产权、土地使用权或者其他财产权利出资，经全体合伙人协商作价的，提交全体合伙人签署的协商作价确认书；经全体合伙人委托法定评估机构评估作价的，提交法定评估机构出具的评估作价证明。

（9）法律、行政法规规定设立特殊的普通合伙企业需要提交合伙人的职业资格证明的，提交相应证明。

（10）办理了名称预先核准的，提交名称预先核准通知书。

（11）法律、行政法规或者国务院决定规定在登记前须经批准的项目的，提交有关批准文件。

（12）国家市场监督管理总局规定提交的其他文件。

（三）有限公司设立登记须知

1. 登记依据

有限公司登记的依据有：《民法通则》《中华人民共和国公司法》《中

华人民共和国公司登记管理条例》。

2. 登记条件

申请有限责任公司登记应具备下列条件：

（1）股东符合法定人数。

（2）股东出资达到法定资本最低限额。

（3）股东共同制定公司章程。

（4）有公司名称，建立符合有限责任公司要求的组织机构。

（5）有固定的生产经营场所和必要的生产经营条件。

3. 登记程序

有限公司的登记程序为：审查→受理→决定。

4. 登记期限

（1）材料不齐全、形式不合法的，5日内告知申请人需要补正的全部内容。

（2）材料齐全、形式合法，不需核实的，当场决定受理，做出准予登记决定，10日内核发《营业执照》。

（3）需要核实的，自受理之日起15日内核实，并做出是否准予登记的决定，准予登记的，10日内核发《营业执照》。

5. 应提交的申请材料目录

一般有限责任公司设立登记应提交的材料如下：

（1）公司法定代表人签署的《公司设立登记申请书》。

（2）全体股东签署的《指定代表或者共同委托代理人的证明》（股东为自然人的由本人签字；自然人以外的股东加盖公章）及指定代表或委托代理人的身份证复印件（本人签字）。

应标明具体委托事项、被委托人的权限、委托期限。

（3）全体股东签署的公司章程（股东为自然人的由本人签字；自然人以外的股东加盖公章）。

（4）股东的主体资格证明或者自然人身份证明复印件。股东为企业的，提交营业执照副本复印件；股东为事业法人的，提交事业法人登记证书复印件；股东为社团法人的，提交社团法人登记证复印件；股东为民办非企业单位的，提交民办非企业单位证书复印件；股东为自然人的，提交身份证复印件。

（5）依法设立的验资机构出具的验资证明。

（6）股东首次出资是非货币财产的，提交已办理财产权转移手续的证明文件。

（7）董事、监事和经理的任职文件及身份证明复印件。

依据《中华人民共和国公司法》和公司章程的规定和程序，提交股东会决议、董事会决议或其他相关材料。股东会决议由股东签署（股东为自然人的由本人签字；自然人以外的股东加盖章），董事会决议由董事签字。

（8）法定代表人任职文件及身份证明复印件。根据《中华人民共和国公司法》和公司章程的规定和程序，提交股东会决议、董事会决议或其他相关材料。股东会决议由股东签署（股东为自然人的由本人签字；自然人以外的股东加盖章），董事会决议由董事签字。

（9）住所使用证明。自有房产提交产权证复印件；租赁房屋提交租赁协议复印件以及出租方的房产证复印件；未取得房产证的，提交房地产管理部门的证明或者购房合同及房屋销售许可证复印件；出租方为宾馆、饭店的，提交宾馆、饭店的营业执照复印件。

（10）《企业名称预先核准通知书》。

（11）法律、行政法规和国务院决定规定设立有限责任公司必须报经批准的，提交有关的批准文件或者许可证书复印件。

（12）公司申请登记的经营范围中有法律、行政法规和国务院决定规定必须在登记前报经批准的项目，提交有关的批准文件或者许可证书复印件或许可证明。

依照《中华人民共和国公司法》《公司登记管理条例》设立的除一人有限责任公司和国有独资公司以外的有限责任公司申请设立登记适用本规范。

《公司设立登记申请书》《指定代表或者共同委托代理人的证明》可以通过国家市场监督管理总局中国企业登记网（http://qyj.saic.gov.cn）下载或者到各工商行政管理机关领取。

以上各项未注明提交复印件的，应当提交原件；提交复印件的，应当注明"与原件一致"并由股东加盖章或签字。

（四）一人有限责任公司设立登记

1. 登记依据

一人有限责任公司的登记依据有：《中华人民共和国公司法》《中华人民共和国行政许可法》《中华人民共和国公司登记管理条例》《企业登记管理程序规定》《公司注册资本登记管理规定》。

2. 办理程序

一人有限责任公司的办理程序为：名称预先核准→向工商登记机关申请登记→工商登记机关审查、受理（当场或5日内）→工商行政机关当场做出是否准予登记的决定→发核准决定书（当场）→颁发营业执照（核准决定做出后10日内）。

3. 申报材料

（1）公司法定代表人签署的设立登记申请书。

（2）股东指定代表或者委托代理人的证明。证明应由股东盖章或签字（自然人股东），应标明具体委托事项和被委托人的权限。

（3）公司章程。

（4）依法设立的验资机构出具的验资证明，法律、行政法规另有规定的除外。

（5）股东首次出资是非货币财产的，应当在公司设立登记时提交已办理其财产权转移手续的证明文件。

（6）股东的主体资格证明或者自然人身份证明（复印件）。

（7）载明公司董事、监事、经理的姓名、住所的文件以及有关委派、选举或者聘用的证明。根据公司章程的规定和程序，提交股东决议，由股东盖章或签字（自然人股东）。

（8）公司法定代表人任职文件和身份证明。根据本公司章程的规定和程序，提交股东决议。股东决议由股东盖章或签字（自然人股东）。

（9）企业名称预先核准通知书。

（10）公司住所证明。自有房产提交产权证复印件；租赁房屋提交租赁协议原件或复印件以及出租方的产权证复印件；以上不能提供产权证复印件的，提交其他房屋产权使用证明复印件。

（11）国家市场监督管理总局规定要求提交的其他文件。外商投资的有限责任公司的股东首次出资额应当符合法律、行政法规的规定，其余部分应当自公司成立之日起2年内缴足，其中，投资公司可以在5年内缴足。

（12）法律、行政法规规定设立有限责任公司必须报经审批的，提交有关部门的批准文件。

（13）公司的经营范围中，属于法律、行政法规规定必须报经审批项目的，提交有关部门的批准文件。

大学生创业优惠政策

（一）税收优惠

持人社部门核发《就业创业证》（注明"毕业年度内自主创业税收政策"）的高校毕业生在毕业年度内（指毕业所在自然年，即1月1日至12月31日）创办个体工商户、个人独资企业的，3年内按每户每年8 000元为限额依次扣减其当年实际应缴纳的增值税、城市维护建设税、教育费附加和个人所得税。对高校毕业生创办的小型微利企业，按国家规定享受相关税收支持政策。

（二）创业担保贷款和贴息

对符合条件的大学生自主创业的，可在创业地按规定申请创业担保贷款，贷款额度为 10 万元。鼓励金融机构参照贷款基础利率，结合风险分担情况，合理确定贷款利率水平，对个人发放的创业担保贷款，在贷款基础利率基础上上浮 3 个百分点以内的，由财政给予贴息。

（三）免收有关行政事业性收费

毕业 2 年以内的普通高校学生从事个体经营（除国家限制的行业外）的，自其在工商部门首次注册登记之日起 3 年内，免收管理类、登记类和证照类等有关行政事业性收费。

（四）享受培训补贴

对大学生创办的小微企业新招用毕业年度高校毕业生，签订 1 年以上劳动合同并交纳社会保险费的，给予 1 年社会保险补贴。对大学生在毕业学年（即从毕业前一年 7 月 1 日起的 12 个月）内参加创业培训的，根据其获得创业培训合格证书或就业、创业情况，按规定给予培训补贴。

（五）免费创业服务

有创业意愿的大学生，可免费获得公共就业和人才服务机构提供的创业指导服务，包括政策咨询、信息服务、项目开发、风险评估、开业指导、融资服务、跟踪扶持等"一条龙"创业服务。

（六）取消高校毕业生落户限制

高校毕业生可在创业地办理落户手续（直辖市按有关规定执行）。

（七）创新人才培养

创业大学生可享受各地各高校实施的系列"卓越计划"、科教结合协同育人行动计划等，同时享受跨学科专业开设的交叉课程、创新创业教育试验班等，以及探索建立的跨院系、跨学科、跨专业交叉培养创新创业人才的新机制。

（八）开设创新创业教育课程

自主创业大学生可享受各高校挖掘和充实的各类专业课程和创新创业教育资源，以及面向全体学生开发开设的研究方法、学科前沿、创业基础、就业创业指导等方面的必修课和选修课；同时享受各地区、各高校资源共享的慕课、视频公开课等在线开放课程，和在线开放课程学习认证和学分认定制度。

第二节　新企业的选址与注册登记

（九）强化创新创业实践

自主创业大学生可共享学校面向全体学生开放的大学科技园、创业园、创业孵化基地、教育部工程研究中心、各类试验室、教学仪器设备等科技创新资源和试验教学平台。参加全国大学生创新创业大赛、全国高职院校技能大赛，和各类科技创新、创意设计、创业计划等专题竞赛，以及高校学生成立的创新创业协会、创业俱乐部等社团，提升创新创业实践能力。

（十）改革教学制度

自主创业大学生可享受各高校建立的自主创业大学生创新创业学分累计与转换制度；还可享受学生开展创新试验、发表论文、获得专利和自主创业等情况折算为学分，将学生参与课题研究、项目试验等活动认定为课堂学习的新探索。同时，也享受为有意愿有潜质的学生制订的创新创业能力培养计划，创新创业档案和成绩单等系列客观记录并量化评价学生开展创新创业活动情况的教学实践活动。优先支持参与创业的学生转入相关专业学习。

（十一）完善学籍管理规定

有自主创业意愿的大学生，可享受高校实施的弹性学制，放宽学生修业年限，允许调整学业进程、保留学籍休学创新创业。

（十二）大学创业指导服务

自主创业大学生可享受各地各高校对自主创业学生实行的持续帮扶、全程指导、一站式服务，以及地方、高校两级信息服务平台，为学生实时提供的国家政策、市场动向等信息，与创业项目对接、知识产权交易等服务。可享受各地在充分发挥各类创业孵化基地作用的基础上，因地制宜建设的大学生创业孵化基地，与相关培训、指导服务等扶持政策。

四　新企业的社会认同

企业社会责任的概念已经广被接受，但就国际社会而言，还没有一个统一的定义。但从国际组织对企业社会责任给出的定义可以看出，其基本内涵和外延是一致的，它是指企业在创造利润、对股东利益负责的同时，还要承担起对企业利益相关者的责任，保护其权益，以获得在经济、社会、环境等多个领域的可持续发展能力。利益相关者是指企业的员工、消费者、供应商、社区和政府等。企业得以可持续经营，仅仅考虑经济因素对股东负责是远远不够的，必须同时考虑到环境和社会因素，承担起相应的环境责任和社会责任。

（一）新企业对企业员工的责任

员工是企业内部的利益相关者，也是企业发展的基础。新企业需要采取完善的组织管理、建立薪酬激励机制、营造企业文化等措施，提高员工待遇，改善员工工作环境，依法维护员工的合法权益，激励员工为企业创造更多价值。

（二）新企业对股东的责任

股东是企业的投资人，是企业产生利润的直接相关者。新企业必须对股东的资金安全和收益负责，严格遵循国家法律法规的规定，为股东争取丰厚的投资回报，不得欺骗股东，必须向股东发布企业生产经营的真实情况，提供企业融资方面的可靠信息，保证资本保值增值与进行股利分配，公正合理地对待投资者的利润和附加利润的分配。

（三）新企业对消费者的责任

消费者是企业实现利润最大化的利益相关者，其购买行为决定企业的生存与发展。新企业应把满足消费者物质和精神需求作为责无旁贷的义务，尊重与维护消费者的合法权益，承担起对消费者的责任。新企业不仅为消费者提供可以信赖、货真价实、物美价廉、舒适耐用和安全可靠的产品或服务，而且要履行在产品质量和服务水平等方面对消费者的承诺，并且自觉接受社会公众与政府的监督。

（四）新企业对环境与资源的责任

生态环境与自然资源是人类赖以生存和发展的基础，是企业成长与发展的利益相关者。企业作为社会公民对资源和环境的可持续发展负有不可推卸的责任，而企业履行社会责任。通过技术革新不仅可以减少生产活动各个环节对环境可能造成的污染，同时也可以降低能耗，节约资源，降低企业生产成本，从而使产品价格更具竞争力。企业还可通过公益事业与社区共同建设环保设施，以净化环境，保护社区及其他公民的利益。这将有助于缓解城市，尤其是工业企业集中的城市经济发展与环境污染严重、人居环境恶化之间的矛盾。

（五）新企业对社区的责任

社区是企业的外部利益相关者。新企业需要成为所在社区建设的主动参与者，与之建立起广泛的联系，并采取适当方式对社区环境的改变给予回馈。新企业应承担与社区建立和谐融洽关系的责任,积极参与社区的公益活动,为社区公益事业提供慈善捐助;济困扶贫,关心弱势群体,为社区提供更多的就业岗位,缓解社区居民的就业压力;保持社区环境清洁,为社区居民提供更好的生活环境。

(六)新企业对政府的责任

政府作为企业重要的利益相关者,要为企业生产经营活动营造良好的宏观环境。在市场经济背景下,政府在社会上扮演着为社会组织与社会公民服务的角色,监督与秉持公正的角色。新企业作为社会组织或社会公民,应对遵守政府的有关法律和政策规定承担责任,接受政府有关部门的监督、指导与管理,合法经营、依法纳税。在服务和回馈社会的同时,促进社会进步与社会稳定。

第三节 新企业管理

一 新企业管理的特殊性

新企业在全球创业观察（GEM）的报告中，指的是成立时间为42个月以内的企业。新企业在发展过程中，容易遭遇资金不足、制度不完善以及因人设岗等问题。企业主要把希望寄托在产品（服务）的市场前景和创业者的企业家精神上，而企业的财务资本、人力资本、技术水平、治理结构和管理制度都十分有限，更没有品牌、商誉等无形资产，生存是企业的首要任务。因此，企业不仅要面临外部环境竞争的极大压力，还要面对各种资源短缺的压力。

（1）新企业创业初期是以生存为首要目标的行动阶段。创业初期的首要任务是在市场中生存下来，让消费者认识和接受自己的产品或服务。只有这样，企业才能够持续地为顾客创造价值，才能继续发展壮大。因此，在创业阶段，企业应始终将"生存"放在第一位，一切行为都要围绕生存而运作，一切危及生存的做法都必须予以避免。不要空谈理想，而忽略了企业生存这一根基；也不要墨守成规、只顾眼前，而失去了企业发展的大好机会；最忌讳的，就是在创业阶段不切实际地进行盲目扩张，其结果只会是：不但不会成功"跨越"，反而会加速创业企业的灭亡。

（2）新企业创业初期是主要依靠自有资金创造自由现金流的阶段。现金流是指，不包括资本支出以及纳税和利息支出的经营活动的净现金流。它就像是人的血液，企业可以承担暂时的亏损，但不能承受现金流的中断。新企业创业初期，企业需要大量的资金用于购买机器、厂房、办公设备、生产资料、技术研究与开发、销售等，而该时期企业的资金来源有限、风险较大、风险承受能力有限，产品刚投入市场，销路尚未打开，造成产品积压，现金的流出经常大于现金的流入，资金相对匮乏。由于一般投资者无法承受巨大的风险，而企业又没有过去的经营记录和信用记录。因此，新企业从银行获取贷款的可能性和向新投资者获取权益性资金的可能性均很小,企业主要依靠创业者自己或朋友亲戚的资金资助,通过加大营销力度,扩大市场份额和规模来创造自由现金流,以解决企业的生存问题。

(3)新企业创业初期是充分调动"所有的人做所有的事"的群体管理阶段。新企业创业初期组织结构比较简单,创业者或经理不仅对部门负责,而且和部门负责人一起面对企业的全体员工及其岗位,创业者或核心管理者常常既是管理者,又是技术人员或市场业务员,甚至总经理、总工程师、市场部经理等都是创业者一人兼任。企业组织很不正规,没有明确的分工,采取个人独立工作或分散的小组运作方式,通常有许多人同时担任好几种职责,但效率高。

(4)新企业创业初期是一种"创业者亲自深入运作细节"的阶段。新企业创业初期由于企业规模较小,组织管理的层次较少,管理上基本都是直线控制指挥,一般为企业家、创业者直接领导,他们处于最强有力的位置,采用仁慈独裁式或独裁式领导。事无巨细,一般要创业者直接参与决策,甚至创业者本人到第一线直接参与经营活动。创业者是企业的核心,控制并参与企业的全部经营业务,包括原材料、能源、经营、资产与合作。

 二 新企业的组织管理

1. 企业的组织架构

企业的组织架构主要有以下几种形式:

(1)直线制。直线制是一种最早也最简单的组织形式。其特点是企业各级行政单位从上到下实行垂直领导,下属部门只接受一个上级的指令,各级主管负责人对所属单位的一切问题负责。厂部不另设职能机构,一切管理职能基本上都由行政主管自己执行。

(2)职能制。职能制组织结构是各级行政单位除主管负责人外,还相应地设立一些职能机构。如在厂长下面设立职能机构和人员,协助厂长从事职能管理工作。这种结构要求行政主管把相应的管理职责和权力交给相关的职能机构,各职能机构就有权在自己业务范围内向下级行政单位发号施令。因此,下级行政负责人除了接受上级行政主管指挥外,还必须接受上级各职能机构的领导的指挥。

(3)直线—职能制。直线—职能制也称为生产区域制或直线参谋制。它是在直线制和职能制的基础上,取长补短,吸取这两种形式的优点而建立起来的。目前,绝大多数企业都采用这种组织结构形式。这种组织结构形式是把企业管理机构和人员分为两类,一类是直线领导机构和人员,按命令统一原则对各级组织行使指挥权;另一类是职能机构和人员,按专业化原则,从事组织的各项职能管理工作。直线领导机构和人员在自己的职责范围内有一定的决定权和对所属下级的指挥权，并对自己部门的工作负全部责任。而职能机构和人员则是直线指挥人员的参谋，不能对直接部门发号施令，只能进行业务指导。

（4）事业部制。事业部制最早是由美国通用汽车公司总裁阿尔弗雷德·斯隆于1924年提出的，故有"斯隆模型"之称，也称"联邦分权化"，是一种高度（层）集权下的分权管理体制。其适用于规模庞大、品种繁多、技术复杂的大型企业，是国外较大的联合公司所采用的一种组织形式，近几年，我国一些大型企业集团或公司也引进了这种组织结构形式。

（5）矩阵制。在组织结构上，把既有按职能划分的垂直领导系统，又有按产品（项目）划分的横向领导关系的结构，称为矩阵组织结构。矩阵制组织是为了改进直线职能制横向联系差、缺乏弹性的缺点而形成的一种组织形式。其特点表现在围绕某项专门任务成立跨职能部门的专门机构上，例如，组成一个专门的产品（项目）小组去从事新产品开发工作，在研究、设计、试验、制造各个不同阶段，由有关部门派人参加，力图做到条块结合，以协调有关部门的活动，保证任务的完成。这种组织结构形式是固定的，人员却是变动的，任务完成后就可以离开。项目小组和负责人也是临时组织和委任的，任务完成后就解散，有关人员回原单位工作。因此，这种组织结构非常适用于横向协作和攻关项目。

2．企业主要部门及职责

无论企业是什么组织结构，营销部、采购部、制造部、财务部、人力资源部、信息部、技术部是最基本和最重要的部门之一。这些部门职能的完成情况和它们之间的相互协作情况基本上决定了整个企业的绩效。

（1）营销部。企业的利润是由销售收入带来的，销售实现是企业生存和发展的关键。而销售订单的取得依赖于市场营销的力度。随着市场竞争的加剧，企业的销售工作越来越难，人们发现单靠销售部门努力去推销很难实现企业的目标。必须靠与营销结合才能不断推动企业的销售工作，实现企业的战略目标。

（2）采购部。采购是企业运作的重要环节。据统计，产品成本的1/3是物料成本，而采购价格是物料成本的重要组成部分。另外，采购承担着为企业获取资源的责任，保证企业连续生产运作。在信息化和市场竞争一体化的形式下，采购理念和职能都在不断更新，基于供应链模式下完成采购职能是采购管理的最有效方式。现代采购管理从职能管理转向流程管理，从采购管理转向供应管理，从企业间交易性管理转向关系性管理，从零和竞争转向多赢竞争，从简单的多元化经营转向核心竞争力管理。供应链管理成了采购管理职能的重要内容。

（3）制造部。生产制造是企业价值创造的主要承担者，承担着企业产品形成的功能。

现代企业的生产要求及时快速地生产出市场需要的产品，而且成本要求越来越低，质量要求越来越高，生产管理在方法上不断创新，ERP、JIT、全面质量管理以及 ISO 9000 质量管理体系在企业生产管理中得到广泛应用，生产制造部门承担的职责不断强化，计划的准确性不断提高，企业精细化集成管理时代已经到来。

（4）财务部。财务部包括企业财务和会计的职能，是企业资金运转和利用效率的管理者。

（5）人力资源部。人力资源是企业最重要的竞争资本，人力资源的管理也成为现代企业管理最重要的方面。

（6）信息部。信息部是企业收集企业内部动态、市场、客户、竞争对手，以及国家即将推行的各种行业相关政策等信息的部门，信息的重要性在这个互联网时代已经不言而喻，谁能预先得到有价值的信息，谁就离成功更近一步。

（7）技术部。企业技术部的职能主要是为企业研发新产品，开发产品新功能，维护企业内部信息化设备、企业生产设备、计算机、局域网络等通信设施等。

3．新企业的战略选择

竞争战略之父迈克尔·波特提出了三大基本战略，即低成本战略、差异化战略和专一化战略。迈克尔·波特认为，这些战略类型的目标是使企业的经营在产业竞争中高人一筹。在一些产业中，这意味着企业可取得较高的收益；而在另外一些产业中，一种战略的成功可能只是企业在绝对意义上能获取些微收益的必要条件。有时企业追逐的基本目标可能不止一个，但迈克尔·波特认为这种情况实现的可能性是很小的，因为有效贯彻任何一种战略，通常都需要全力以赴，并且要有一个支持这一战略的组织安排。如果企业的基本目标不止一个，则这些方面的资源将被分散。

（1）低成本战略。成本领先要求坚决地建立起高效规模的生产设施，在经验的基础上全力以赴降低成本，抓紧成本与管理费用的控制，以及最大限度地减少研究开发、服务、推销、广告等方面的成本费用。

（2）差异化战略。差异化战略是将产品或公司提供的服务差别化，树立起一些全产业范围中具有独特性的东西。实现差异化战略可以有许多方式，如设计名牌形象、技术、性能特点、顾客服务、商业网络及其他方面的独特性。

（3）专一化战略。专一化战略是从竞争态势和全局出发进行专一化，把有限的人力、财力、物力、领导的关注力、企业的潜在力等聚焦在某一方面，力求从某一局部、某一专业、某一行业进行渗透和突破，形成和凸显企业自身的优势，争取企业在竞争中的主动性和有利形势。它是一种避免全面出击、平均使用力量的创业战略，更是一种进行市场和产品的深度开发、促进企业获取超额利润的竞争战略。

波特认为，这三种战略是每一个公司必须明确的，因为徘徊其间的公司处于极其糟糕的战略地位。这样的公司缺少市场占有率，缺少资本投资，从而削弱了"打低成本牌"的资本。全产业范围的差别化的必要条件是放弃对低成本的努力。而采用专一化战略，在更加有限的范围内建立起差别化或低成本优势，更会面临同样的问题。徘徊其间的公司几乎注定是低利润的，所以，它必须做出一种根本性战略决策，向三种通用战略靠拢。一旦公司处于徘徊状态，摆脱这种令人不快的状态往往要花费很长时间并经过一段持续的努力；而相继采用三个战略，波特认为注定会失败，因为它们要求的条件是不一致的。

新企业的营销管理

成熟企业往往设有专门的营销费用，可以承受高额的广告费、赞助费等，而且在市场中已经有了一些知名度，做营销相对容易。而新企业做营销是比较困难的，主要是因为新企业资源有限，而营销资源又更是有限。那初创企业怎样做营销呢？关键就要是"准"。精准的市场定位能够有效弥补新企业在营销资源上的短板，并且有助于企业快速抓住市场机会。

（一）市场营销调研

市场营销是计划和执行关于商品、服务和创意的观念、定价、促销和分销，以创造符合个人和组织目标交换的一种过程。最简短的定义就是"有利益地满足需求"。

企业要实现利润，首先必须满足顾客的需求。企业对目标市场的顾客越了解，提供的产品或服务就越能满足顾客的需求。因此，从创业的第一天开始，创业者就必须不停地思考以下问题：谁是我们的顾客？我们的市场由哪些顾客组成？市场是如何细分的？我们通过什么方式吸引顾客？顾客为什么选择我们的产品而不是竞争对手的产品？竞争对手是谁以及怎样才能使竞争更有成效？真正的市场营销人员所采取的第一个步骤，就是要调查研究，即市场营销调研。

市场营销调研是针对企业特定的营销问题或寻找机会，采用科学的研究方法，系统、客观地收集、整理、分析、解释和沟通有关市场营销各方面的信息，为营销管理者制订、评估和改进营销决策提供依据。

（二）市场细分

1．市场细分的概念

市场细分的概念是美国市场学家温德尔·史密斯（Wendell Smith）于20世纪50年代中期提出来的。市场细分是指营销者通过市场调研，依据消费者的需要和欲望、购买行为和购买习惯等方面的差异，把某一产品的市场整体划分为若干消费者群的市场分类过程。每一个消费者群就是一个细分市场，每一个细分市场都是由具有类似需求倾向的消费者构成的群体。

2．市场细分的步骤

市场细分作为一个比较、分类、选择的过程，通常有这样几步：

（1）确定进入市场的范围。企业根据自身的经营条件和经营能力确定进入市场的范围，如进入什么行业，生产什么产品，提供什么服务。

（2）进一步确定细分标准。市场细分标准指的是以消费者所具有的明显不同的特征为分类的依据。常见的市场细分标准见表10-2。

表10-2 市场细分标准表

细分标准	具体变量
地理环境	国别、城乡、气候、交通、地理位置等
人口因素	年龄、性别、职业、收入、教育程度等
心理因素	个性、兴趣、爱好、生活方式等
购买行为	购买动机、追求利益、使用频率、品牌与商标的信赖程度等

（3）分析潜在顾客的不同需求，初步划分市场。企业将所列出的各种需求通过抽样调查，进一步收集有关市场信息与顾客背景资料，然后初步划分出一些差异最大的细分市场，至少从中选出三个分市场。

（4）剔除无效市场。根据有效市场细分的条件，对所有细分市场进行分析研究，剔除不合要求、无用的细分市场。

（5）为细分市场定名。为便于操作，可结合各细分市场上顾客的特点，用形象化、直观化的方法为细分市场定名，如某旅游市场分为商人型、舒适型、好奇型、冒险型、享受型、经常外出型等。

（6）充分分析细分市场的特点。进一步对细分后选择的市场进行调查研究，充分认识各细分市场的特点，本企业所开发的细分市场的规模、潜在需求，还需要对哪些特点进一步分析研究等。

（7）决定细分市场规模，选定目标市场。企业在各子市场中选择与本企业经营优势和特色相一致的子市场，作为目标市场。没有这一步，就没有达到细分市场的目的。

（三）选择目标市场

目标市场是企业经营活动所要满足的市场，是企业为实现预期目标要进入的市场。一旦公司确定了市场细分方案，就必须评估各种细分市场和决定为多少个细分市场服务。

企业进行目标市场选择的营销策略一般有无差异性营销、差异性营销和集中性营销。

1. 无差异性营销

实行无差异营销策略的企业将整体市场视为一个大的目标市场，不进行细分，用同一种产品、统一的市场营销组合对待整个市场。例如，可口可乐公司早期曾使用无差异性营销，推出的饮料具有单一的价格和单一的口味，来满足所有顾客的需要。运用这种策略，可以获得成本的经济性。产品种类少，有利于降低生产、库存和运输成本。广告计划之间的无差异，可以降低广告成本。无须进行细分市场的调研工作和筹划工作，可以降低市场营销调研和生产管理成本。但是，实践证明，用一种产品或品牌同时满足所有顾客的全部需要，几乎是不可能的。

无差异性营销的主要优点是成本的经济性；其缺点是顾客的满意度低，适用范围有限。

2. 差异性营销

差异性营销是一种以市场细分为基础的目标市场策略。采用这种策略的企业，将产品的整体市场划分为若干细分市场，从中选择两个以上乃至全部细分市场作为自己的目标市场，并为每个选定的细分市场制订不同的市场营销组合方案，同时，多方位或全方位地分别开展针对性的营销活动。例如，某服装公司为不同性别、不同年龄段、不同收入水平、不同生活方式的消费者提供不同颜色、不同规格、不同款式、不同档次的服装，并运用不同的传播策略进行广告宣传，就是差异性营销策略。

差异性营销的主要优点是可以有针对性地满足具有不同需求特征的顾客群，提高产品的竞争力并能够树立起良好的市场形象，吸引更多的购买者。但是，由于产品品种、销售渠道、广告宣传的多样化，市场营销费用会大大增加，差异性营销的优势成为其劣势。问题还在于，市场营销成本增加的同时，并不保证效益会同步上升。因此，企业要防止把市场分得过细。如果分得过细,要进行"反细分",或扩大顾客的基数。

差异性营销策略显然能比无差异性营销创造更大的销售额,越来越多的公司正在接受这种策略。

3. 集中性营销

集中性营销策略追求的目标不是在较大的市场上占有较小的市场份额,而是在一个或几个市场上有较大的甚至是领先的市场份额。其优点是适应了本企业资源有限这一特点,可以集中力量向某一特定子市场提供最好的服务,而且经营目标集中,管理简单方便。使企业经营成本得以降低,有利于集中使用企业资源,实现生产的专业化,实现规模经济的效益。

集中性营销对环境的适应能力较差,有较大风险,放弃了其他市场机会。如果目标市场突然变化,如价格猛跌,购买者兴趣转移等,企业就有可能陷入困境。集中单一产品或服务的增长战略风险较大,因为一旦企业的产品或服务的市场萎缩,企业就会面临困境。因此,企业在使用单一产品或服务的集中增长战略时要谨慎。

这种策略特别适用于势单力薄的初创企业。

（四）市场定位

市场定位是指根据竞争者现有产品在市场上所处的位置,针对消费者或用户对该种产品的某种特征、属性和核心利益的重视程度,强有力的塑造出此企业产品与众不同的、给人印象深刻、鲜明的个性或形象,并通过一套特定的市场营销组合把这种形象迅速、准确而又生动地传递给顾客,影响顾客对该产品的总体感觉。

市场定位的关键是企业要设法在自己的产品上找出比竞争者更具有竞争优势的特性。竞争优势一般有两种基本类型:一是价格竞争优势,就是在同样的条件下比竞争者定出更低的价格。这就要求企业采取一切努力来降低单位成本。二是偏好竞争优势,即能提供确定的特色来满足顾客的特定偏好。这就要求企业采取一切努力在产品特色上下功夫。因此,企业市场定位的全过程可以通过以下三大步骤来完成。

1. 识别潜在竞争优势

这一步骤的中心任务是要回答以下三个问题:

（1）竞争对手产品定位如何?

（2）目标市场上顾客欲望满足程度如何以及确实还需要什么?

（3）针对竞争者的市场定位和潜在顾客的真正需要的利益要求企业应该及能够做什么?

要回答这三个问题,企业市场营销人员必须通过一切调研手段，系统地设计、搜索、分析并报告有关上述问题的资料和研究结果。

通过回答上述三个问题，企业就可以从中把握和确定自己的潜在竞争优势在哪里。

2. 核心竞争优势定位

竞争优势表明企业能够胜过竞争对手的能力。这种能力既可以是现有的，也可以是潜在的。选择竞争优势实际上就是一个企业与竞争者各方面实力相比较的过程。比较的指标应是一个完整的体系，只有这样，才能准确地选择相对竞争优势。通常的方法是分析、比较企业与竞争者在经营管理、技术开发、采购、生产、市场营销、财务和产品等七个方面究竟哪些是强项，哪些是弱项。借此选出最适合此企业的优势项目，以初步确定企业在目标市场上所处的位置。

3. 战略制定

战略制定的主要任务是企业要通过一系列的宣传促销活动，将其独特的竞争优势准确传播给潜在顾客，并在顾客心目中留下深刻印象。

（1）应使目标顾客了解、知道、熟悉、认同、喜欢和偏爱此企业的市场定位，在顾客心目中建立与该定位相一致的形象。

（2）企业通过各种努力强化目标顾客形象，保持对目标顾客的了解，稳定目标顾客的态度和加深目标顾客的感情来巩固与市场相一致的形象。

（3）企业应注意目标顾客对其市场定位理解出现的偏差，或由于企业市场定位宣传上的失误而造成的目标顾客模糊、混乱和误会，及时纠正与市场定位不一致的形象。企业的产品在市场上定位即使很恰当，但在下列情况下，还应考虑重新定位：

1）竞争者推出的新产品定位于此企业产品附近，侵占了此企业产品的部分市场，使此企业产品的市场占有率下降。

2）消费者的需求或偏好发生了变化，使此企业产品销售量骤减。

重新定位是指企业为已在某市场销售的产品重新确定某种形象，以改变消费者原有的认识，争取有利的市场地位的活动。如某日化厂生产婴儿洗发剂，以强调该洗发剂不刺激眼睛来吸引有婴儿的家庭。但随着出生率的下降，销售量减少。为了增加销售，该企业将产品重新定位，强调使用该洗发剂能使头发松软有光泽，以吸引更多、更广泛的购买者。重新定位对于企业适应市场环境、调整市场营销战略是必不可少的，可以视为企业的战略转移。重新定位可能导致产品的名称、价格、包装和品牌的更改，也可能导致产品用途和功能上的变动，企业必须考虑定位转移的成本和新定位的收益问题。

加多宝营销案例

案例概况

凉茶是广东、广西地区的一种由中草药熬制,具有清热去湿等功效的"药茶"。王老吉凉茶发明于清朝道光年间,至今已有一百多年的历史,被公认为凉茶始祖,有"药茶王"之称。

20世纪50年代初,王老吉凉茶铺分成两支:一支完成公有化改造,发展为今天的广州王老吉药业股份有限公司(简称广药),生产王老吉凉茶颗粒(国药准字);另一支由王氏家族的后人带到香港。

在中国内地,王老吉的品牌归广药所有;在中国内地以外的国家和地区,王老吉品牌为王氏后人所注册。加多宝是位于东莞的一家港资公司(鸿道集团),经王老吉药业特许,由香港王氏后人提供配方进行生产。该公司在中国内地独家生产、经营王老吉牌罐装凉茶(食字号)。

鸿道集团依靠"怕上火,喝王老吉"的精确定位和营销攻略,使得红罐王老吉销售火爆,并在2008年的汶川地震中凭借慈善营销一举达到顶峰。2009年,红罐王老吉在中国市场销售额达160亿元,超过可口可乐的150亿元,成为中国饮料的第一品牌。这让广药集团不由得眼红起来,广药集团推出由广药生产的绿盒王老吉,希望借助鸿道出厂的红罐王老吉之名在火热的凉茶市场分得一杯羹。同时,鸿道集团租赁广药的王老吉商标使用权期限已到。广药决定收回王老吉商标使用权,再以更高的价格转给其他企业。而鸿道不愿意看到由自己辛苦培养出的知名品牌就这样沦入他人之手。于是,其打出自己的凉茶品牌——加多宝。

加多宝和红罐王老吉相比,原料、配方完全一样,就连包装也是一样的红色,唯一不一样的就是名字和厂家。随后,加多宝和王老吉展开了激烈的市场竞争。

王老吉品牌之战虽然以广药集团胜利告终,但鸿道集团却成为最大的赢家。

案例解析

事实证明:加多宝通过渠道和品牌营销策略成了真正的赢家。加多宝的营销策略具体可以分为以下几个方面:

1. 品牌定位——差异化营销:"去王老吉化"战略

在商标之争出现后,加多宝知道多年精心打造的"王老吉"品牌不得不以最快速度"去王老吉化"。于是在广药忙于打官司之际,加多宝已经从渠道到终端,开始了"去王老吉化",一场新的品牌重塑行动拉开序幕。首先,是在王老吉红罐装的一面上加大"加多宝"字样;接着从2012年3月起,在其最新的广告宣传上,取消"王老吉"相关字眼,代之以"加多宝出品"字样;2012年4月20日起,正式去掉瓶身上的"王老吉"三个字。其次,广告方面变更为"正宗凉茶,加多宝出品",为自己产品的"正宗"大力宣传,加多宝利用巨额的广告投入对"加多宝出品正宗凉茶"这一理念进行广告轰炸传播,加速"去王老吉化"。最后,加多宝早早对正宗凉茶的配方进行了改良与深加工,从本质上实现"去王老吉化",使消费者能很自然地从王老吉过渡到加多宝,牢牢吸引住原有消费群体,并积极吸纳更广泛的消费群体。

2. 品牌宣传——多种营销手段结合

首先,加多宝不仅在凉茶饮料货柜上大面积铺货,还设立单独的品牌货柜在饮料区展示,用抢眼的陈列方式与促销活动吸引消费者的关注。

其次,加多宝在开展电视、地铁广告、发布会等传统营销传播活动外,同时注重通过QQ、微博等社会化媒体获取消费者的支持,从而打造一个立体传播策略,全方位狙击王老吉的消费导向。

2012年5月,加多宝冠名浙江卫视《中国好声音》,在广告里反复强调它是"正宗凉茶",随着《中国好声音》的火爆,加多宝的人气暴增,打了品牌重塑的漂亮一战。同一时间,加多宝还赞助了湖南卫视的《向上吧,少年》等节目,观众可以在卫视频道、黄金时段看到加多宝的广告。

3. 渠道之争

加多宝在渠道之战中有着先天的优势与经验。加多宝的销售网络组织相对扁平,这使得总部指令可快速传递到业务员层级:五大销售分公司以下是约50个销售大区,大区下辖约500个办事处,办事处管理着8 000位业务员,其业务员经常到终端拜访,一天要拜访约40个终端点,每个终端一周至少拜访一次。对于这家处在特殊时期的公司,这些高效率的业务员至关重要。通过他们,各个渠道终端可以第一时间告知加多宝的动态,减少因混乱带来的销售损失。

另外,加多宝在每个省设有一个总经销商,总经销商可发展多个经销商、邮差商。在经销商完成销售任务后,总体上能够保证每箱5元左右的利润,邮差商获得每箱4元的利润;而零售商则可获得每瓶1元的利润。为了保证资源能够真正到达终端,加多宝还设立了一个独立的监察部,直接面向董事会和办事处。

最终,重视细节与每一个基础零售点,关注每一位业务员的加多宝在渠道之战中大获全胜。

4. 法律之争——主动侵权策略

加多宝作为一个新品牌,必须主动侵权以便与原来的王老吉挂钩,让公众认知加多宝就是王老吉。其策略包括以下几个方面:

(1)产品侵权。加多宝推出大量的一面王老吉、一面加多宝的产品,向经销商大量压货,以达到品牌转换认知,最后狠赚一笔王老吉产品的钱以及在渠道上顶住广药新品的"一箭三雕"效果。

(2)宣传侵权。加多宝通过广告引导消费者和公众认定加多宝就是以前的王老吉,并通过经销商、人海战术来宣传"更名"。有的在货架上贴上"更名"告示,有的经销商反复向要购买王老吉的消费者解释"更名",并用加多宝产品取代王老吉卖给消费者。

（3）法律策略。加多宝在与王老吉的品牌之争中败下阵来，但其策略并不是要打赢官司，而是要增加曝光度，让加多宝与广药的官司天下皆知，以达到"悲情"效果，让消费者了解"王老吉"背后的故事并接受加多宝为"王老吉"立下汗马功劳的事实，从而获得消费者的同情和支持。

由此可见，加多宝虽然在品牌之争中落败，但是在营销之战中成功转型，从而树立起了自己的品牌，成了凉茶市场上的"王者"。

四 新企业的财务管理

财务管理是企业管理活动的一项重要内容，是对资金进行的管理，主要解决企业资金的筹集、运用和分配等问题。财务管理讲求成本效益原则，通过对资金的管理，使企业资金更有效地为企业带来效益。

（一）记好流水账和日记账

1. 流水账

流水账是一种简单的账目，是按照企业每天发生的收入和支出事项的时间顺序，把所花费和收入的金额及时记录下来的一种记账的方法，见表10-3。流水账并不是规范的财务记账方法，一般只对内不对外，可以任意更改，还可以根据流水账编制记账凭证。

表10-3 企业日常流水账

××年		摘要	收入	支出	余额	备注
月	日					
		结转下页				

2. 日记账

日记账属于比较正规的账簿，是根据编制的原始凭证登记的，不允许任意更改，即使想更改也需按规定的格式更改。日记账在编写的时候，要注意保证清晰、明确、完整，一目了然，也就是说要简洁无重复，这是十分重要的。

日记账有以下几种类型：

（1）现金日记账——记录每日的现金收支情况。

（2）银行日记账——记录每天银行账户的收支情况。

（3）销售日记账——记录每天的销售收入情况。

(4)采购日记账——记录每天采购的物品和支出情况。

(二)看懂三大财务报表

看懂三大财务报表——资产负债表、损益表、现金流量表是创业者的必备技能。创业者一定不要怕面对财务数字,不要怕进行财务分析,因为财务是企业最关键的事项,它能帮助创业者优化事务决策,帮助分析经营状况,并能帮助更快实现创造价值。

(三)做好财务预算

财务预算主要是指月预算、季度预算、半年度预算和年度预算,财务预算数据作为财务对现金流控制的基础依据,分析预算的各类成本费用是否合理。例如,了解货币资金的未来使用情况,将本年度预算和货币资金对比,货币资金不够,那么需要如何调整或者企业必须在上半年度内实现营业利润兑现;如货币资金足够,并且过多,企业股东考虑扩展业务,那么有多少资金可以使用,能够周转多少时间等。

(四)注意企业的现金流

现金流是决定企业的资金周转能力以及自身融资潜力的重要指标。现金流还是银行贷款时关注的重要指标,是银行衡量企业偿还能力的一大标准。

对于新企业,资金缺乏是最为普遍的问题,如果创业者不能及时解决,非常容易造成创业夭折。因此,创业者要特别注意,在创业初期资金不要被固定资产占用太多,在企业经营的任何时期,必须保持正的现金流,不能让现金断流。

(五)做好税务筹划

税务筹划又称"合理避税""税收筹划",是指在纳税行为发生之前,在不违反法律、法规(税法及其他相关法律、法规)的前提下,通过对纳税主体(法人或自然人)的经营活动或投资行为等涉税事项做出事先安排,以达到少缴税或递延纳税目标的一系列谋划活动。

我国对一些特殊的行业企业(如废品回收、农林牧渔、福利企业等)会有特殊的税收优惠,企业可根据实际情况创造条件来达到合法避税的目的。

五 新企业生产管理

1. 物资需求计划

物资需求计划(Material Requirement Planning,MRP)与主生产计

划一样属于 ERP 计划管理体系。其主要解决企业生产中的物资需求与供给之间的关系，即无论是对独立需求的物资，还是相关需求的物资，物资需求计划都要解决"需求什么、现有什么、还缺什么、什么时候需要"等几个问题。它是一个时段优先计划系统，其主要对象是决定制造与采购的净需求计划。它是由主生产计划推动运行的，但是，它又是主生产计划的具体化和实现主生产计划的保证计划。制订物资需求计划前就必须具备以下基本数据：第一项数据是主生产计划，它指明在某一计划时间段内应生产出的各种产品和备件，它是物资需求计划制订的一个最重要的数据来源；第二项数据是物资清单（简称 BOM），它指明了物资之间的结构关系，以及每种物资需求的数量，它是物资需求计划系统中最为基础的数据；第三项数据是库存记录，它把每个物资品目的现有库存量和计划接受量的实际状态反映出来；第四项数据是提前期，决定着每种物资何时开工、何时完工。应该说，这四项数据都是至关重要、缺一不可的。其基本计算步骤如下：

（1）计算物资的毛需求量。即根据主生产计划、物资清单得到第一层级物资品目的毛需求量，再通过第一层级物资品目计算出下一层级物料品目的毛需求量，依次一直往下展开计算，直到最低层级原材料毛坯或采购件为止。

（2）净需求量计算。即根据毛需求量、可用库存量、已分配量等计算出每种物资的净需求量。

（3）批量计算。即由相关计划人员对物料生产做出批量策略决定，不管采用何种批量规则或不采用批量规则，净需求量计算后都应该表明有无批量要求。

（4）安全库存量、废品率和损耗率等的计算。即由相关计划人员来规划是否要对每个物料的净需求量做这三项计算。

（5）下达计划订单。下达计划订单是指通过以上计算后，根据提前期生成计划订单。物资需求计划所生成的计划订单，要通过能力资源平衡确认后，才能开始正式下达计划订单。

（6）再一次计算。物资需求计划的再次生成大致有两种方式，第一种方式会对库存信息重新计算，同时覆盖原来计算的数据，生成的是全新的物资需求计划；第二种方式则只是在制订、生成物资需求计划的条件发生变化时，才相应地更新物资需求计划有关部分的记录。这两种生成方式都有实际应用的案例，至于选择哪一种要看企业实际的条件和状况。

总之，物资需求计划模块是企业生产管理的核心部分，该模块制订的准确性将直接关系到企业生产计划是否切实可行。

2．能力需求计划

能力需求计划（Capacity Requirement Planning，CRP）是帮助企业

在分析物资需求计划后产生出一个切实可行的能力执行计划的功能模块。该模块帮助企业在现有生产能力的基础上，及早发现能力的瓶颈所在，提出切实可行的解决方案，从而为企业实现生产任务提供能力方面的保证。

通常，编制能力需求计划的方式有无限能力负荷计划和有限能力负荷计划两种。无限能力负荷计算是指在不限制能力负荷情况下进行能力计算，即从订单交货期开始，采用倒排的方式根据各自的工艺路线中的工作中心安排及工时定额进行计算。但是，这种计算只是暂时不考虑生产能力的限制，在实际执行计划过程中不管由于什么原因，如果企业不能按时完成订单，就必须采用顺排生产计划、加班、外协加工、替代工序等方式来保证交货期。这时，有限能力负荷计算方式就派上了用场。有限能力负荷计算就是假定工作中心的能力是不变的，把拖期订单的当期日期剩下的工序作为首序，向前顺排，对后续工序在能力允许下采取连续顺排不断地实现计划，以挽回订单交货期。

编制能力需求计划遵照如下思路：首先，将 MRP 计划的各时间段内需要加工的所有制造件通过工艺路线文件进行编制，得到所需要的各工作中心的负荷；然后，再同各工作中心的额定能力进行比较，提出按时间段划分的各工作中心的负荷报告；最后，由企业根据报告提供的负荷情况及订单的优先级因素加以调整和平衡。

（1）收集数据。能力需求计划计算的数据量相当大，通常能力需求计划在具体计算时，可根据 MRP 下达的计划订单中的数量及需求时间段，乘以各自的工艺路线中的工时定额，转换为需求资源清单，加上车间中尚未完成的订单中的工作中心工时，成为总需求资源，再根据现有的实际能力建立起工作中心可用能力清单，有了这些数据，才能进行能力需求计划的计算与平衡。

（2）计算与分析负荷。将所有的任务单分派到有关的工作中心上，然后确定有关工作中心的负荷，并从任务单的工艺路线记录中计算出每个有关工作中心的负荷。然后，分析每个工作的负荷情况，确认导致各种具体问题的原因所在，以便正确地解决问题。

（3）能力/负荷调整。解决负荷过小或超负荷能力问题的方法有三种，即调整能力、调整负荷与同时调整能力和负荷。

（4）确认能力需求计划。在经过分析和调整后，将已修改的数据重新输入相关的文件记录中，通过多次调整，在能力和负荷达到平衡时，确认能力需求计划，正式下达任务单。能力需求计划帮助企业在现有生产能力的基础上及早发现能力的瓶颈，提出切实可行的解决方案，从而为企业实现生产任务提供能力方面的保证。

3. 主生产计划

企业资源计划（Enterprise Resource Planning，ERP）作为一个利

用现代企业的先进管理思想，同时借助信息技术手段，为企业提供经营、决策的全方位、系统化的管理平台，其设计思想自然也是以计划为主线而展开的。一般来说，ERP计划管理体系大致可以分为销售计划、生产加工计划、主生产计划、能力需求计划和物资需求计划等几个层次。

具体来说，主生产计划在企业经营管理中主要行使以下几项基本功能：

（1）把企业生产大纲同具体的作业计划联系起来。主生产计划就是通过对被制造的产品进行详细的计划，来决定企业"将要生产什么、生产多少、何时完成"。它比生产大纲或生产规划更加详细具体，是切合实际的、可实施的计划。

（2）主生产计划把企业管理层计划、物资需求计划、能力需求计划与日程计划联系在一起，并且在整个计划过程中始终贯穿财务成本控制的概念，对企业资源进行一体化的、全过程的计划。

（3）为生产计划管理者提供了一个"控制工具"。主生产计划是企业管理者控制之下最重要的一组计划数据，基于此，企业管理者对整个生产经营过程就有了控制、评价的依据。

一般来说，制订主生产计划应遵照的程序：首先，企业通过客户订单、预测、备品备件、厂际间需求、客户选择件及附加件、计划维修件等多种信息途径，准备产品需求信息，确定产品总需求；其次，企业根据总需求、现有库存量、企业计划等要素条件对需求产品进行搭配组合，确定每一个具体产品在每一个具体时间段的生产计划，提出初步的MPS；再次，企业要对初步的MPS进行可行性论证，对关键资源进行平衡，一般采取的是粗能力计划核算的方法，即以关键资源为计划对象，评价主生产计划对关键资源的总影响如何，从而决定所需能力并测定出主生产计划是可行还是不可行的方法。如果某个部门或某个关键工作中心的负荷超出可用能力过大，就要对主生产计划采取必要的调整或改变生产时间，重新进行模拟，直到基本满意为止。这个过程一般要反复多次，调整后的主生产计划由主生产计划员确认后，才能作为提交批准或运行物资需求计划的根据。最后，企业负责部门对主生产计划进行相应的审核、批准，以保证主生产计划符合企业的经营规划。

MPS的基本原理和基本流程：MPS是闭环计划系统的一个部分。MPS的实质是保证销售规划和生产规划对规定的需求（需求什么、需求多少和什么时候需求）与所使用的资源取得一致。MPS考虑了经营规划和销售规划，使生产规划同它们相协调。它着眼于销售什么和能够制造什么，这就能为车间制订一个合适的"主生产进度计划"，并且以粗能力数据调整这个计划，直到负荷平衡。然后，主生产进度计划作为物资需求计划 MRP 的输入，MRP 用来制订所需零件和组件的生产作业计划或物资采购计划，当生产或采购不能满足 MPS 的要求时，采购系统和车间作业系统就要把信息反馈给 MPS，形成一个闭环反馈系统。

4．产品生命周期管理

产品生命周期（Product Life Cycle，PLC）是产品的市场寿命，即一种新产品从开始进入市场到被市场淘汰的整个过程。产品生命是指市场上的营销生命，产品和人的生命一样，要经历形成、成长、成熟、衰退的周期。就产品而言，也就是要经历一个开发、引进、成长、成熟、衰退的阶段。

典型的产品生命周期一般可以分成五个阶段，即开发期、引入期、成长期、成熟期和衰退期。

第一阶段：开发期。开发期即从开发产品的设想到产品制造成功的时期。此期间该产品销售额为零，公司投资不断增加。

第二阶段：引入期。新产品投入市场，便进入了引入期。此时产品品种少，顾客对产品还不了解，除少数追求新奇的顾客外，几乎无人实际购买该产品。生产者为了扩大销路，不得不投入大量的促销费用，对产品进行宣传推广。该阶段由于生产技术方面的限制，产品生产批量小，制造成本高，广告费用大，产品销售价格偏高，销售量极为有限，企业通常不能获利，反而可能亏损。

第三阶段：成长期。当产品在引入期的销售取得成功之后，便进入了成长期。成长期是指产品通过试销效果良好，购买者逐渐接受该产品，产品在市场上站住了脚并且打开了销路。这是需求增长阶段，需求量和销售额迅速上升。生产成本大幅度下降，利润迅速增长。

与此同时，竞争者看到有利可图，纷纷进入市场参与竞争，使同类产品供给量增加，价格随之下降，企业利润增长速度逐步减慢，最后达到生命周期利润的最高点。

第四阶段：成熟期。成熟期指产品走入大批量生产并稳定地进入市场销售，经过成长期之后，随着购买产品的人数增多，市场需求趋于饱和。此时，产品普及并日趋标准化，成本低而产量大。销售增长速度缓慢直至转而下降，由于竞争的加剧，导致同类产品生产企业之间不得不加大在产品质量、花色、规格、包装服务等方面的投入，在一定程度上增加了成本。

第五阶段：衰退期。衰退期是指产品进入了淘汰阶段。随着科技的发展以及消费习惯的改变等原因，产品的销售量和利润持续下降，产品在市场上已经老化，不能适应市场需求，市场上已经有其他性能更好、价格更低的新产品，足以满足消费者的需求。此时成本较高的企业就会由于无利可图而陆续停止生产，该类产品的生命周期也就陆续结束，以致最后完全撤出市场。

5．产品定价策略

一个产品在它生命周期的不同阶段价格不同，不管企业生产的产品质量有多好，产品价格还得由市场决定。

（1）开发阶段。在产品开发阶段进入市场，定价较高，但利润较低，因为营销成本高。

（2）成长阶段。产品逐渐得到市场认可，定价较高，利润开始增长。

（3）成熟阶段。因为大多数潜在顾客已经购买，新顾客很少，价格降低或打折销售，盈利减少，营销费用加大。应在此时开发新产品并迅速引进市场。

（4）衰退阶段。原有产品销售额和利润开始下降，宣布退出市场，新产品开始盈利。

第四节 企业成长

一 企业成长的概念

对新创企业来讲，前几年特别是前三年的成长期至关重要，因此，创业者有必要对企业成长有所了解。企业成长是企业在一个相当长的时间内，通过创新、变革和有效管理等手段，积累、整合并促使资源增值，不断增强企业能力，形成企业核心竞争力，进而保持企业整体绩效平衡、稳定增长的势头的过程。

企业成长如同人的成长一样，是一个从量变到质变的过程，是一种成长"基因"推动企业系统内部的组织与功能不断地分化，从而促进企业系统机体不断扩张、新陈代谢，不断适应环境，并与环境形成良性互动的过程。具体表现为企业规模的扩大，企业内部结构的不断完善和成熟，企业功能的优化等。

二 成长期企业运作的原则

（1）扩张速度要与管理能力相适应。企业应该做到适度扩张。所谓适度扩张，就是企业的扩张速度与规模要与自身的承受能力、消化能力相适应，要循序渐进、滚动发展，要注意适度扩张避免核心能力过度稀释。

（2）谨慎多元化。多元化战略又称多角化战略，是指企业同时经营两种以上基本经济用途不同的产品或服务的一种发展战略。多元化战略是相对企业专业化经营而言的，其内容包括：产品的多元化、市场的多元化，投资区域的多元化和资本的多元化。企业采用多元化战略，可以更多地占领市场和开拓新市场，也可以避免单一经营的风险。但是，盲目多元化，也可能使企业掉进多元化陷阱，主要体现在以下两个方面：

1）资源配置过于分散。企业家的精力是有限的，企业资源也是有限的，多元化战略必定导致企业将有限的资源分散给每一个发展的产业领域，从而使每一个发展的领域都难以得到充足的资源支持，逐渐在与每一个领域的竞争对手竞争时失去优势，加大企业的风险。

2）隔行如隔山。企业在新领域中可能并未形成自己的核心专长，进入新领域往往只是受到该领域预期投资收益率的诱惑，所以很有可能进入并不熟悉的产业，反而拖累企业的发展。

三 成长期企业运作的要点

通常，成长期企业往往规模不算大，可能在行业内处于夹缝中生存的状态，一方面，一些较大规模的企业占据了行业内的绝大部分的市场份额；另一方面，一些小的企业又虎视眈眈，因而，这个阶段的企业如果不能找到自己的核心能力，具有独特优势，则容易被大企业挤掉，被小企业赶超，因此，寻找自身的核心竞争能力是保证企业能够继续发展的关键。

要构建核心竞争能力，可以从以下几个方面努力：

（1）对企业所处行业的分析。在核心能力寻找时，一定要理清企业到底处于怎样的竞争环境，因此，需要对外部行业有较为清晰的认知，必须了解其他企业的经营状态，行业的整体发展状况，从而有针对性地发掘企业的优势构建重点。

（2）对企业自身有明确的认识。了解了外部环境的同时，对自己也要有清楚地认识，必须要知道，自己到底有什么问题，什么是阻碍企业发展的"绊脚石"，要形成企业的核心能力应采取哪些措施，这些都是构建核心能力必须进行的分析。

（3）如何构建核心能力。在内外部都有清楚地分析与研究后，就需要对企业核心能力的构建过程进行分析，也就是如何来形成核心能力，这就需要从企业的战略出发，将核心能力分解为不同的核心能力子项进行分别构建。例如，对于该企业而言，企业核心能力是销售网络的有效覆盖，那么如何形成呢？就需要将该能力分解为销售能力、市场能力、人力资源能力、管理能力等，并将这些能力与具体的战略实施计划紧密结合起来，以保证核心能力构建的真正落实。

本章小结

企业的组织形式反映企业的性质、地位和作用，表明一个企业的财产构成、内部关系以及与外部经济组织之间的联系方式。目前，我国常见的企业组织形式有个人独资企业、合伙制企业和公司制企业（有限责任公司、股份有限公司）三大类别。企业组织形式的选择应考虑拟投资的行业、创业者的风险承担能力、税务因素、未来融资需要、关于经营期限的考虑等因素。经济、技术、政治、社会文化、自然等方面的因素均会影响新企业选址的决策过程。新企业若要得到社会认同，仅仅考虑经济因素对股东负责是远远不够的，必须同时考虑到环境和社会因素，承担起相应的环境责任和社会责任。企业的组织架构主要有直线制、职能制、直线—职能制、事业部制、矩阵制几种形式。初创企业做营销关键就要是"准"，精准的市场定位能够有效弥补新企业在营销资源上的短板，并且有助于企业快速抓住市场机会。企业成长是企业在一个相当长的时间内，通过创新、变革和有效管理等手段，积累、整合并促使资源增值，不断增强企业能力，形成企业核心竞争力，进而保持企业整体绩效平衡、稳定增长的势头的过程。

课后练习

1. 简述个人独资企业的优点和缺点。
2. 简述合伙制企业的优点和缺点。
3. 简述有限责任公司的优点和缺点。
4. 简述股份有限公司的优点和缺点。
5. 新企业选址需要考虑的因素有哪些?
6. 新企业的社会认同包括哪些内容?
7. 企业进行目标市场选择得营销策略有哪些?
8. 成长期企业运作的原则是什么?

参考文献

[1] 李家华. 创业基础[M]. 北京：北京师范大学出版社，2013.

[2] 赵延忱. 民富论——创造企业的基本规律[M]. 2版. 北京：中央编译出版社，2013.

[3] 汪戎. 创业基础——大学生创业理论与实务[M]. 北京：高等教育出版社，2014.

[4] 林强，马超平. 大学生创业实务[M]. 大连：大连理工大学出版社，2012.

[5] 马雅红. 大学生创新创业教育基础与能力训练[M]. 北京：北京理工大学出版社，2016.

[6] 李时椿，常建坤. 创业基础[M]. 北京：高等教育出版社，2013.

[7] 张兵仿. 大学生创业基础教程[M]. 北京：时事出版社，2016.

[8] 郑晓燕. 创业基础案例与实训[M]. 成都：西南财经大学出版社，2014.

[9] 蔡剑，吴戈，王陈慧子. 创业基础与创新实践[M]. 北京：北京大学出版社，2015.

[10] 杨秋玲，王鹏. 创业基础[M]. 北京：北京理工大学出版社，2018.

[11] 李燕. 创业基础[M]. 北京：北京理工大学出版社，2018.

[12] 张兵. 大学生创新创业基础[M]. 北京：高等教育出版社，2016.

[13] 吴亚梅，龚丽萍. 大学生创新创业教程[M]. 重庆：重庆大学出版社，2018.

[14] 胡楠，郭勇. 大学生创新创业知道[M]. 北京：人民邮电出版社，2017.